SCHRIFTEN DER UNIVERSITÄTSBIBLIOTHEK
HEIDELBERG

Band 15

Buchmalerei des 15. Jahrhunderts in Mitteleuropa, hrsg. von Jeffrey F. Hamburger und Christoph Mackert
Band 4

Hie hebt ſich an.Geneſis das erſt buch der
fünff bucher moyſi.   Das erſt Capitel iſt võ
der ſchöppfung der werlt vnd aller creaturen.
vnd von den wercken der ſechs tag.

Jn dem anfang
hat got beſchaf
fen hymel vnd
erden.aber dye erde was
eytel vnd lere.vnd die vin
ſternus warn auff dē ant
litz des abgrunds.vnd der
geiſt gots ſwebet oder ward getragen auff dē
waſſern.Vñ got der ſprach.Es werde dz liecht
Vñ das liecht iſt worden.vñ got ſahe dz liecht
das es gutt was.vnd er teylet das liecht võ der
vinſternus.vnd das liecht hyeſ den tag.vnd
die vinſternus die nacht.Vñ es ward abent vñ

morgen eyn tag.Vnd got der ſprach.Es wer
de das firmament in dem mittel der waſſer.vñ
tayle die waſſer võ dē waſſern.Vñ got machet
das firmament.vnd teylet die waſſer.dy ſo wa
ren vnder dem firmament.von dē dy ſo waren
ob dem firmament.vnd es iſt alſo geſchehen
vnd got hieſ das firmament den hymel vnd es
iſt der abent vñ der morgē der ander tag wordē
vñ got ſprach aber.Es ſulle geſamelt werde dy
waſſer.die vnder dem hymel ſeynd.an eyn ſtatt.
vñ erſcheyne die dürze.vnd es iſt alſo geſchehē
Vñ got hieſ die dürze dz ertreich.Vñ dy ſam
nungen der waſſer.hieſ er die mere.vnd got ſa
he das es was gut.vnd ſprach.Die erde gepere
grunend krawt.das do bringe den ſamen.vnd
dy öpfelbawm.dz holtz.dz ſo bringe dy frucht
nach ſeym geſchlecht.des ſame ſey in ym ſelbs
auff der erde.vnd es iſt alſo geſchehen.vnd die
erd bracht grunend kraut.vnd bringenden ſa

Abb. 1

Das Sechstagewerk in einem Schöpfungsbild. Bibel, deutsch, UB Heidelberg, Q 325-8 fol. INC, Bl. Va (Kat.
Nr. I.1)

Universitätsbibliothek
Heidelberg

»*Mit schönen figuren*«

Buchkunst
im deutschen
Südwesten

Eine Ausstellung
der Universitätsbibliothek Heidelberg
und der Württembergischen Landesbibliothek Stuttgart

Herausgegeben von
Maria Effinger und Kerstin Losert

mit Beiträgen von
Margit Krenn, Wolfgang Metzger
und Karin Zimmermann

Universitätsverlag
WINTER
Heidelberg

Bibliografische Information der Deutschen Nationalbibliothek

Die Deutsche Nationalbibliothek verzeichnet diese Publikation
in der Deutschen Nationalbibliografie;
detaillierte bibliografische Daten sind im Internet
über *http://dnb.d-nb.de* abrufbar.

Katalog zur Ausstellung
vom 29. Oktober 2014 bis 1. März 2015
Universitätsbibliothek Heidelberg

Virtuelle Ausstellung: http://buchkunst2014.uni-hd.de

 Jahresgabe 2014
der Württembergischen Bibliotheksgesellschaft
Vereinigung der Freunde der Landesbibliothek e.V.

Der Druck dieser Jahresgabe wurde unterstützt
von der Berthold Leibinger Stiftung, Ditzingen

UMSCHLAGBILDER

vorne: Das Sechstagewerk in einem Schöpfungsbild. Bibel, deutsch
(Kat.Nr. 1.1, Abb. 1) (Ausschnitt)

hinten: Bordüre mit Eule und Rankenkletterer aus dem Eberhard-Gebetbuch
(Kat.Nr. 1.30, Bl. 3r)

AUTORENKÜRZEL

AF   Andrea Fleischer, Universitätsbibliothek Heidelberg
CH   Christian Herrmann, Württembergische Landesbibliothek Stuttgart
KGB   Karl-Georg Pfändtner, Staatsbibliothek Bamberg
KL   Kerstin Losert, Württembergische Landesbibliothek Stuttgart
KZ   Karin Zimmermann, Universitätsbibliothek Heidelberg
MK   Margit Krenn, Universitätsbibliothek Heidelberg
PB   Peter Burkhart, Württembergische Landesbibliothek Stuttgart
US   Ulrike Spyra, Württembergische Landesbibliothek Stuttgart
WM   Wolfgang Metzger, Württembergische Landesbibliothek Stuttgart

ISBN 978-3-8253-6310-9

© 2014 Universitätsverlag Winter GmbH Heidelberg
Imprimé en Allemagne · Printed in Germany
Gesamtherstellung: Memminger MedienCentrum, 87700 Memmingen

Gedruckt auf umweltfreundlichem, chlorfrei gebleichtem
und alterungsbeständigem Papier

Den Verlag erreichen Sie im Internet unter:
www.winter-verlag.de

Geleitwort

Die Zeitspanne des ausgehenden 15. und beginnenden 16. Jahrhunderts ist eine Zeit voller Umbrüche und Neuentwicklungen, die sich auch in der europäischen Buchkultur widerspiegeln: Bücher werden nicht mehr nur von Hand geschrieben, sondern können nun auch mit Hilfe von Druckerpressen in größerer Auflage hergestellt werden. Beide Formen, sowohl das von Hand geschriebene als auch das gedruckte Buch können, abhängig von den Intentionen des Auftraggebers, mit Buchschmuck versehen sein. Zu repräsentativen Zwecken hergestellte Handschriften und Drucke werden mit prachtvollen Miniaturen geschmückt. Kolorierte Federzeichnungen oder Holzschnitte illustrieren profane wie religiöse Texte gleichermaßen. Die Parallelität verschiedenster Herstellungsmöglichkeiten und künstlerischer Ausdrucksformen ist ein Charakteristikum der Buchproduktion in dieser Zeit, die letztlich in eine spannungsreiche Konkurrenz der technischen und funktionalen Ausdrucksmittel mündet. Bereits am Ende des 15. Jahrhunderts hatten die Buchdrucker die Produktion der Skriptorien überholt. Für die speziell im deutschen Südwesten entstandenen Werke legen die historischen Bestände zweier traditionsreicher wissenschaftlicher Bibliotheken des deutschen Südwestens ein reiches Zeugnis ab. Die Universitätsbibliothek Heidelberg und die Württembergische Landesbibliothek Stuttgart verfügen über weltweit einmalige Handschriften- und Inkunabel-Sammlungen, die erstmals in der langen Geschichte beider Bibliotheken in einer gemeinsamen Ausstellung präsentiert werden.

Ein erster Anstoß für unsere Ausstellung ist Professor Jeffrey Hamburger, Harvard University, zu verdanken, der ein groß angelegtes Projekt zur Deutschen Buchmalerei im 15. Jahrhundert in München und Wien initiiert hat. Geplant sind für den Zeitraum 2015 / 2016 zwei Hauptausstellungen in München und Wien sowie ein Kolloquium in Wien. Über ganz Deutschland verteilte Satellitenausstellungen sollen dann die Hauptausstellungen begleiten.

Die in Heidelberg und Stuttgart konzipierte Ausstellung liefert einen wichtigen Beitrag für die Buchkunst des deutschen Südwestens. Insgesamt wird es so möglich, in vergleichsweise kurzem zeitlichen Abstand das ganze Spektrum spätmittelalterlicher Buchmalerei im deutschsprachigen Raum umfassend zu präsentieren. In der Gemeinschaft der Ausstellungen bietet sich dann die besondere und einmalige Gelegenheit, die verschiedenen regionalen Einflüsse zu vergleichen. Deshalb wird der vorliegende Ausstellungskatalog in die von Jeffrey Hamburger und Christoph Mackert herausgegebene Reihe „Buchmalerei des 15. Jahrhunderts in Mitteleuropa" aufgenommen und erscheint dort als Band 4.

Die Exponate dieser Ausstellung, die zwischen etwa 1430 und 1530 entstanden sind, werden nach Herstellungsformen unterschieden in zwei Sektionen präsentiert: I. „HandSchrift – Bewährt mit Pinsel und Feder" und II. „BuchDruck – Wandel mit Holzblock und Letter". Die gezeigten Werke stehen dabei auch für die große inhaltliche Vielfalt der produzierten Bücher. Biblische Texte und ihre Auslegung sind ebenso vertreten wie Zeugnisse des Humanismus im deutschen Südwesten, Erbauliches steht neben literarischen Texten, die unterhalten und belehren sollen. Sie spiegeln technisch-kulturelle, wirschaftliche und soziale Aspekte der Buchkultur des Spätmittelalters.

Gezeigt wird Bekanntes wie die berühmte Koberger-Bibel in einem kolorierten Exemplar aus den Heidelberger Beständen, das 1483 in Nürnberg in der Offizin Anton Kobergers gedruckt und ausgemalt wurde oder das Eberhard-Gebetbuch aus der Württembergischen Landesbibliothek, eine Pergamenthandschrift, die zwischen 1492 und 1496 in Urach entstanden ist. Das unvollendete Stundenbuch war für den persönlichen Gebrauch Graf Eberhards im Bart bestimmt. Daneben werden in der Ausstellung Handschriften und Drucke präsentiert, die bislang wenig oder gar nicht ans Licht der Öffentlichkeit getreten sind.

Unterstützt durch das Forschungsprojekt „Die papierene Umwälzung im spätmittelalterlichen Europa" im Heidelberger Sonderforschungsbereich 933 „Materiale Textkulturen" werden in der Sektion „Papier & Buchdruck" die zentralen Neuerungen der Buchherstellung im Spätmittelalter vorgestellt. Diese bleibt aber außer Katalog, der sich allein auf die Präsentation der Buchschätze konzentriert. Die inhaltliche Konzeption und Auswahl der Exponate für diesen Teil der Ausstellung stammen von Dr. Carla Meyer und Sandra Schultz; die Gestaltung der Vitrinen erfolgte unter der Mitarbeit von Charlotte Kempf und Paul Schweitzer-Martin. Für die Vitrinen zum Papiergebrauch im Nahen Osten konnte Dr. Rebecca Sauer, Mitarbeiterin im SFB-Teilprojekt „Beruf und Bildung im islamischen Kanzleiwesen" gewonnen werden.

Die Sektion wäre nicht möglich ohne die Leihgeber, die sowohl unentgeltlich ihre Exponate, als auch mit großem Engagement ihre Expertise zur Verfügung gestellt haben. Unser besonderer Dank gilt der „Basler Papiermühle. Schweizerisches Museum für Papier, Schrift und Druck", namentlich Martin Kluge, der uns großzügig die Museumsdepots öffnete, sowie Johannes Follmer, Homburger Papiermanufaktur, der uns zahlreiche Schätze des Museums Papiermühle Homburg überlassen hat. Dankbar sind wir auch Prof. Dr. Andrea Jördens, Institut für Papyrologie, für ihre Bereitschaft, einzigartige Stücke der Papyrologischen Sammlung an der Universität Heidelberg in der Ausstellung zu zeigen. Auch das Hauptstaatsarchiv Stuttgart hat sich mit Exponaten und Fachwissen zum Thema Papierherstellung und Wasserzeichen beteiligt, zu nennen sind hier Prof. Dr. Peter Rückert und Dr. Erwin Frauenknecht, denen wir die Vitrine zum Themenkomplex Wasserzeichen und Wasserzeichen-Informationssystem WZIS verdanken.

Die Ausstellung kann nicht nur in den Räumlichkeiten der UB Heidelberg besichtigt werden. Sie steht auch dauerhaft in einer virtuellen Präsentation unter http://buchkunst2014.uni-hd.de online zur Verfügung.

Ein besonderes Wort des Dankes gilt den Herausgeberinnen des Ausstellungskataloges, Dr. Maria Effinger und Dr. Kerstin Losert, ebenso den Autoren der Textbeiträge, Dr. Margit Krenn und Dr. Karin Zimmermann (UB Heidelberg) sowie Dr. Wolfgang Metzger (WLB Stuttgart) und den Verfassern der Katalogbeschreibungen. Für die Staatsbibliothek Bamberg war hier Dr. Karl-Georg Pfändtner tätig. Die Beiträge aus der Universitätsbibliothek Heidelberg stammen von Dr. Andrea Fleischer, Dr. Margit Krenn und Dr. Karin Zimmermann, diejenigen der Württembergischen Landesbibliothek von Dr. Peter Burkhart, Dr. Christian Herrmann, Dr. Kerstin Losert, Dr. Wolfgang Metzger und Dr. Ulrike Spyra.

Zu danken ist ferner der Berthold Leibinger Stiftung, Ditzingen, für die großzügige finanzielle Unterstützung des Ausstellungskataloges.

Für die Gestaltung und Einrichtung der Vitrinen sowie der Virtuellen Ausstellung danken wir Verena Hecke, Sabine Palmer-Keßler und Anna Voellner.

Die Vielfalt der Buchkultur im deutschen Südwesten steht im Mittelpunkt dieser Ausstellung. In einem repräsentativen Querschnitt wird der Reichtum der Sammlungen in beiden Bibliotheken deutlich sowie die Verpflichtung, das kulturelle Erbe unseres Landes auch für die Zukunft zu sichern.

Dr. Veit Probst
Direktor der Universitätsbibliothek Heidelberg

Dr. Hannsjörg Kowark
Direktor der Württembergischen Landesbibliothek

Inhaltsverzeichnis

Abb. 2
Der weise Berosias übergibt dem König Anastres Taßri das „Buch der Beispiel der alten Weisen". Antonius von
Pforr: Buch der Beispiele der alten Weisen, UB Heidelberg, Cod. Pal. germ. 84, Bl. 2v (Kat.Nr. I.14)

Zwischen Handschrift und Buchdruck –
Zur Einführung

Margit Krenn

Mit schönen figuren, mit diesen oder ähnlichen Worten werden verschiedene bebilderte Handschriften in den Heidelberger Bibliothekskatalogen des 16. und 17. Jahrhunderts beschrieben.[1] Die hier angesprochene bildkünstlerische Ausstattung zählt nach weit verbreiteter Vorstellung gemeinsam mit anderen malerischen Dekorationen zu den typischen Merkmalen mittelalterlicher Bücher. An quantitativen Kriterien gemessen lässt sich diese Aussage insbesondere für das 15. Jahrhundert bestätigen und damit für die Epoche, in der aufgrund veränderter sozio-ökonomischer Bedingungen die Nachfrage nach Büchern und folglich deren Produktion stark anstieg.[2] Zugleich ist dies die Epoche, in der mit der Erfindung des Buchdrucks neue Möglichkeiten der Vervielfältigung entstanden. Mit künstlerischen Mitteln geschaffener Buchschmuck findet sich sowohl in den handgeschriebenen als auch in den nun mit beweglichen Lettern gedruckten Büchern. In Kategorien unterschieden werden der Handschrift in der Regel die mit Deckfarbenmalerei ausgeführten Miniaturen oder die in der Technik der Federzeichnung angelegten Illustrationen zugeordnet, dem gedruckten Buch hingegen die in der druckgraphischen Holzschnitttechnik erstellten Bilder.

Genau diesem Spektrum buchkünstlerischer Möglichkeiten ist die Ausstellung gewidmet. Der zeitliche Dreh- und Angelpunkt ist das Jahr 1454, in dem die erste mit beweglichen Lettern gedruckte Bibel in der Werkstatt von Johannes Gutenberg in Mainz fertiggestellt war. Dieses Jahr gilt als Beginn des Zeitalters des Buchdrucks.[3] Zu dessen Verbreitung berichtet die Schedelsche Weltchronik 1493 (Bl. 252v, Kat.Nr. II.1): [Die K]*unst der truckerey hat sich erstlich in teütschem lannd in der statt Mayntz amm Rhein gelgen im iar Cristi M.CCCC.XL ereügt und fürdan schier in alle örter der welt außgepreüßt. dardurch die kostpern schetze schrifftlicher kunst und weißheit so in den alten büechern langzeit als der werlt unbe-*

kant in dem grabe der unwissenheit verborgen gelegen sind herfür an das liecht gelangt haben. also das vil treffenlicher und menschlichem geprauch nottürftiger und nützlicher büecher so ettwen nicht on kleine kostung zeerzeügen warnn nw zur zeit mit wenig gelts zeerobern sind.

Die Jahreszahl 1440, die Hartmann Schedel, der Autor der nach ihm benannten Weltchronik, für die Erfindung der *Kunst der truckerey* nennt, steht insofern in keinem Widerspruch zum Erscheinungsdatum der Gutenberg-Bibel, als dieser sicherlich Vorstufen vorangegangen waren. Die ersten auf Mainz folgenden „Orte der Welt", in denen sich Buchdrucker niederließen, lagen im südwestdeutschen Sprachraum: Bamberg, Straßburg, Nürnberg und weitere.[4] Schedels Würdigung der Erfindung des Buchdrucks bezieht sich auch auf den Preisvorteil gegenüber der herkömmlichen Handschriftenvervielfältigung. Bis Bücher zur billigeren Massenware werden konnten, war es aber ein längerer Weg. Erst um das Jahr 1470 ist von günstigeren Material-, Herstellungs- und Anschaffungskosten auszugehen.

Die Drucke der Anfangsphase bis zum Ende des Jahres 1500, die als Inkunabeln oder Wiegendrucke bezeichnet werden, verdeutlichen, dass das vollkommen neue Medium „Buchdruck" keineswegs das alte Medium „Handschrift" schlagartig ablöste. Vielmehr setzte mit dem Buchdruck ein allmählicher Veränderungsprozess ein, der in erster Linie aus den Möglichkeiten neuer Materialien und neuer Technik resultierte. Dem äußeren Erscheinungsbild nach imitiert die Gutenberg-Bibel die Formalia, die sich für Bibelhandschriften über Jahrhunderte hinweg etabliert hatten.[5] Die Marktchance des Buchdrucks ergab sich aufgrund der raschen Vervielfältigung eines Prototyps in vielen Exemplaren mit einheitlichen Standards, vor allem mit einem gleichbleibenden sauberen Schriftbild. Zirka 180 Exemplare wurden von der Gutenberg-Bibel hergestellt, von denen immerhin 30 Exemplare auf dem bis ins 15. Jahrhundert gebräuchlichen Pergament gedruckt wurden. Im Aufkommen des Papiers liegt neben der Vervielfältigungstechnik der zweite bedeutende Grund für den im 2. Viertel des 15. Jahrhunderts anzusetzenden Anstieg der Buchproduktion. Wenngleich Papier anfänglich keine billige Massenware war, so war es gegenüber dem aus Tierhäuten gewonnenen Pergament doch deutlich preisgünstiger: Im Spätmittelalter wurde es vor allem aus Lumpen – Textilien aus Pflanzenfasern – hergestellt,[6] wie es beispielsweise der „Vocabularius optimus" beschreibt, der 1473 bis 1474 bei Günther Zainer in Augsburg gedruckt wurde: *Papirus, papeier, est species carte ex pannis inveteratis confecta, in qua homines solent scribere vice pergameni* (Papyrus, Papier, ist eine Art von aus alten Tüchern hergestelltem Beschreibstoff, worauf man zu schreiben pflegt an Stelle von Pergament).[7]

In der Papierherstellung waren zunächst die norditalienischen Städte führend, die ihre Produkte spätestens seit dem 14. Jahrhundert nach ganz Europa verkauften.[8] Die erste uns bekannte Papiermühle in Deutschland ging 1390 in Nürnberg in Betrieb.[9] Entscheidend für den Vertrieb waren die etablierten Handelsrouten und -kontakte. Den Weg, den diese Handelsware nahm, kann man heute vor allem an den Wasserzeichen nachvollziehen, die bei der Papierherstellung als eine Art Markenzeichen eingesetzt wurden: Aus Draht wurden Figuren geformt – Ochsenkopf, Waage, Turm, Lilie u.a. –, die, auf das Schöpfsieb genäht, in der feuchten Papiermasse einen Abdruck hinterlassen, der auf den getrockneten Papierbögen insbesondere im Gegenlicht sichtbar ist.[10] Papierherstellung, Buchdruck und Handel beförderten sich gegenseitig, und so verwundert es kaum, dass die Betreiber erfolgreicher Druckereien auch in anderen Gewerben tätig waren: Anton Sorg in Augsburg unterhielt beispielsweise eine Papiermühle,[11] genauso wie später Johann Schönsperger der Ältere (vgl. Kat.Nr. II.8, II.25, II.28), der außerdem im Wein- und Viehhandel tätig war.[12] Anton Koberger[13] (um 1440–1513) wiederum agierte in Nürnberg als Verleger und Buchhändler mit internationalen Kontakten nach Venedig und Frankreich (vgl. Kat.Nr. II.1, II.2, II.21, II.35). Ausgeprägte Handels- und Geschäftsbeziehungen waren maßgeblich am Erfolg der Großoffizinen beteiligt. Schönsperger etwa vertrieb seine Bücher in Koope-

ration mit Johann Bämler und Anton Sorg oder übernahm von diesen Vorlagen und Druckstöcke (vgl. Kat.Nr. I.29, II.2, II.8, II.22). Koberger hingegen konnte durch Kontakte zu den Werkstätten des Johann Petri in Basel (vgl. Kat.Nr. II.13) oder Johann Grüninger in Straßburg (Kat.Nr. II.4, II.9) seine eigenen Verlegertätigkeiten steigern.

Mit einem Blick auf das konkrete Erscheinungsbild des einzelnen Buches und seiner bildkünstlerischen Ausstattung sowie der Frage nach dem Entstehungsumfeld berührt die Ausstellung zugleich technisch-kulturelle, ökonomische und soziale Aspekte der Buchkultur des Spätmittelalters. Dabei stammen die ausgewählten Exponate aus dem Zeitraum von zirka 1430 bis 1530. Mit den frühen Werken werden Traditionen aufgezeigt, mit den späten Entwicklungslinien und Konstanten sowie Neuerungen. Die Ausstellung eröffnet ihre Exponatabfolge mit der prächtig ausgestatteten Bibel, die 1483 in Nürnberg in der Offizin Anton Kobergers gedruckt und ausgemalt wurde (Kat.Nr. I.1, Abb. 1). Diese Inkunabel stellt ein herausragendes Beispiel für den Übergang von der Handschrift zum Buchdruck dar und ist zugleich repräsentativ für die Symbiose der beiden Medien. Die Texte sind mit beweglichen Lettern, die Bilder mit Holzschnitten gedruckt. Und doch werden hier typische Ausstattungsmerkmale prachtvoller Handschriften imitiert, fortgeführt und erweitert. Das Gros der Initialen wurde in dafür freigelassene Räume mit dem Pinsel von Hand einfarbig rot oder blau eingetragen. Solche zu besonderen Texteinheiten wurden hingegen in Deckfarbenmalerei in einem Feld mit punziertem Blattgold ausgeführt, wie es beispielsweise die I-Initiale zum Buch Genesis zeigt, deren Stamm mit einer farbig modellierten Akanthusranke gefüllt ist und von der ausgehend weitere Akanthusranken auf dem Bundsteg auslaufen. Die Holzschnitte wurden zumeist mit lavierendem Farbauftrag koloriert (z.B. Abb. 17). Bei dem repräsentativen Schöpfungsbild allerdings wurde wieder auf die Mittel der Deckfarbenmalerei mit Goldauflage zurückgegriffen. Die Koberger-Bibel belegt eindrücklich, dass es den Inkunabeldruckern gerade bei repräsentativen Buchobjekten um mechanische Vervielfältigung unter Beibehaltung der tradierten kalligraphischen, typographischen und künstlerischen Mittel ging.

Über Buchprojekte mit repräsentativem Anspruch hinaus weisen Handschriften und Drucke aus der zweiten Hälfte des 15. Jahrhunderts vielfältige Mischformen auf:[14] In Drucken finden sich handgemalte Miniaturen, Ranken und Bordüren, während gedruckte Bilder zuweilen in handgeschriebene Bücher eingeklebt oder eingefügt wurden (Kat.Nr. I.31).[15] Die Medien mit ihren je eigenen technischen und bildkünstlerischen Möglichkeiten beeinflussten sich gegenseitig, und es kam zu einem wechselseitigen Austausch,[16] worauf Wolfgang Metzger in seinem Beitrag „Schreibpult, Werkstatt, Offizin – Buchmalerei und Holzschnitt im 15. Jahrhundert" gesondert eingeht.

Neben dieser Koexistenz und wechselseitiger Beeinflussung lassen sich zunehmend Veränderungen bei der künstlerischen Buchausstattung beobachten, in denen die neuen technischen Möglichkeiten aufgegriffen werden und die sich in der Gegenüberstellung der beiden Medien sogar als Ausdruck einer gewissen Konkurrenz erweisen. Auf der einen Seite steht der Vorteil der Drucktechnik, nämlich die Mehrfachverwendung von Holzschnitten für ähnliche Bildinhalte (vgl. Kat.Nr. II.8). Dieser Vorteil wurde konsequent genutzt, indem „Kombinationsholzstöcke"[17] entwickelt wurden, mit denen ganze Bildserien hergestellt werden konnten (vgl. Kat.Nr. II.4, II.9). Dem steht auf der anderen Seite die Federzeichnung gegenüber, die mit deutlich geringerem Aufwand als der Holzschnitt ausgeführt werden konnte. Die Stärke dieser Technik lag folgerichtig in der leichten kontextbezogenen Anpassung einer Bildkomposition und in der Möglichkeit, mithilfe kleinerer motivischer Veränderungen Bildserien zu Erzählsequenzen zusammenzufassen, die vom modernen Betrachterstandpunkt gesehen den Eindruck von Filmsequenzen vermitteln (vgl. Kat.Nr. I.2).[18] Gerade an den üppigen Illustrationsfolgen der Bilderhandschriften, die aus der Werkstatt des Ludwig Henfflin in den 70er Jahren des 15. Jahrhunderts hervorgegangen sind, ist diese Tendenz zu beobachten. Da die Tätigkeit der Werkstatt insgesamt mit der Mäzenin Margarete von Savoyen, die zu dieser Zeit mit Ulrich V. von Württemberg verheiratet war, in Verbindung zu bringen ist, könnte gerade die bildkünstlerische Ausstattung der Handschriften auf deren dezidierten Wunsch zurückgehen. Denn anders als bei den Druckwerken aus dem letzten Viertel des 15. Jahrhunderts, die an größere Käuferschichten adressiert waren, sollten diese Handschriften einen exklusiven Charakter erhalten und als Luxusobjekte der Darstellung der eigenen, adeligen Lebenswelt dienen.[19] Für Margarete bedeutete dies zweifelsohne eine Orientierung an ihrer französischen Herkunftskultur (vgl. Kat.Nr. I.23).[20] Ihr Vater Amadeus VIII. von Savoyen, der 1440 vom Basler Konzil zum Papst gewählt wurde, ist als Büchersammler und Förderer der Künste bekannt.[21] Hinzu kommen ihre Kontakte beispielsweise zu Philipp von Burgund.[22] Nicht zu vergessen ist in diesem Zusammenhang auch, dass Margarete kostbare, in französischen Buchmalereiwerkstätten geschaffene Bücher durch Erbe oder Mitgift mitbrachte,[23] deren Ausstattung nun von Buchmalern in ihrer neuen Heimat am Neckar adaptiert werden konnte. Nicht ausgeschlossen, wenn bislang auch kaum eindeutig belegt, ist eine ältere These, nach der Margarete auch einen Künstler aus ihrer Herkunftsregion in ihrem Gefolge hatte.[24]

Die Wünsche, die ein Auftraggeber mit dem Buchschmuck verband, konnten sich gleichermaßen auf Darstellungsinhalte, auf Motive und auch auf stilistische Ausdrucksmittel beziehen. Gezielte Aufträge an bestimmte Werkstätten oder Künstler sind keine Seltenheit.[25] Während diese Verflechtung von Auftraggebervorstellung und Transfer von künstlerischen Ausdrucksmitteln in der für den württembergischen und kurpfälzischen Hof geschaffenen Buchmalerei nur in Ansätzen erforscht ist,[26] wird die Zueignung an bestimmte Personen gerade dort unverkennbar, wo die Bücher mit persönlichen Wappen oder Devisen (z.B. Kat.Nr. I.14) ausgestattet wurden oder handschriftliche Einträge den Besitzer oder Auftraggeber benennen. Solchen „Hinterlassenschaften" in Handschriften und Drucken geht Karin Zimmermann in ihrem Beitrag „Bücher als Spiegel der Geschichte – Benutzungsspuren in Handschriften und Drucken" nach und beobachtet, inwieweit individualisierter kostbarer Buchschmuck als ein Mittel zur Repräsentation der eigenen Person genutzt wurde. Gerade in der Spätzeit der Buchmalerei, im letzten Viertel des 15. Jahrhunderts, scheinen diese Vorzüge der Buchmalerei noch an Bedeutung gewonnen zu haben, wie es das Gebetbuch Eberhards im Bart

(Kat.Nr. I.30) oder das Brevier des Salemer Abtes Johannes Stantenat (Kat.Nr. I.29) zeigen.

Systematisch ist der Katalog in zwei, im Wesentlichen nach Medien unterschiedene Sektionen untergliedert: Auf „HandSchrift – Bewährt mit Pinsel und Feder" folgt „BuchDruck – Wandel mit Holzblock und Letter". Die thematischen Untergruppen orientieren sich jeweils an Textgattungen, die sowohl in der handschriftlichen Überlieferung als auch in Frühdrucken vorkommen, wobei tradierte und zeitgenössische Werke berücksichtigt werden. Das Spektrum reicht von religiösen Texten und Erbauungsliteratur einerseits bis hin zu erzählender Literatur und Schriften, die Sachwissen vermitteln, andererseits. Innerhalb der Gruppe der erbaulichen und religiösen Texte stehen sich Bibelhandschriften (Kat. Nr. I.2, I.3) und Bibeldrucke (Kat.Nr. I.1) gegenüber. Interessanterweise kommt es auch bei den traditionsreichen Bibeltexten zu Einflüssen des neueren Mediums Druck auf das tradierte der Handschrift, wenn nämlich für die Erstellung der Bibelhandschrift für Margarete von Savoyen (Kat. Nr. I.2) der Text der 1466 in Straßburg bei Johann Mentelin in deutscher Sprache gedruckten Bibel als Vorlage benutzt wurde. Zu nennen ist auch der Druck des „Speculum humanae salvationis", in deutscher Sprache bekannt als „Heilsspiegel" (Kat.Nr. II.29), der, ausgehend von Bernhard Richel in Basel 1476, gegenüber der entsprechenden handschriftlichen Überlieferung (Kat.Nr. I.26) verändert wurde. In der Tradition der erbaulichen Texte mit didaktischem Anspruch, wie sie die „Specula" darstellen, steht als Neuschöpfung des 15. Jahrhunderts Heinrich Steinhöwels Übersetzung des „Spiegels des menschlichen Lebens" von Rodericus Sancius de Arevalo (Kat.Nr. II.29); als neuartig kann Stefan Fridolins „Schatzbehalter" (Kat.Nr. II.35) gelten.

Die Gruppe der Sachliteratur wird repräsentiert durch das „Buch der Natur" des Konrad von Megenberg, von dessen weiter Verbreitung Handschriften und Drucke des 15. Jahrhunderts zeugen (Kat.Nr. I.19).[27] Einen Platz zwischen Sachliteratur und erzählender Literatur nehmen die Chroniken ein, die sich mit der ruhmvollen Vergangenheit einer Stadt, eines Landes (Kat. Nr. I.18, II.12) oder gar mit der Weltgeschichte

insgesamt (Kat.Nr. II.1) befassen. Auch bei der erzählenden Literatur lassen sich Texte mit einer längeren Überlieferungsgeschichte, beispielsweise Mandevilles Reisen (Kat.Nr. I.21, II.14), mit späteren Neugestaltungen vergleichen. Hervorzuheben sind auf Seiten der illustrierten Handschriften die Prosaromane der Elisabeth von Nassau-Saarbrücken (Kat.Nr. I.23, II.19), die thematisch auf die ältere Ritterepik rekurrieren und als Ausdruck einer gewissen „Ritterromantik" im Spätmittelalter anzusehen sind.[28] Auf Seiten des Buchdrucks kommen illustrierte Editionen von Neuübersetzungen frühhumanistischer Literatur hinzu – wie etwa die „Translationen" des Niklas von Wyle (Kat.Nr. II.7) und Heinrich Steinhöwels Sammlung von Aesop-Fabeln (Kat.Nr. II.31). Beide Autoren sind beispielhaft für die Protagonisten des südwestdeutschen Humanismus dieser Zeit, die bei der Verbreitung ihrer Werke gezielt auf das neue Medium des Buchdrucks mit all seinen Vorzügen von klarem Schriftbild und sauberem Layout bis hin zu größeren Absatzmöglichkeiten setzten. So wissen wir von Heinrich Steinhöwel, dass er in Verbindung mit dem Drucker Günther Zainer in Augsburg und dann mit dessen Bruder Johannes Zainer in Ulm ein Verlagsprogramm mit humanistischer Literatur entwickelt hatte und dass diese Werke in der Regel mit Holzschnitten illustriert wurden (Kat.Nr. II.3, II.29).

Allerdings bietet gerade die Meisterlin-Chronik (Kat. Nr. I.18) auch ein vortreffliches Beispiel einer illustrierten Handschrift, deren Text im Umfeld der Augsburger Humanisten entstanden ist. Nur am Rande sei hier erwähnt, dass über die Verbindungen der Humanisten auch ein Austausch von Bild- und Dekorationsmotiven seinen Weg von Italien über die Alpen in den deutschsprachigen Raum finden konnte.[29] Niklas von Wyle, Heinrich Steinhöwel, Hartmann Schedel und Dietrich von Plieningen hatten alle an italienischen Universitäten studiert. An den Büchern, die für den letztgenannten Dietrich von Plieningen aus dem Kreis der Heidelberger Humanisten gefertigt wurden, lassen sich beispielsweise typische, an italienische Buchmalerei angelehnte Initialen im Stil der *bianchi girari* finden (Kat.Nr. I.10, I.13). Weitere Handschriften aus dem Umkreis der Heidelberger Humanisten zeigen übereinstimmende

Stilmerkmale beim buchmalerischen Dekor (Kat. Nr. I.6, I.7, I.8), die auf eine gemeinsame Werkstatt schließen lassen, die offenbar nach Heidelberg lokalisiert werden darf. Diese Werkstatt schuf nicht nur den berühmten Vergil-Codex für Philipp den Aufrichtigen (Vatikan, BAV, Pal. lat. 1632 von 1473/74), sondern auch die nicht minder berühmte Würzburger Riesenbibel für den Mainzer Domscholaster Volpert von Ders (Würzburg, UB, Mp.th.f.m.11; 1466–1469)[30] sowie um 1470 den Heidelberger Prosa-Lanzelot, Cod. Pal. germ. 147. Das Dekor der Handschrift wurde von drei Malern gefertigt, deren erster die typischen Elemente zeigt, die auch in der 1469 datierten Bocaccio-Handschrift (Kat.Nr. I.8) und noch 1495/97 in der Persius-Handschrift (Kat. Nr. I.6) wiederkehren: Der Buchstabenstamm der Zierinitialen ist mit plastisch modellierten Blättern auf Goldrankengrund gesetzt. Die Ranken sind aus gefiederten, spitz zulaufenden, zumeist gegenständig angeordneten Blättern gestaltet, eine Vielzahl stilisierter Blüten und gestrahlte Goldpunkte treten als weitere Ziermotive noch hinzu.

Die Verbreitung von Bildmotiven konnte über konkrete Objekte und über herkömmliche Musterbücher geschehen. Ein solches ist für die Illustrationen des Eberhard-Gebetbuchs (Kat.Nr. I.30) belegt; als Besonderheit sind in diesem sowohl „Muster" aus der Buchmalerei als auch aus der Druckgraphik erhalten. Damit belegt dieses Musterbuch gemeinsam mit dem Eberhard-Gebetbuch auch die Bedeutung der neuen Bildmedien – sei es Holzschnitt oder Kupferstich – die schon vor der Erfindung des eigentlichen Buchdrucks mit bewegten Lettern aufkamen und sich sukzessive etablierten.[31] Als ein Beispiel sei auf die um 1466/67 entstandenen Kupferstiche mit dem Figurenalphabet des am Oberrhein tätigen Meister E. S. hingewiesen, die sich weit verbreiteten und von Holzschneidern für den Buchdruck kopiert oder nachgeahmt wurden, wie es Drucke aus den Offizinen des Michael Greyff in Reutlingen (Kat. Nr. II.6) oder das „Buch der Beispiele" des Konrad Fyner in Urach belegen.[32] Interessant ist in diesem Zusammenhang, dass Graf Eberhard im Bart im Jahr 1478/79 den bis dahin in Esslingen tätigen Fyner nach Urach, zu dieser Zeit Ort des Württembergischen Hofes, holte. In Urach versorgte Fyner vor allem die Fraterherren der Brüder vom gemeinsamen Leben mit Druckausgaben,[33] druckte aber auch erstmals 1480/81 wohl im Auftrag Graf Eberhards das „Buch der Beispiele" und damit ein Werk, von dem der Graf bereits illustrierte Handschriften besaß (Kat.Nr. I.14). Deutlich wird hier, wie eng die Tätigkeiten von Buchdruckwerkstätten mit Auftraggebern verknüpft sein konnten und inwieweit Materialaustausch und Mobilität der Personen Einfluss auf die Buchkunst nehmen konnten. So unterschiedlich die künstlerische Herkunft der in den Werkstätten tätigen Maler und Holzschneider sein mochte, so vielfältig deren Vorlagenmaterial war und so unterschiedlich die Vorstellungen und Interessen der Auftraggeber waren, mit ebenso unterschiedlichen künstlerischen Ausdrucksformen ist auch beim Buchschmuck zu rechnen. Daraus ergibt sich zugleich eine Vielfalt, in der das herausstechende Charakteristikum der Buchkunst im deutschen Südwesten im 15. Jahrhundert zu sehen ist.

Möglich wurde diese überaus umfangreiche Zusammen- und Gegenüberstellung von Handschriften und Drucken, deren Entstehung einen Zeitraum von gut 100 Jahren umfasst, dadurch dass zwei Bibliotheken Baden-Württembergs mit umfangreichen Handschriften- und Inkunabelbeständen ihre Zimelien für ein gemeinsames Ausstellungsprojekt zur Verfügung stellten. Das Gros der Handschriften und Drucke der Württembergischen Landesbibliothek Stuttgart stammt aus den in der Säkularisation aufgelösten württembergischen Klöstern: z.B. aus dem Benediktinerkloster Zwiefalten (Kat.Nr. II.6, II.16) oder aus dem Kloster Weingarten (Kat.Nr. I.22, II.10, II.12, II.15, II.33), wohin schon 1630 die Konstanzer Dombibliothek durch Ankauf gelangt war (Kat. Nr. II.18). Eine weitere bedeutende Sammelstelle war die Deutschordenskommende Mergentheim, wo im 16. Jahrhundert die wichtigsten Bestände des Ordens zentralisiert waren. Aus verschiedenen Klöstern kamen Codices, die einen fast repräsentativen Überblick über die Entwicklung der Augsburger Schule von der Mitte des 15. bis zum Anfang des 16. Jahrhundert bieten, von denen die Meisterlin-Chronik aus Kloster Weingarten sicherlich einen Höhepunkt darstellt (Kat. Nr. I.18). Aus dem klösterlichen Erbe stammen vor allem liturgische Werke, ergänzt durch eine

13

große Zahl von Stundenbüchern aus Frankreich, Flandern, den Niederlanden und Deutschland. Hauptquelle für einen beachtlichen Bestand niederländischer Handschriften war das Ritterstift Komburg, über das auch Zeugnisse des Heidelberger Humanismus nach Stuttgart gelangten (Kat.Nr. I.7, I.10, I.11).

Der größte Teil der Buchbestände aus den säkularisierten Klöstern war zunächst in die 1810 gegründete „Königliche Handbibliothek" eingegangen, die im Jahr 1886 in „Hofbibliothek" umbenannt wurde und deren Handschriften- und Inkunabelbestände im gleichen Jahr in die öffentliche Bibliothek überführt wurden. Das Eberhard-Gebetbuch (Kat. Nr. I.30) war zwar im Besitz des Hauses Württemberg, allerdings wohl nicht Teil der „Königlichen Handbibliothek". Schon vor der Säkularisation hatte der große Büchersammler Herzog Carl Eugen (1728–1793) durch Käufe in ganz Europa (u.a. auch von Baron Hüpsch) den ersten Grundstock für die von ihm gegründete öffentliche Bibliothek gelegt. Der Herzog kaufte auch die Büchersammlung seines ersten Bibliothekars Joseph Uriot auf, in der sich bemerkenswert viele elsässische Handschriften, darunter auch solche aus der Lauber-Werkstatt, befanden (Kat.Nr. I.19).[34]

Die Universitätsbibliothek Heidelberg kann aus den umfangreichen Beständen der Bibliotheca Palatina schöpfen, für die der bibliophile Kurfürst Ottheinrich (1556–1559) die Privatbibliothek der Pfalzgrafen mit den Beständen der 1386 gegründeten Universität zusammenführte. Im Dreißigjährigen Krieg gelangte diese Sammlung in die Vatikanische Bibliothek nach Rom, 1816 konnten die deutschsprachigen Handschriften, insgesamt 847 Kodizes, wieder nach Heidelberg zurück gebracht werden.[35] Nur für wenige dieser Handschriften können gesicherte Auskünfte zu ihrer Herkunft und über ihre früheren Besitzer gegeben werden. Aus Gründen der Gewichtsersparnis waren die meisten der schweren mittelalterlichen Einbände beim Transport der Bibliotheca Palatina nach Rom von den Büchern abgenommen worden. Hierbei gingen oft auch die Vorsatzblätter, Vorder- und Hinterspiegel verloren, auf denen üblicherweise Informationen zur Provenienz verzeichnet waren.

Besonders umfangreich nimmt sich der mit kolo-

rierten Federzeichnungen versehene Handschriftenbestand aus. 27 Bände stammen aus den drei bekannten oberdeutschen Schreiberwerkstätten: Neun Manuskripte kommen aus der Werkstatt des Ludwig Henfflin (Kat.Nr. I.2, I.23). Sie datieren in die 70er Jahre des 15. Jahrhunderts und werden nach Stuttgart lokalisiert. Wie bereits erwähnt waren sie im Auftrag der Margarete von Savoyen entstanden und gelangten nach ihrem Tod im Jahre 1479 als Erbe an ihren Sohn Philipp letztlich in die Bibliotheca Palatina. Als Käufer der Bücher aus der „Elsässischen Werkstatt von 1418" wird Kurfürst Ludwig III. (reg. 1410–1436) vermutet, der Landvogt im Elsass war. Er gründete mit der Stiftsbibliothek in der Heiliggeistkirche den eigentlichen Kern der späteren Bibliotheca Palatina. Die Ankäufe von Handschriften aus der Werkstatt des Diebold Lauber in Hagenau vermittelte wohl der Wild- und Rheingraf Johann IV. zu Dhaun und Kyrburg (1422–1476), der mehrfach Unterlandvogt des Elsass war und als solcher in Diensten der Pfälzer Kurfürsten stand (Kat.Nr. I.3). Vor allem die Inkunabelsammlung stammt aus säkularisierten Klosterbibliotheken, knapp 1.850 Titel aus der Zeit von 1454 bis 1500.[36] Ein Großteil des Altbestands verdankt sich dem Erwerb der Bibliothek des ehemaligen Zisterzienserklosters Salem, immerhin zirka 30.000 Drucke und 450 Handschriften (Kat.Nr. I.29, II.28).[37] Aber auch Abgaben aus der Bibliothek der Kurpfälzischen Residenz in Mannheim bereichern den Bestand der Frühdrucke der Universitätsbibliothek Heidelberg (Kat. Nr. II.1).

Dieser knappe Überblick über die Sammlungsgeschichten beider Bibliotheken verdeutlicht eindrücklich, dass ein Großteil ihrer Bestände auf das Umfeld der südwestdeutschen Klöster, der humanistisch geprägten Städte sowie der kultur- und kunstsinnigen Repräsentanten des württembergischen und des kurpfälzischen Hofes zurückgehen. Insofern ergänzen sich die Bestände thematisch und bieten mit den ausgewählten Exponaten in der gemeinsamen Ausstellung einen repräsentativen Überblick über die Buchkunst des 15. und beginnenden 16. Jahrhunderts im deutschen Südwesten, der eine beeindruckende Vielfalt der Buchmalerei und der Druckgraphik in Bild und Dekoration umfasst.

1 Z.B. Cod. Pal. lat. 1937, Bl. 92v, vermutlich identisch mit einer Handschrift der älteren Schlossbibliothek, verzeichnet bei der Katalogisierung 1556/59: Vatikan, BAV, Cod. Pal. lat. 1937, Bl. 92r [Historici, 8°] Abschrift in Vatikan, BAV, Cod. Pal. lat. 1941, Bl. 73r [Historici, 8°], *Ris Signot* [Titel des Werkes] *geschriben papir mitt schönen figuren,* http://digi.ub.uni-heidelberg.de/diglit/bav_pal_lat_1941/0167, in Bezug auf Cod. Pal. germ. 67, vgl. ähnlich: Handschrift der jüngeren Schlossbibliothek, verzeichnet im Inventar der Bibliothek Friedrichs IV. von der Pfalz vom Jahr 1610: Cod. Pal. germ. 809, Bl. 139, *Das Buch der weisheit der alten meister vf papier geschrieben mit illuminirten figuren, in roht leder mit buckeln,* http://digi.ub.uni-heidelberg.de/diglit/cpg809/0284, in Bezug auf Cod. Pal. germ. 466 (in diesem Band Kat.Nr. I.15).

2 Vgl. NEDDERMEYER 1998.

3 Vgl. McLUHAN 2011; GIESECKE 1991.

4 Vgl. KEUNECKE 2000, S. 23–44.

5 Zu Standards der 42-zeiligen Bibel, die Johannes Gutenberg gemeinsam mit Peter Schöffer und mit Unterstützung von Johannes Fust herausgab, und zu deren spezifischen Funktionen für die monastische Reformbewegung vgl. KÖNIG 1991.

6 Zu unterschiedlichen Rohmaterialien für die Papierherstellung vgl. SIEGENTHALER 1987. Für zahlreiche Hinweise zur Materialität sei Carla Meyer, Sandra Schultz und Charlotte Kempf, SFB 933, Teilprojekt A06, der Deutschen Forschungsgemeinschaft an der Universität Heidelberg, „Die papierene Umwälzung im spätmittelalterlichen Europa. Vergleichende Untersuchungen zum Wandel von Technik und Kultur im ‚sozialen Raum‘" gedankt.

7 STEINMANN 2013, S. 794. WLB Stuttgart, Inc. Fol. 16055 A53 HB, Bl. 57b.

8 TSCHUDIN 2012, S. 102–106.

9 *In nomine Christi amen anno domini MCCCLXXXX Ich Ulman Stromeir hub an mit dem ersten zu dem papir zu machen* [...], vgl. STROMER 1990, Bl. 95v.

10 Grundlegend ist die von Gerhard Piccard (1909–1989) zusammengetragene Wasserzeichenkartei im Hauptstaatsarchiv Stuttgart, Bestand J 340, s. die nach Motiven sortierten 17 Findbücher, Stuttgart 1961 bis 1997, die aber nur einen Teil der Sammlung von 92.000 Zeichen vom 14. bis zum 17. Jahrhundert umfassen. Dagegen veröffentlicht Piccard-Online die komplette Wasserzeichenkartei, http://www.piccard-online.de/start.php, die inzwischen in dem neu aufgebauten, erweiterten Wasserzeichen-Informationssystem, WZIS, http://www.wasserzeichen-online.de aufgegangen ist.

11 Norbert H. OTT: Sorg, Anton der Jüngere, in: Neue Deutsche Biographie 24 (2010), S. 598f. [Onlinefassung]; http://www.deutsche-biographie.de/pnd104 16039X.html

12 Hans-Jörg KÜNAST: Schönsperger, Johann der Ältere, in: Neue Deutsche Biographie 23 (2007), S. 421f. [Onlinefassung]; http://www.deutsche-biographie.de/pnd10230534X.html

13 Hans LÜLFING: Koberger, Anton, in: Neue Deutsche Biographie 12 (1979), S. 245f. [Onlinefassung]; http://www.deutsche-biographie.de/pnd11 8563890.html

14 Vgl. AUGUSTYN 2003, S. 5–48; RAUTENBERG 2003.

15 Vgl. SCHMIDT 2003; HINDMAN 1977.

16 Vgl. OTT 2001.

17 Vgl. SCHMIDT 2006, S. 160f.

18 SAURMA-JELTSCH 2009, S. 77–93, am Beispiel der Handschrift UB Heidelberg, Cod. Pal. germ. 67, Sigenot, Werkstatt Ludwig Henfflin, Stuttgart (?), um 1470, http://digi.ub.uni-heidelberg.de/diglit/cpg67.

19 Vgl. LÄHNEMANN 2002, bes. S. 166–168.

20 Vgl. LÄHNEMANN 2002.

21 Vgl. EDMONDS 1992.

22 Vgl. LÄHNEMANN 2002, S. 6.

23 Z.B. Heidelberg, Cod. Pal. lat. 1969. ZIMMERMANN 2013, bes. S. 273.

24 Vgl. BACKES 1992, S. 60 mit älterer Literatur.

25 Einzelne Beispiele für den kurpfälzischen Hof nennt BACKES 1992, S. 55–62.

26 Vgl. BACKES 1992, S. 55–62, mit weiterführenden Literaturhinweisen; CERMANN 1997.

27 In der Ausstellung werden außer Katalog auch Inkunabeln mit Konrads von Megenberg „Buch der Natur" gezeigt: Stuttgart, WLB, Inc. fol. 4041 (2), Augsburg: Johann Bämler, 30. Oktober 1475, GW M16426, und Stuttgart, WLB, Inc. fol. 4046, Augsburg: Johann Schönsperger, 1499, GW M16432, der die Holzschnitte von Johann Bämler, 1475 spiegelverkehrt übernimmt.

28 Vgl. GRAF 2002.

29 Vgl. Pataki 2006.

30 Aufgrund des Erstbesitzers der Riesenbibel wurde diese Werkstatt auch nach Mainz lokalisiert und als „Werkstatt der Mainzer Riesenbibel" bezeichnet, vgl. Vaasen 1973, dagegen von KÖNIG 2000, S. 573, nach Heidelberg.

31 Vgl. SCHMIDT 2005.

32 In der Ausstellung aber außer Katalog: Johannes de Capua: Directorium humanae vitae, dt., Buch der Beispiele der alten Weisen, übers.: Antonius von Pforr, Urach: Konrad Fyner, um 1482, GW M13190, Stuttgart, WLB, Inc. fol. 4028, Bl. 48.

33 FAIX 1999, S. 44f. FISCHER / AMELUNG / IRTENKAUF 1985, Kat.Nr. 183, S. 179f.

34 Für die Informationen zu den Beständen der Württembergischen Landesbibliothek sei Peter Burkhart und Kerstin Losert herzlich gedankt.

35 Zur Geschichte der Bibliotheca Palatina vgl. u.a. MITTLER 1986.

36 Armin SCHLECHTER: Einführung, in: SCHLECHTER / RIES 2009, S. 3–81.

37 WERNER 2000.

15

Abb. 3

Gedruckte Rankenbordüren und Holzschnittinitiale. Alvarus Pelagius: De planctu ecclesiae, WLB Stuttgart, Inc. fol. 891 (HB), Bl. 9a (Kat.Nr. II.18)

Schreibpult, Werkstatt, Offizin –
Buchmalerei und Holzschnitt im 15. Jahrhundert

Wolfgang Metzger

Buchmalerei und Holzschnittillustrationen in gedruckten Büchern führen ab den 1460er Jahren für einige Jahrzehnte eine Koexistenz, deren Eigenarten und Bedingungen bis heute nicht wirklich ausgelotet wurden. Im Folgenden sollen einige einführende Bemerkungen und die nähere Betrachtung zweier in der Ausstellung präsentierter Beispiele die Thematik skizzenhaft umreißen.

Die prinzipiellen Arbeitsweisen bei der Produktion von illuminierten Handschriften haben sich seit dem späteren 13. Jahrhundert nicht grundlegend verändert. Noch immer existieren klösterliche Werkstätten verschiedener Größe und Produktivität. Auch die weltlichen Schreiber und Buchmaler in den Städten und im Umkreis von geistlichen wie wirtschaftlichen Zentren sind nicht erst jetzt anzutreffen. Wo professionell geschrieben wird, etwa in Kontoren, Kanzleien und Amtsstuben, können nicht nur Urkunden und Rechnungsbücher entstehen, sondern auch Buchhandschriften. Der Schreiber des Stuttgarter Cod. poet. et phil. 2° 4 (Kat.Nr. I.20) etwa war Zentgraf, also ein Beamter, der stellvertretend für einen Fürsten als Richter amtierte. Allerdings dürften sich die Schwerpunkte gegenüber der früheren Zeit verschoben haben. Die sich bis weit über den Beginn des Buchdrucks hinaus ausweitende handschriftliche Buchproduktion erforderte zweifellos eine Verbreiterung der Produktionsbasis, auch wenn die nun vorherrschenden Bastarda- und Kursivschriften wohl eine größere Schreibgeschwindigkeit und damit eine höhere Produktivität jedes einzelnen Schreibers ermöglichten. Die städtischen Schreiber und Buchmaler außerhalb geistlicher Institutionen hatten im 15. Jahrhundert mit Sicherheit einen größeren Anteil an der Buchproduktion als in früheren Jahrhunderten. Zudem konnten sie wohl auch in kleineren, regionalen Zentren bestehen. Auch kann man im Allgemeinen von einer erheblichen Mobilität spätmittelalterlicher Buchmaler ausgehen.[1]

Doch wie können wir uns die Werkstätten vorstellen? In der Regel dürfte es sich um Einzelpersonen gehandelt haben, die sich bei Bedarf zu Kooperationen zusammenfanden. Für die kurz nach 1500 geschaffenen Chorbücher des schwäbischen Klosters Lorch z.B. wurden neben Schreibern aus dem eigenen Konvent weitere aus anderen Klöstern geholt (Abb. 4). Für die umfangreiche malerische Ausstattung wurde Nikolaus Bertschi aus Augsburg verpflichtet. Dieser verlegte für den Auftrag zeitweise seine Werkstatt nach Lorch. Von weiteren Malern ist dort nicht die Rede, allerdings lässt vor allem die Randornamentik die gelegentliche Mitarbeit eines weiteren, schwächeren Malers erkennen. Wahrscheinlich handelte es sich dabei um einen Gehilfen Bertschis. Die Unterstützung, die der Maler von seiner Ehefrau erhielt, spiegelt sich in der bekannten Miniatur, in der diese einen Becher vor ihn auf seinen Arbeitstisch stellt (Abb. 5). Selbst für einen recht umfangreichen Auftrag in einem bedeutenden Kloster sehen wir somit einen einzigen Maler mit häuslicher Unterstützung am Werk.[2] Die in der älteren Literatur zuweilen als eine Art ‚Großbetrieb‘ mit kontinuierlich zusammenarbeitenden Schreibern und Malern dargestellte Lauber-Werkstatt im elsässischen Hagenau wäre somit eine völlig neue und ungewöhnliche Erscheinung gewesen. Bei genauerer Betrachtung stellt sich jedoch auch dieser ‚Betrieb‘ eher als eine sich im Laufe der Zeit wandelnde Gruppe von kooperierenden Malern und Schreibern heraus, die durch eine Art von Verleger koordiniert wurde (s.u.).[3] So ist auch hier wohl kein grundlegender Neuansatz zu konstatieren, sondern eine sehr geschickte und effiziente Kombination bekannter und bewährter Techniken und Organisationsformen. Eine Feststellung, die auch auf die Erfindung des Buchdrucks zutrifft, deren wesentliche Innovation in der geschickten Kombination und Anpassung prinzipiell bekannter Techniken bestand.

17

Abb. 4
Die Geburt Christi. Lorcher Antiphonar, Pergament, Kloster Lorch, 1511–1512, WLB Stuttgart, Cod. mus. I. 2° 64, Bl. 17r (außer Katalog)

Abb. 5
Der Maler Nicolaus Bertschi und seine Frau Margareta, Lorcher Graduale, Pergament, Kloster Lorch, 1511–1512, WLB Stuttgart, Cod. mus. I. 2° 65, 236v (außer Katalog)

Der Beginn des Buchdrucks mit beweglichen Lettern in der Mitte des 15. Jahrhunderts änderte zunächst wenig an Art und Umfang der handschriftlichen Buchproduktion, denn das Gesamtvolumen der Drucke war zunächst verhältnismäßig klein. Doch bot der Buchdruck in der neuen, von Gutenberg entwickelten Technik ein gewaltiges Potential, ganz im Gegensatz zu seinen fernöstlichen Vorläufern. Der im Juli 1377 gedruckte zweite Band der Anthologie der Zen-Lehre großer buddhistischer Priester („Buljo jikji simche yojeol") ist das älteste bekannte Beispiel eines Buchdrucks mit beweglichen Metalllettern. Da im Chinesischen jedoch prinzipiell für jedes Wort ein eigenes Zeichen benötigt wird, sind erheblich mehr verschiedene Typen (Einzelstempel) von Nöten. Dies mag einer der Gründe dafür gewesen sein, dass die auch schon früher vorhandenen Ansätze zum Druck mit beweglichen Lettern im chinesisch-koreanischen Bereich nicht zu einem Durchbruch der Drucktechnik im Osten geführt haben. Inwiefern es einen Ideentransfer in den Westen gab, von dem Gutenberg tatsächlich profitieren konnte, bleibt umstritten.[4] In Europa jedoch verbreitete sich der Buchdruck, ausgehend von Süddeutschland, schnell. Bei Pfister in Bamberg erschienen in den 1460er Jahren die ersten mit Holzschnitten illustrierten Inkunabeldrucke.[5] Doch auch der quantitative Höhepunkt in der Handschriftenproduktion liegt in den 1460er Jahren. Ab 1470 ist dann ein deutlicher Rückgang zu konstatieren, der sich ab 1480 verstärkte. Im letzten Jahrzehnt des 15. Jahrhunderts umfasste sie dann nur noch etwa 30 Prozent des Volumens der 60er Jahre.[6] Es waren wohl vor allem die Klöster, die weiterhin Handschriften produzierten. Recht lange hielt sich die traditionelle Handarbeit bei besonders kostbar ausgestatteten Werken, vor allem aus dem Bereich der Liturgie, sowie bei individuellen Stücken wie Zusammenstellungen kurzer Einzeltexte oder Exzerpte für den eigenen Gebrauch. In den 1470er Jahren überholte die immer noch junge Technik des Buchdrucks im Umfang ihrer

Abb. 6
Hl. Barbara. Kupferstich, Papier, Südwestdeutschland, um 1460, WLB Stuttgart, Cod. bibl. 4° 14, Hinterspiegel
(außer Katalog)

Produktivität und Produktion die Skriptorien. Am Ende des Jahrhunderts stieg die Produktion von Drucken weiter an, sowohl hinsichtlich der Zahl der Ausgaben als auch hinsichtlich der Auflagenhöhe.[7] Dass auch im 16. Jahrhundert und später noch hochwertige, aufwändig illuminierte Handschriften entstanden, zeigen beispielsweise die Liturgica aus den Klöstern Lorch[8] und Salem[9]. Auch Chroniken sowie Wappen- und Turnierbücher wurden weiterhin handschriftlich und mit farbiger Malerei hergestellt.

Der Druck war eine neue Technik der Buchproduktion, die nur langsam einen grundlegenderen Wandel der Buchgestaltung mit sich brachte. Vergleichbar ist in neuerer Zeit der Übergang vom klassischen Buchdruck im Bleisatz zum Offsetdruck und schließlich zur digitalen Produktionsweise. Auch hier stellte sich ein Wandel des Erscheinungsbildes auf breiterer Ebene erst nach einer Zeit des Überganges ein, nachdem zunächst das gewohnte Aussehen mit neuen technischen Mitteln realisiert wurde. Die Drucker des 15. Jahrhunderts versuchten zunächst, das Äußere hochwertiger Handschriften so genau wie möglich zu reproduzieren (Kat.Nr. II.18, Abb. 3). Ein gutes Beispiel hierfür bietet die bekannte Koberger-Bibel (Kat.Nr. I.1). Nachdem Text und Bilder gedruckt waren, wurden die Initialen von Hand in die hierfür vorgesehenen Leerstellen eingefügt. Auch Kapitelzeichen und die rote Strichelung der Satzinitialen wurden wie bei einer Handschrift vom Rubrikator angebracht. Einige Liturgica des Augsburger Druckers Erhard Ratdolt dagegen erzielten die zur Orientierung des Lesers wichtige Rubrizierung im Druck, und zwar in einer Form, wie sie bei Handschriften üblich war. Die neue Technik wurde hierzu sorgsam angepasst. Ein Vorteil der handschriftlichen Arbeitsweise bestand darin, dass jedes Exemplar einfach dem Wunsch des Käufers angepasst werden konnte. Dies betraf beispielsweise die Zahl und Ausführung der Bilder, die verwendeten Farben oder den Initialschmuck. Im Druck kann die Bildausstattung lediglich durch Kolorierung individuell aufgewertet werden. Allerdings finden sich nicht selten auch gedruckte Bücher mit gemalter Ausstattung (z.B. Kat.Nr. I.9).

Prinzipiell standen der Zeit zwei Techniken der Bildreproduktion zur Verfügung, der Kupfer-stich (Kat.Nr. I.16) und der Holzschnitt. Der Kupferstich ist ein Tiefdruckverfahren, bei dem man in eine Metallplatte Linien gravierte, die dann mit Druckfarbe gefüllt wurden. Nachdem die Oberfläche der Platte wieder sauber gewischt war, blieb die Druckerschwärze nur in den Rillen zurück. Nun konnte die Platte mit hohem Druck auf Papier abgezogen werden. Der Holzschnitt dagegen war wie der Buchdruck ein Hochdruckverfahren. Wie bei einem Stempel wurden die erhabenen Linien und Flächen eingefärbt und dann auf Papier abgedruckt. Dazu war weit weniger Druck notwendig. Da Buchdruck und Holzschnitt prinzipiell das gleiche Verfahren nutzten, konnte man die hölzernen Druckstöcke für die Bilder und den Bleisatz für den Text in einen Satz montieren und zusammen drucken. Schon aus diesem Grund bot sich der Holzschnitt als das Standardverfahren zum Druck illustrierter Bücher an. Kupferstiche dagegen erforderten jeweils einen separaten Druckvorgang. So blieben Druckwerke mit Kupferstichillustrationen in der Inkunabelzeit die große Ausnahme.[10] Dafür konnten sie weitaus feinere Strukturen wiedergeben und kamen so einer Handzeichnung sehr viel näher als der relativ grobe Holzschnitt. Kupferstiche finden sich vor allem als nachträglich eingeklebte Blätter in Handschriften, wie etwa der Stich des Banderolenmeisters in HB X 19 der WLB Stuttgart (Kat.Nr. I.16). Häufig finden sich graphische Blätter eingeklebt im Bereich der Spiegel von Handschriften (Abb. 6).[11] Von einem Holzschnitt lassen sich im Übrigen deutlich mehr Abzüge herstellen, bevor die Qualität sichtbar nachlässt.

Während die frühen Kupferstecher vor allem Goldschmiede waren, die sowohl zeichnerische Grundkenntnisse hatten als auch in Metall gravieren konnten, wurden die frühen Holzschnitte wohl häufig in Kooperation von Entwerfer und Holzschneider hergestellt. In den Entwerfern können wir etwa Briefmaler und andere Hersteller von gemaltem und gezeichnetem Schmuckwerk vermuten sowie Buch- und Tafelmaler. Das Beispiel des Augsburger Druckers Anton Sorg zeigt, dass ein Brief- und Kartenmaler sich schließlich bis zum Buchdrucker entwickeln konnte.[12] Die Hersteller der Druckstöcke stammten wahrscheinlich vor allem aus dem Kreis des

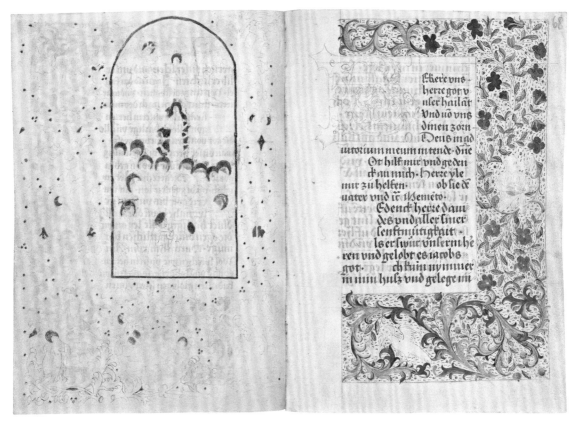

Abb. 7
Seiten in unterschiedlichen Stadien des Entstehungsprozesses. Eberhard-Gebetbuch, WLB Stuttgart, Cod. brev. 1, Bl. 67v/68r (Kat.Nr. I.30)

holzverarbeitenden Handwerks. Druckmodel für Stoffmuster hat es im Übrigen schon früher gegeben, auch aus diesem Bereich mögen Holzschneider gekommen sein. Das Zusammenwirken von Zeichner und Holzschneider erschwert grundsätzlich auch die stilistische Zuschreibung von Holzschnitten an bestimmte ‚Meister‘, da sich jeweils zwei ‚Handschriften‘ überlagern können. Auch die Vereinfachung der Figuren und Gegenstände zumal im kleinformatigen Buchholzschnitt tendiert dazu, die Spuren individueller Zeichner zu verwischen. Im Gegensatz dazu tritt in der Buchmalerei die Individualität des Ausführenden weit stärker hervor.

In der Buchmalerei des 15. Jahrhunderts treten uns im Wesentlichen zwei Varianten entgegen: die vollfarbige Miniatur mit deckend aufgetragenen Farben und glänzend poliertem Blattgold auf Pergament sowie die farbig lavierte Federzeichnung, zumeist auf Papier. Erstere erfordert einen weit höheren Arbeitsaufwand in mehreren Schritten und zumeist auch teurere Materialien. Entsprechend kostspielig waren Bücher

wie das Salemer Abtsbrevier (Kat.Nr. I.29) oder das Eberhard-Gebetbuch (Kat.Nr. I.30). Die in dieser Zeit deutlich überwiegenden, mit verdünnten, aquarellartigen Farben lavierten Federzeichnungen auf Papier waren sowohl vom Arbeitsaufwand als auch von den Materialien her weniger aufwändig herzustellen. Allerdings wurde das oftmals durch große Bildformate (z.B. Kat.Nr. I.17) und eine hohe Anzahl von Einzelbildern wenigstens zum Teil kompensiert (z.B. Kat.Nr. 1.2).

Die unvollendeten Seiten des Eberhard-Gebetbuches (Kat.Nr. I.30) führen die einzelnen Arbeitsschritte der Buchmaler in seltener Deutlichkeit vor Augen. Von den teils skizzenhaften, teils detaillierten Unterzeichnungen über die Anlage der vergoldeten Teile mit Grundierung, Anlegen des Blattgoldes und dessen Politur, die jeweilige Grundfarbe und ihre Differenzierungen und Modellierungen bis hin zu den letzten Lichtern und Konturen lässt sich der Entstehungsprozess nachverfolgen und dies jeweils für Initialen und Zeilenfüller, Miniaturen und Bordüren (Abb. 7).

22

Die Ausstattung mit lavierten Federzeichnungen kommt dagegen oftmals mit drei Arbeitsschritten aus: Unterzeichnung, Reinzeichnung und einfacher Farbauftrag. Dabei kann die Reinzeichnung ganz oder teilweise über den Farbflächen liegen (z.B. Kat.Nr. I.3). Zwischen diesen beiden Extremen liegt eine breite Palette von Varianten, etwa der Kombination von deckenden und transparenten Farben. Hochglänzend polierte Goldflächen bleiben hingegen aus technischen Gründen zumeist Pergamenthandschriften vorbehalten (vgl. jedoch Kat.Nr. I.9).

Von den verbreiteten Formen der malerischen Ausstattung wurden im Holzschnitt nicht alle in gleichem Maße übernommen. Historisierte Initialen beispielsweise wurden zwar auch als Holzschnitte gedruckt, etwa im Konstanzer Brevier von Erhard Ratdolt (Kat.Nr. II.19), sie spielen jedoch eine deutlich geringere Rolle als in der spätmittelalterlichen Buchmalerei. Auch Bordüren mit und ohne integrierte Figuren wurden gedruckt (Abb. 3). Die in der Buchmalerei oft durch ihr freies Spiel mit vielfältigen Formen ansprechenden Schmuckformen (z.B. Kat. Nr. I.9) wirken als Holzschnitt meist etwas steif und stereotyp, wie auf der Eingangsseite des Zainerschen Boccaccio (Kat.Nr. II.3). Die typische Holzschnittillustration ist jedoch das gerahmte Bild, eingepasst im Textspiegel. Sich frei auf der Seite entwickelnde Bilder, die den Textblock geradezu umfließen und sich so Raum verschaffen, wie in „Der elende Knabe" (Abb. 8, Kat.Nr. I.24), kommen bei Holzschnittillustrationen nicht vor. Sie würden dem strengeren Erscheinungsbild der Drucke auch nicht gerecht. Auch die zumeist eher spielerischen Darstellungen am Fuß der Seite (*bas-de-page*, vgl. Kat.Nr. I.29) haben zumeist keine Entsprechung im Buchholzschnitt.

Holzschnittillustrationen in Inkunabeln nahmen oftmals das Vorbild der gezeichneten und gemalten Bilder in Handschriften auf (vgl. Kat. Nr. I.4, I.5). So gehen die Inkunabelillustrationen zum „Buch der Natur" Megenbergs im Wesentlichen auf die Handschriften der Lauberwerkstatt zurück.[13] Zuweilen wurden die Holzschnitte jedoch auch selbst wieder zu Vorbildern für Buchmalerei (vgl. Kat.Nr. II.12).[14] Auch stilistisch zeigen sich Wechselwirkungen des Erscheinungsbildes. So arbeiten einige Maler nun mit auffällig

starken schwarzen Konturen, so dass die Bilder zuweilen stark an kolorierte Holzschnitte erinnern. Als exemplarisch seien hier das Heidelberger „Buch der Beispiele" genannt (Kat.Nr. I.15), aber auch die großformatigen Bilder der „Etymachie" (Kat.Nr. I.17).

Die Stuttgarter Handschrift des „Buch der Natur" Konrads von Megenberg (Kat.Nr. I.19) zieht schon durch ihr Format sowie Anzahl und Größe der Bilder die Aufmerksamkeit auf sich. Die deutschsprachige Enzyklopädie fand im späteren 14. und im 15. Jahrhundert große Verbreitung, davon zeugen über 170 erhaltene Handschriften und sechs Druckausgaben. Das Stuttgarter Exemplar aus der elsässischen Werkstatt Diebold Laubers war als eindrucksvolles Bilderbuch nicht lediglich ein informatives ‚Sachbuch', sondern ein durchaus repräsentatives Werk. Trotz der verhältnismäßig unaufwändigen Technik und dem Verzicht auf preziöse Materialien wie feines Pergament, Blattgold und teure Farben handelt es sich um ein eindrucksvolles Schaustück für hochstehende und vermögende Auftraggeber – eher ‚coffee-table-book' als Nachschlagewerk. Neben die häufig kleinformatige minutiös gemalte Pergamenthandschrift meist religiösen Inhalts, wie etwa das Eberhard-Gebetbuch (Kat.Nr. I.30), tritt hier als neue Kostbarkeit das auf großformatige Papierbögen geschriebene und in jeder Hinsicht substanzielle Bildkompendium zur umfassenden Erschließung der sichtbaren, materiellen Welt. Dass die Bildausstattung des „Buch der Natur" selbst aus der gleichen Werkstatt je nach Kundenwunsch unterschiedlich umfangreich gestaltet werden konnte, zeigen die weiteren beiden Exemplare aus der Hagenauer Werkstatt des Diebold Lauber.[15] Eine solche Flexibilität konnte der frühe Buchdruck nicht bieten, dafür stellte er erstmals eine – für damalige Verhältnisse – hohe Anzahl von Exemplaren von völlig einheitlicher Qualität zur Verfügung. Dabei war eine Tendenz hin zu einer seriellen und arbeitsteiligen Arbeitsweise auch in der Buchmalerei seit langem wirksam. Die immer wieder neue Verwendung der gleichen Werkstattvorlagen und Bildkonventionen schuf zwar in der Regel weniger gleichförmige Darstellungen als die mehrfache Anwendung eines Druckstockes, dürfte den neuen Reproduktionstechniken des 15. Jahrhunderts jedoch bei

Abb. 8
Der Knabe mit Frau Venus im Geheimzimmer und vor dem Buch mit dem Recht der Liebe. Der elende Knabe: Der Minne Gericht, UB Heidelberg, Cod. Pal. germ. 344, 22ᵛ (Kat.Nr. I.24)

Produzenten wie Rezipienten den Weg gebahnt haben.[16] Die Werkstatt Diebold Laubers im elsässischen Hagenau bietet ein eindrucksvolles Beispiel für die effiziente und relativ umfangreiche Produktion illustrierter Handschriften. Sie war von 1427 bis gegen 1470 aktiv. Fast 80 Handschriften aus ihrer Produktion sind ganz oder teilweise erhalten, eine ungleich höhere Zahl an im Laufe der Jahrhunderte untergegangenen Bänden können wir voraussetzen. Von den zahlreichen, über die Jahre kooperierenden Zeichnern und Malern scheinen zwei am „Buch der Natur" gearbeitet zu haben. Dem wohl jüngeren der beiden (Maler I) schreibt Saurma-Jeltsch die Konzeption und die Vorzeichnungen der Bilder zu, während der wahrscheinlich ältere und in etlichen Produkten der Werkstatt tätige Maler B die Bilder ausgearbeitet und mit Farbe versehen habe.[17] Somit hätten wir einen zweistufigen Arbeitsprozess vor uns, in dem die ersten Arbeitsschritte von einer Hand stammen und die Fertigstellung von einem anderen Maler ausgeführt wurde. Aus welchem Grund dies im vorliegenden Fall geschah, wissen wir nicht. In der Regel ging es wohl darum, umfangreiche Aufgaben in relativ kurzer Zeit zu bewältigen. Zudem ist zu bedenken, dass die Maler in den meisten Fällen nicht allein als Buchmaler arbeiteten, sondern auch andere Malereien ausführten. So stand wahrscheinlich nicht jeder Maler zum gewünschten Zeitpunkt voll zur Verfügung. Beide Maler scheinen sonst nicht regelmäßig als ‚Gespann' aufgetreten zu sein. Vielmehr treten sie als Mitglieder eines ‚Produktionszirkels' auf, einer Gruppe von Malern und Schreibern, die immer wieder zur Realisierung umfangreicherer Werke kooperierten. Prinzipiell ist eine solche Arbeitsweise nicht ganz neu. In den großen europäischen Zentren, vor allem Paris, entstanden seit dem ausgehenden 13. Jahrhundert Handschriften nach diesem Prinzip.[18] Bemerkenswert sind jedoch die relative stilistische und thematische Geschlossenheit sowie der lange Zeitraum der Produktion über mehr als 40 Jahre. Der organisatorische und kommerzielle Kopf des Unternehmens dürfte jener Diebold Lauber gewesen sein, der auch als Schreiber und Lehrer auftrat. Ein Verzeichnis der über ihn lieferbaren Bücher hat sich in dem Heidelberger Cod. Pal. germ. 314 aus den 1440er Jahren erhalten (Bl. 4*r). Wahrscheinlich hat er nicht nur die Herstellung und Vermarktung der Bücher organisiert, sondern auch die Bereitstellung von Materialien, vor allem des Papiers. Dies erforderte bereits einen gewissen Kapitaleinsatz, der jedoch weit unter den Summen gelegen haben dürfte, die für die Einrichtung einer Druckerei erforderlich waren. Die ‚Lauber-Werkstatt' war sicherlich kein Unikum, an ihr lassen sich exemplarisch Produktionsweisen erkennen, die für die Epoche durchaus als typisch gelten können.

Die Komödien des Terenz aus der Straßburger Offizin Johann Grüningers, vollendet am 1. November 1496 (Kat.Nr. II.4), waren eine aufwändige Studienausgabe mit Interlinearglossen, Kommentar und Illustrationen. Alles in allem findet sich die stolze Anzahl von 162 zusammengesetzten Holzschnitten im komplex aufgebauten Satzspiegel. Der Druck ist somit kein ganz gewöhnliches Beispiel für eine mit Holzschnitten illustrierte Textausgabe. Die Bilder zu den einzelnen Szenen der Komödien wurden aus einer begrenzten Anzahl von Versatzstücken aufgebaut. 88 Druckstöcke reichten aus, um jeder Szene ein Bild voranzustellen, in dem die handelnden Personen mit ihren Namensbeischriften in einer passenden Szenerie gezeigt werden. Die Anordnung der zumeist fünf Elemente erlaubte sogar, durch Zu- und Abwendung sowie die Einfügung von trennenden Elementen, die wesentlichen Beziehungen zwischen den Figuren anzudeuten. Insgesamt enthält der Druck somit 746 Einzelholzschnitte. Der Nachteil der Drucktechnik, zwar preiswert viele Bilder produzieren zu können, diese aber immer genau gleichförmig, nur stereotyp wiederholen zu können, wird so zum Teil kompensiert. Das Ergebnis ist zunächst beeindruckend, im Einzelnen aber wenig elegant. Die Trennfuge zwischen den Einzelblöcken ist zumeist gut erkennbar, auch passen die Versatzstücke nicht immer gut zueinander. Technisch schlichter, im Ergebnis aber harmonischer sind die aus jeweils zwei Teilen in wechselnder Kombination zusammengesetzten Holzschnitte im „Plenar" des Straßburger Druckers Thomas Anshelm von 1488. Schon in der „Edelstein"-Ausgabe von Albrecht Pfister von 1461 waren die Szenen mit der danebengestellten Figur eines darauf zeigenden Mannes kombiniert wor-

25

seligst Johannes bonus daselbst ettwen ein bürger an wunderzaichen scheinperlich. Von dannen sind auch pir-
rig Albertinus. der ein buch von dem fronleichnam Cristi geschriben. und Matheus ein fürtreffenlicher artzt. der
ein außpündig buch von der ertzney an den könig von Sicilia gemacht haben.

Mantua

Abb. 9
Stadtansicht von Mantua. Schedelsche Weltchronik, UB Heidelberg, B 1554 B fol. INC, Bl. 84a (Kat.Nr. II.1)

den, wobei ein und derselbe Druckstock jeweils
mit den wechselnden Szenenbildern kombiniert
wurde.[19] Allerdings wurden dabei klar abge-
grenzte Druckstöcke nebeneinander gesetzt. Bei
den ‚Kombinationsholzschnitten‘ handelt es sich
um ein Phänomen des Übergangs. Zusammen-
gefügte Druckstöcke im Holzschnitt werden in
der Folge vor allem bei außergewöhnlich großen
Formaten angewendet, da sowohl die Größe gut
handhabbarer Druckstöcke als auch das Format
der Papierbogen begrenzt war. Die konsequente
Anwendung eines solchen ‚modularen Systems‘
für die Illustration eines umfangreichen Werkes
blieb letztlich Episode.

Einen Druckstock immer wieder in ganz unterschiedlichen Zusammenhängen zu verwenden,
war jedoch weithin üblich. In der Schedelschen
Weltchronik Anton Kobergers (Kat.Nr. II.1)

etwa – einem der aufwändigsten Druckwerke
der Inkunabelzeit – finden sich Bilder mit relativ
unspezifischen Stadtansichten, die für zahlreiche
Städte Verwendung finden.[20] So teilen sich Siena
und Mantua den gleichen Druckstock (Abb. 9).[21]
Dass Grüninger seine Holzschnitte für beide Te-
renzausgaben von 1499, die lateinische wie die
deutsche, verwendete und sie bei einer weiteren
Auflage von 1503 erneut einsetzte, war nahelie-
gend und üblich. Der Illustrationsaufwand hielt
sich so trotz der sehr hohen Zahl von Bildern in
Grenzen. Einige der Holzstöcke fanden auch in
der Horazausgabe von 1498 Verwendung, wurden also für einen anderen Text adaptiert.

Doch der Grüninger'sche Terenz enthält nicht
nur die zusammengesetzten Szenenbilder, sondern auch ein großes Titelbild mit einer gotischen Phantasiearchitektur für ein fiktives The-

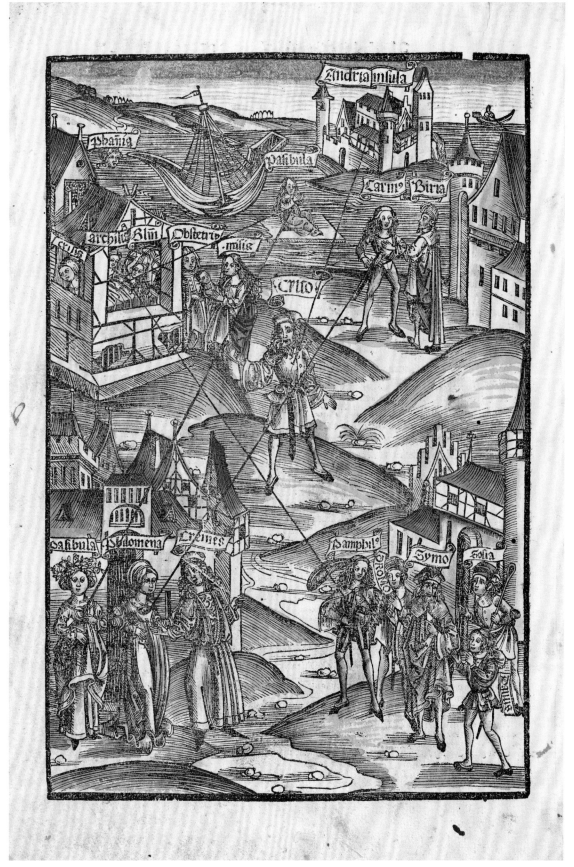

Abb. 10
Eingangsbild zur Komödie „Andria", in dem mit Linien die Beziehungen der Figuren zueinander angedeutet werden. Publius Terentius Afer: Comoediae, UB Heidelberg, D 4790 A qt. INC, Bl. Ib (Kat.Nr. II.4)

ater sowie sechs Eingangsbilder zu den einzelnen Komödien, in denen mittels verbindender Linien die Beziehungen der Figuren zueinander angedeutet werden (Abb. 10).[22] So ergibt sich ein dreistufiges Illustrationsschema: das Titelblatt mit dem ‚Theater‘ als gemeinsamem Ort der Inszenierung, die großformatigen Bilder zu Beginn der Komödien als Übersichtsdarstellung von Personen und Handlungen und die Szenenbilder als Veranschaulichung der jeweils auftretenden Personen und des Schauplatzes. Ein solches hierarchisch gestuftes Illustrationsschema trug zur übersichtlichen Gliederung des Textes bei. Vergleichbar abgestufte Ausstattungsschemata finden sich schon in der Buchmalerei, im Druck werden sie jedoch noch regelmäßiger und klarer geordnet.

Aufbau und Betrieb einer Buchdruckerei war ein höchst kapitalintensives Unterfangen. Gerätschaften und Materialien waren teuer und mussten beim Druck einer Auflage bereit stehen. Dagegen dauerte der Verkauf der gedruckten Auflage eines Werkes seine Zeit, der Geldrücklauf und damit die Amortisation der Investitionen konnte sich jahrelang hinziehen. In der Zwischenzeit konnten konkurrierende Ausgaben in preiswerterer Aufmachung erscheinen. In den seltensten Fällen dürften die Drucker ohne Kredite in erheblicher Höhe ausgekommen sein. So wundert es kaum, dass für etliche von ihnen wirtschaftliche Engpässe bis hin zur Überschuldung mit rechtlichen Konsequenzen (z.B. Ausweisung aus der Stadt) bezeugt sind.[23] Nicht wenige der heute berühmten Höhepunkte des Inkunabeldrucks waren wirtschaftlich gesehen Fehlschläge, so etwa die bereits genannte Schedelsche Weltchronik.[24] Eine Möglichkeit, aufwändige Drucke oder Editionen neuer, noch wenig bekannter Texte zu realisieren, bestand in der Zusammenarbeit mit zahlungskräftigen Partnern. Die Übersetzungen Steinhöwels etwa, die bei Johannes Zainer in Ulm erschienen (Kat.Nr. II.3), dürften zu erheblichen Teilen von diesem selbst finanziert worden sein. Auch die Übersetzung des „Eunuchus" von Terenz, erschienen in der Offizin Dinckmuts, wird kaum ohne die Finanzierung durch den Ulmer Patrizier Hans Neithart

realisiert worden sein. Es ist die erste deutsche Übersetzung eines antiken Theaterstückes, das im Druck erschien. Die Absatzmöglichkeiten waren kaum vorher abschätzbar. Dinckmuts Ausgabe sollte jedoch eine gewisse Verbreitung erreichen, denn 29 erhaltene Exemplare lassen sich heute noch nachweisen.[25]

Neuerungen wie der bald massenhafte Druck von Bildern und Texten, aber auch Instrumente und Techniken wie die mechanische Uhr, kartographische Errungenschaften und seetüchtige Schiffe kennzeichnen die Zeit des ausgehenden Mittelalters. Sie veränderten den europäischen Kulturraum mit zunehmender Geschwindigkeit. Die Entdeckungsfahrten des 15. und 16. Jahrhunderts, schließlich soziale wie religiöse Umwälzungen taten ein Übriges. Im Buchwesen ist die Wende zu einer neuen Epoche bis etwa 1530 erfolgt. Handschriften und Buchmalerei führen nur noch ein Nischendasein. Die wissenschaftliche Katalogisierung der handgeschriebenen Überlieferung setzt hier nicht umsonst eine Zäsur: Neuzeitliche Buchhandschriften unterscheiden sich in vielerlei Hinsicht von ihren mittelalterlichen Vorgängern. Das gedruckte Buch und das Buchwesen insgesamt hingegen haben nun wesentliche Merkmale und Strukturen entwickelt, die sich über Jahrhunderte bewähren sollten, etwa das Titelblatt, dem die wesentlichen Informationen zu Inhalt, Autor und Verlag zu entnehmen sind. Die Druckgraphik wurde einerseits durch Künstler wie Schongauer und Dürer zum vollgültigen künstlerischen Medium entwickelt. Andererseits spannte sich ein breiter Bogen praktisch ausgerichteter Anwendungen vom illustrierten Flugblatt zu aktuellen Ereignissen und Kontroversen über Vorlageblätter für Kunsthandwerker bis hin zur Illustration wissenschaftlicher Werke. Neue Arbeiten bekannter Künstler werden nun durch Stiche verbreitet und können über weite Entfernungen rezipiert werden. Die ‚Sichtbarkeit‘ der Autoren und Künstler, die es zur Verbreitung im Druck bringen, wird erheblich größer. Was nicht gedruckt wird, bleibt dagegen auf wenige Rezipienten vor Ort beschränkt und wird zumeist als wenig relevant betrachtet.

1 Ein eindrucksvolles Beispiel bietet RISCHPLER 2014.
2 MERKL 1999, S. 279–285, Kat.Nr. 7. Vgl. auch die grundsätzlichen Erörterungen zum Werkstattbetrieb bei SAURMA-JELTSCH 2014.
3 Hierzu vor allem: SAURMA-JELTSCH 2001, Bd. 1, S. 222–227 und öfter.
4 Vgl. STROMER 2000.
5 HÄUSSERMANN 2008; FISCHEL 1963.
6 NEDDERMEYER 1998, Bd. 1, S. 309–317, Bd. 2, v.a. S. 670, Diagramm 7 und S. 676, Diagramm 12.
7 Vgl. auch NEDDERMEYER 1998, Bd. 2, S. 682–686, Diagramme 2–5.
8 WLB Stuttgart, Cod. mus. I 2° 63–65.
9 UB Heidelberg, z.B. Cod. Sal. VIII,16 oder Cod. Sal. IXc–d (Kat.Nr. I.29).
10 Das früheste Beispiel ist: Antonio da Siena: Monte santo di Dio. Florenz: Nicolaus Laurentii, 10.IX.1477 (GW 02204). Stiche finden sich auch in weiteren Drucken Laurentiis, in der „Geographie" des Francesco Berlinghieri (GW 03870) und der Danteausgabe (GW 07966).
11 Zur Verwendung von Holzschnitten zur Handschriften-Illustration (eingeklebt und eingedruckt): SCHMIDT 2003.
12 Randall HERZ: Anton Sorg, in: ²LgB, Bd. 7, Stuttgart 2007, S. 140f.
13 SPYRA 2005, S. 213.
14 Vgl. OTT 2001 , S. 21–29.
15 SPYRA 2005, S. 48.
16 Hierzu auch: SAURMA-JELTSCH 1983, S. 128–135.
17 SAURMA-JELTSCH 2001, S. 121f., 131f. sowie 134.
18 Vgl. etwa ROUSE / ROUSE 2000 und SAURMA-JELTSCH 2014, v.a. S. 177–183.
19 Plenar: GW M34123, Boners „Edelstein" von Albrecht Pfister: GW 4839, vgl. HÄUSSERMANN 2008, S. 110–112, 123.
20 Die rund 1800 Illustrationen wurden von etwa 640 Stöcken gedruckt, RESKE 2000, S. 63.
21 Siena auf Bl. LXXX und Mantua Bl. LXXXIIII. Die völlig unterschiedliche topographische Situation der beiden Städte fand im Bild keine Berücksichtigung.
22 Das ausgestellte Exemplar der UB Heidelberg enthält nur noch das erste Eingangsbild zu „Andria", die Seiten mit den restlichen Eingangsbildern wurden entfernt.
23 Zum Beispiel Johannes Zainer in Ulm (AMELUNG 1979, S. 18–32). Auch für die Ulmer Drucker Konrad Dinckmut und Lienhart Holl sind Probleme durch Überschuldung belegt (ebd. S. 156f., 268f.).
24 Vgl. ZAHN 1991 sowie RESKE 2000.
25 Vgl. AMELUNG 1970/72.

Abb. 11
Evangelist Lukas und Wappen von Vorfahren Eberhards im Bart. Eberhard-Gebetbuch, WLB Stuttgart, Cod. brev. 1, Bl. 2v (Kat.Nr. I.30)

Bücher als Spiegel der Geschichte – Benutzungsspuren in Handschriften und Drucken

Karin Zimmermann

Den Wert einer mittelalterlichen Handschrift oder eines Frühdruckes machen viele verschiedene Aspekte aus. Die Kriterien reichen vom reinen Alter der Bücher über ihre Ausstattung mit wertvoller Buchmalerei oder prachtvollen Einbänden bis hin zu den enthaltenen Texten, die sie vielleicht zum einzigen Zeugen einer bestimmten Überlieferung machen.

Neben all diese leicht erkennbaren Eigenschaften tritt aber ein weiteres Merkmal, das diese alten Codices gerade in der heutigen schnelllebigen Zeit beachtenswert macht: Gemeint ist die jeweils eigene Geschichte dieser Bücher. Angefangen bei ihrer Herstellung, die in enger Absprache zwischen dem Auftraggeber und den ausführenden Handwerkern und Künstlern stattfand, über ihre späteren Käufer und Besitzer, bis zu dem Schicksal, das sie als Teil einer größeren Bibliothek teilten: All dies macht die alten Handschriften und Drucke zu einem ‚Spiegel der Geschichte'. Ihre Vergangenheit hat in den Handschriften und Drucken je eigene Spuren hinterlassen, die sich in sehr unterschiedlichen Ausprägungen niederschlagen konnten. Ihnen soll hier anhand der ausgestellten Exemplare nachgegangen werden.

Der erste Einfluss, den ein Mensch auf ein Buch nehmen kann, betrifft die Auswahl der niedergeschriebenen Texte. Zumindest in der Zeit der individuellen Buchproduktion war für den Inhalt ausschlaggebend, was der Auftraggeber in dem Band später einmal lesen beziehungsweise wofür er ihn verwenden wollte. Entsprechend dieser Wünsche konnten auch unterschiedliche Texte in einer Handschrift zusammengefasst werden. So enthält der Anfang der 70er Jahre des 15. Jahrhunderts in Mudau entstandene Stuttgarter Cod. poet. et phil. 2° 4 (Kat.Nr. I.20) vier deutschsprachige Texte, die vermutlich aufgrund des ihnen gemeinsamen unterhaltsam-belehrenden Charakters von Hans von Gochsheim, der sowohl Schreiber als auch Erstbesitzer der Handschrift war, zusammengestellt wurden. Ähnlich individuelle Kompilationen finden sich auch in Gebetbüchern wie dem Heidelberger Cod. Pal. germ. 447. Aufgrund der Textauswahl lässt sich bestimmen, dass dieser Codex sehr wahrscheinlich für ein Dominikanerinnenkloster geschrieben wurde, weitere Indizien lassen eine genauere Eingrenzung auf das Katharinenkloster in Nürnberg als Auftraggeber zu (Kat.Nr. I.31). Gleich die komplette, bislang bekannte Handschriften-Produktion einer ganzen Buchmalereiwerkstatt wurde von Margarete von Savoyen (1420–1479) beauftragt: Alle neun illuminierten Codices aus der vermutlich in Stuttgart ansässigen Schwäbischen Werkstatt des Ludwig Henfflin sind nach ihren Wünschen zusammengestellt und illuminiert (vgl. Kat.Nr. I.23). Der Druck der „Revelationes" Birgittas von Schweden (Kat.Nr. II.21) ging auf Kaiser Maximilian I. zurück: Im Prolog ist nachzulesen, dass der Kaiser nicht nur den Druck in deutscher und lateinischer Sprache, sondern auch dessen Ausstattung mit Illustrationen anordnete (Bl. 1b: […] *vt figuris illis apte et concinne distinctis in vtriusque lingue voluminibus imprimendis Calceographo mandaretur*). Dieser Einfluss der Auftraggeber auf Art und Umfang der buchmalerischen Ausstattung ist in weiteren Beispielen nachweisbar: So sagt die Zahl der Abbildungen in den „Buch der Natur"-Handschriften Konrads von Megenberg etwas über die finanziellen Möglichkeiten bzw. den gesellschaftlichen Stand der Käufer aus. Die ausgestellte Stuttgarter Handschrift (Kat.Nr. I.19) nimmt hier mit 47 ganzseitigen, kolorierten Federzeichnungen ein mittleres Ausstattungsniveau ein. In dem am Mittelrhein entstandenen Codex mit dem moraldidaktischen Werk „Spiegel menschlicher gesuntheit" (Kat.Nr. I.26) folgen die Illustrationen zwar den üblichen Ikonographien, im Detail sind aber Kleidung und Waffen der Mode und Entwicklung der Entstehungszeit der Handschrift angepasst (1420–1430), so dass sie in der Forschung zeitweise mit Kurfürst Ludwig III.

(1378–1436; regierend 1410–1436) in Verbindung gebracht wurde.

Die im hier behandelten Zeitraum im deutschen Südwesten einflussreiche geistige Strömung des Humanismus hatte ebenfalls starken Einfluss auf die Auswahl der (re)produzierten Stoffe: So wurden im Kreis der Heidelberger Humanisten zahlreiche antike Texte abgeschrieben und unter ihren Mitgliedern verbreitet. Neben den „Saturae" des Aulus Persius Flaccus (Kat.Nr. I.6), die sogar von einem der Heidelberger Humanisten, Adam Werner von Themar (1462–1537), eigenhändig niedergeschrieben wurden, gehören hierher auch die Handschriften, die für Dietrich von Plieningen geschaffen wurden. Sie enthalten Schriften von Decimus Iunius Iuvenalis (Kat.Nr. I.7, I.12), Marcus Tullius Cicero (Kat.Nr. I.10, I.13) und eine Zusammenstellung der Werke Rudolf Agricolas (1443–1485), der zu den bedeutendsten Humanisten nördlich der Alpen zählte (Kat.Nr. I.11a,b). Vergleichbare Textprojekte lassen sich auch am Württemberger Hof in Stuttgart und in seinem Umfeld nachweisen. Als Auftraggeber treten hier u.a. Graf Eberhard V. von Württemberg (1445–1496; seit 1495 Herzog Eberhard I.) und seine Mutter Mechthild (1419–1482) auf. Für einen von beiden übertrug Antonius von Pforr (um 1410/15–1485) unter dem Titel „Buch der Beispiele der alten Weisen" eine ursprünglich aus Indien stammende Fabelsammlung ins Deutsche (Kat.Nr. I.14, I.15). Die humanistische Übersetzungsliteratur fand ihren Niederschlag aber nicht allein in Handschriften, Beispiele für die Verfügbarmachung von Texten finden sich auch unter den Inkunabeln. Besonders interessant ist hier der Ulmer Druck von Johann Zainer mit der „Historia Sigismunde, der Tochter des Tancredi von Solernia und des Jünglings Guiscardi" (Kat.Nr. II.7), handelt es sich hierbei doch um den Erstdruck dieses Werkes, der sich zudem nur in der Universitätsbibliothek Heidelberg erhalten hat.[1] Die Novelle aus Giovanni Boccaccios „Decamerone" war von Niklas von Wyle (1410–1478) ins Deutsche übertragen worden. Von ihm lassen sich in den Bibliotheken Heidelbergs und Stuttgarts weitere Werke nachweisen, darunter einige seiner „Translatzen" (Übersetzungen), die jeweils einem eigenen Mäzen gewidmet waren (vgl. UB Heidelberg, Cod. Pal. germ. 101, 119).

Abb. 12
Das Wappen Savoyens in einer Cadelle als Zeichen der Auftraggeberschaft. Elisabeth von Nassau-Saarbrücken: Herpin, UB Heidelberg, Cod. Pal. germ. 152, Bl. 85v (Kat.Nr. I.23)

Waren eine Handschrift oder ein Druck fertiggestellt, ließ sich die Auftraggeberschaft auf vielfältige Art und Weise kenntlich machen. Eine in den gezeigten Büchern sehr häufig verwendete Variante ist die Darstellung des Wappens. Im „Herpin" (Kat.Nr. I.23) ist beispielsweise das Wappen Savoyens, ein rotes Kreuz auf weißem Grund, an mehreren Stellen in den Binnengrund von Cadellen eingefügt (Abb. 12). Auf den jeweils ersten Seiten der für ihn geschriebenen Handschriften finden sich die Wappen Dietrichs von Plieningen (Kat.Nr. I.7, I.10–13). Auch das Eberhard-Gebetbuch (Kat.Nr. I.30, Abb. 11) und das Salemer Abtsbrevier (Kat. Nr. I.29), beide für den persönlichen Gebrauch bestimmt, sind mit den Wappen ihrer Auftraggeber gleich mehrfach gekennzeichnet. Das Einfügen einer persönlichen Devise konnte ebenfalls zur Individualisierung eines Buches verwendet werden. Im Eberhard-Gebetbuch (Kat.Nr. I.30) erscheinen Eberhards Emblem, ein Palmbaum, und seine Devise *Attempto* (Ich wag's) auf mehreren Seiten. Ein vergleichbares Widmungsblatt befindet sich auch in dem ebenfalls für ihn geschriebenen „Buch der Beispiele der alten Weisen" des Antonius von Pforr (Kat.Nr. I.14, Abb. 13). Das Gebetbuch wurde nach Eberhards Tod 1496 nicht mehr vollendet, da es zu speziell auf den persönlichen Gebrauch des Herzogs zugeschnitten war. Eine Um-

Abb. 13
Widmungsblatt für Graf Eberhard im Bart mit Devise und Emblem. Antonius von Pforr: Buch der Beispiele der alten Weisen, UB Heidelberg, Cod. Pal. germ. 84, Bl. 1v (Kat.Nr. I.14)

arbeitung für einen anderen Besitzer kam wegen des erforderlichen hohen Aufwands vermutlich nicht in Frage. Quasi als Buchtitel fungiert der Eintrag *Serenissimi Ducis Eberhardi I. Barbati gebett Buch* auf Blatt 1*r des Eberhard-Gebetbuchs, der mit großer Wahrscheinlichkeit nicht von Eberhard selbst eingetragen wurde.

Eine weitere Möglichkeit, das Verhältnis zwischen Initiator und Werk darzustellen besteht darin, sich im Buch selbst als Stifter portraitieren zu lassen. Diese Variante kommt unter den ausgestellten Handschriften zweimal vor: Im Sommerteil des Salemer Abtsbreviers ließ sich Abt Johannes Stantenat bei einer Bootsfahrt auf dem Killenweiher abbilden (Kat.Nr. I.29). Vermutlich die Stifterin des Buches beziehungsweise dessen buchmalerischer Ausstattung ist in der Miniatur einer verheirateten bürgerlichen Frau zu sehen, die sich am äußeren Seitenrand des Beginns der Vorrede zur „Orthographia" des Johannes Tortellius darstellen ließ (Kat.Nr. I.9). Leider konnte sie bislang noch nicht identifiziert werden.

Neben den Initiatoren und Auftraggebern konnten sich auch die eigentlichen Hersteller, also Schreiber, Drucker und Maler in den Büchern namentlich verewigen. Die Schreibereinträge finden sich meist am Ende der Handschrift und enthalten oft zusätzliche Informationen wie Datum und Ort der Produktion. Folgende Schreiber werden in den gezeigten Codices genannt: Johannes Pfeutzer (Kat.Nr. I.7, I.10–13), Hans von Gochsheim (Kat.Nr. I.20), Hans Seiler (Kat.Nr. I.25), Johannes Oeler (Kat.Nr. I.27) und Amandus Schäffer (Kat.Nr. I.29), als Maler nennt sich Johannes Duft (Kat.Nr. I.11.b). Die Schreibereinträge stimmen somit genau mit dem später in Drucken gebäuchlichen Kolophon überein, in dem neben anderen Produktionsdetails Drucker, Druckort und Druckdatum sowie gegebenenfalls der Auftraggeber und andere am Druck beteiligte Personen genannt sein können. Als Beispiel sei hier ein Druck mit den „Komödien" des Terenz genannt, an dessen Ende in einem fünfzeiligen Text die Angaben zum Druckort (*Argentina / Straßburg*), zum Drucker (Johann Grüninger) und zum Druckdatum (1. November 1496) zusammengefasst sind (Kat.Nr. II.4, Abb. 14). Das in heutigen Drucken übliche Titelblatt setzte sich erst in der Nachinkunabelzeit durch.[2]

Besitz-, Kauf- und Schenkungseinträge machen einen weiteren, bedeutenden Teil unter den Benutzungsspuren in den Handschriften und Drucken aus. Da es sich hierbei immer um den Moment des Übergangs der Bände von einem zum nächsten Besitzer handelt, wird an dieser Stelle die individuelle Geschichte des Buches am greifbarsten. Meist handelt es sich um recht kurze, eigenhändig verfasste Einträge der Besitzer oder Käufer, die häufig ein Datum enthalten. An dieser Stelle sollen nur einige erwähnt werden. In seine Iuvenal-Handschrift schreibt Dietrich von Plieningen auf Blatt 86v: *Theodorici de Pleningen, legum doctoris Anno 1492* (Kat.Nr. I.7). In diesem Eintrag steckt durch die Namensnennung im Genitiv nicht allein die Aussage, dass die Handschrift Dietrich von Plieningen gehört (Dies ist die Handschrift Dietrichs von Plieningen), das Buch wird zudem datiert und man erfährt, dass der Besitzer zu diesem Zeitpunkt Doktor der Rechte war. Die „Orthografia" des Tortellius erhielt das Augustiner-Chorherrenstift St. Michael zu den Wengen in Ulm von Heinrich Neithart geschenkt, worüber ein Eintrag auf dem Hinterspiegel informiert (Kat.Nr. I.9). Die Stuttgarter „Buch der Natur"-Handschrift (Kat.Nr. I.19) gelangte in den Besitz Graf Heinrichs von Württemberg, als er während der Burgunderkriege in Gefangenschaft geraten war. Gleich mehrere Besitzeinträge finden sich im Druck der „Historia septem sapientum" (Kat.Nr. II.10): War die Inkunabel 1596 noch Eigentum des Tübinger Burgvogts Hermann von Ochsenbach (1558–1621), befand sie sich 1659 im Besitz des Klosters Weingarten. Drei Besitzstationen lassen sich für den „Seelenwurzgarten" (Kat.Nr. II.20) nachweisen. Nacheinander gehörte das Buch dem Dominikanerinnenkloster in Pforzheim (Bl. 1a; 15. Jahrhundert), der Nonne Ursula Gölerin aus dem Benediktinerinnenkloster Frauenalb (Bl. 167v; Mitte 16. Jahrhundert, Abb. 15) und schließlich dem Zisterzienserinnenkloster Lichtenthal (Säkularisationsnummer auf dem Vorderspiegel). Der schlichte, fast in allen Büchern der ehemaligen Klosterbibliothek Salem vorhandene Eintrag *B Mariae in Salem* steht im Salemer Abstbrevier zu Beginn des Kalenders (Kat.Nr. I.29; Bl. 1r).

Besitzeichen müssen allerdings nicht immer die Form schriftlicher Einträge haben. Eine weitere

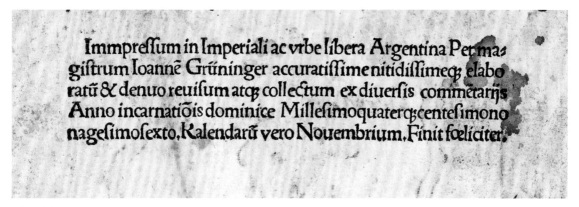

Abb. 14
Kolophon mit Angaben zu Drucker, Druckort und Druckjahr. Publius Terentius Afer: Comoediae, UB Heidelberg, D 4790 A qt. INC, Bl. CLXXVIb (Kat.Nr. II.4)

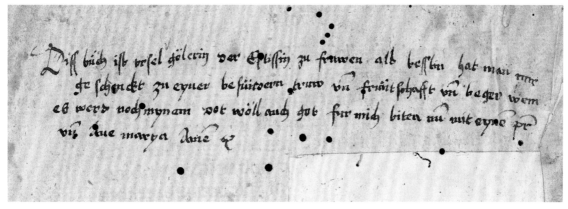

Abb. 15
Besitzeintrag der Nonne Ursula Gölerin aus dem Benediktinerinnenkloster Frauenalb. Seelenwurzgarten, Bewährung daß die Juden irren, UB Heidelberg, Q 429 qt. INC, Bl. 167b (Kat.Nr. II.20)

Möglichkeit besteht u.a. darin, die Bücher in für den Besitzer typische Einbände zu binden. Ein berühmtes Beispiel hierfür sind die sogenannten Ottheinricheinbände, die der Pfalzgraf und spätere Kurfürst Ottheinrich (1502–1559, regierend 1556–1559) für sich anfertigen ließ. Bei diesen wurde auf dem Vorderdeckel der Bücher das Portrait Ottheinrichs als *Supralibros* in Blattgold aufgedruckt. Hierdurch war die Verbindung zwischen Buch und Besitzer auf den ersten Blick deutlich erkennbar. Da Buchbinder zum Teil landestypische Einbandformen entwickelt haben, kann mithilfe der Einbandforschung oft etwas über die Provenienz von Büchern ausgesagt werden, auch wenn keine Personen als Besitzer auf den Buchdeckeln abgebildet sind. So ist aufgrund der Einbände der Stuttgarter Handschriften der „Postilla" des Nicolaus de Lyra (Kat.Nr. I.4) zu vermuten, dass sie einmal in England neu gebunden wurden.

Neben den Anhaltspunkten zur Entstehung und zu den späteren wechselnden Besitzverhältnissen enthalten Bücher, Handschriften wie Drucke, die gewöhnlichen Benutzungsspuren wie sie auch heute noch der Besitzer eines Buches beim Durcharbeiten hinterlässt: An-, Unter- und Durchstreichungen, Randbemerkungen, Textkorrekturen und vieles andere mehr. Besonders zahlreich sind solche Einträge in den beiden Handschriften der „Saturae" des Persius Flaccus (Kat.Nr. I.6) und des Iunius Iuvenalis (Kat.Nr. I.7), wobei bei ersterer, die eindeutig für Unterrichtszwecke angefertigt wurde, die Zeilenabstände besonders groß gehalten wurden, um den Vermerken möglichst viel Raum zu geben. Im zweiten Beispiel sind die Anmerkungen zwischen die Zeilen und am Rand zum Teil eng nachgetragen. Auch der Druck „Jesuida seu De passione Christi" des Hieronymus de Vallibus wurde intensiv durchgearbeitet und enthält zahlreiche Rand- und Interlinearglossen

Abb. 16
Durch intensive Benutzung stark beschädigtes Blatt.
Der Heiligen Leben (Sommerteil), UB Heidelberg,
Q 6918-2 I qt. INC, Bl. 419a (Kat.Nr. II.28)

in Latein und Deutsch (Kat.Nr. II.26). Schließlich sind Benutzungsspuren auch in den Beschädigungen und Fehlstellen der Bücher zu sehen, wie sie bei den mehrere Hundert Jahre alten Stücken kaum überraschen können. Ein besonders krasses Beispiel bietet hier die Inkunabel mit dem Text „Der Heiligen Leben" aus der Offizin des Johann Schönsperger (Kat.Nr. II.28, Abb. 16). Bei dem aus Kloster Salem in die UB Heidelberg gelangten Druck sind bei zahlreichen Seiten zum Teil große Stücke ausgerissen, oft fehlen ganze Blätter. Der Zustand des Bandes ist insgesamt als bemitleidenswert zu bezeichnen.

Bezüglich des Wechselspiels zwischen technisch-kulturellem Medienwandel und dem jeweils konkreten Erscheinungsbild des Buches in der Zeit zwischen 1450 und 1500 kann anhand der Exponate gezeigt werden, dass zumindest anfänglich mit der sich entwickelnden Technik des Buchdrucks versucht wird, Layout und Darstellungsmöglichkeiten von Handschrift und Buchmalerei möglichst genau nachzuahmen.[3] Erst als sich das neue Handwerk seiner technischen Möglichkeiten sicherer geworden war, kam es auch zu einer stärkeren Abkehr von gewohnten Formen, wie dies beispielsweise in der Entwicklung des Titelblatts zu erkennen ist. Ähnlich verhält es sich auch mit den Benutzungsspuren in Handschriften und Drucken: Begonnen bei der Einflussnahme der Auftraggeber auf Inhalt und Aussehen über den Eintrag von Besitzzeichen bis hin zu den Spuren des täglichen Gebrauchs lassen sich in dieser Übergangszeit mehr Gemeinsamkeiten als Unterschiede zwischen den beiden Mediengruppen feststellen. In erster Linie wurde das Buch als Träger von Information wie als Gegenstand der Repräsentation wahrgenommen – gleichgültig ob es mit der Hand geschrieben und illuminiert oder mit der Handpresse gedruckt worden war.

1 Vgl. BERTELSMANN-KIERST 1999.
2 DUNTZE 2008; RAUTENBERG 2008.
3 Hierzu ausführlicher der Beitrag von Wolfgang Metzger „Schreibpult, Werkstatt, Offizin – Buchmalerei und Holzschnitt im 15. Jahrhundert" in diesem Band, S. 17–29.

I. HandSchrift –
Bewährt mit Pinsel und Feder

I.1

(Abb. 1, 17)

Biblische Pracht
Biblia, deutsch, Nürnberg: Anton Koberger,
17. Februar 1483 (GW 4303)
Papier, 585 Bll., 109 kolorierte Holzschnitte
UB Heidelberg, Q 325-8 fol. INC
☞ http://digi.ub.uni-heidelberg.de/diglit/ib0063
2000

Als Anton Koberger (*um 1440–1513) im Jahr
1483 eine Bibel in deutscher Sprache druckte,
reihte er sich bereits in eine Tradition ein, die
Johannes Mentelin 1466 in Straßburg begonnen hatte. Der erste illustrierte deutschsprachige Bibeldruck geht dann auf Günther Zainer
1475 zurück. Noch vor der Herausgabe seiner
deutschen Bibelausgabe hatte Koberger 1475
in Nürnberg eine lateinischsprachige Bibel gedruckt, die eine seitengetreue Wiedergabe der
Mainzer Ausgabe von Fust und Schöffer aus
dem Jahr 1462 darstellt. Für den Text seiner
deutschsprachigen Bibel war die Augsburger
Ausgabe von Günther Zainer von 1475 grundlegend, für die Bilder hingegen konnte er 109
der 123 Holzstöcke verwenden, die für die sogenannte Kölner Bibel geschaffen worden wa-

Abb. 17
Die Tochter des Pharao findet das ausgesetzte Moseskind. Bibla, deutsch, UB Heidelberg, Q 325-8 fol. INC,
Bl. XXXIa (Kat.Nr. I.1)

ren. Diese war gemäß der Vorrede in Köln, aber ohne Benennung der Drucker und des Jahres um 1478 vermutlich unter der Beteiligung von Heinrich Quentell, Bartholomäus von Unckel und wohl auch Anton Koberger in niederrheinischem und niedersächsischem Dialekt erschienen. Das Layout, das gerahmte querformatige Bilder schriftspiegelbreit einzelnen Kapiteln voranstellt, ist bebilderten Bibelhandschriften entlehnt (vgl. z.B. Kat.Nr. I.2). Dabei lassen die Bildkompositionen, Architektur- und Landschaftsauffassung, der Figurenstil und sogar die Kostüme, etwa die hohen burgundischen Hauben, auf eine Orientierung am französischen Miniaturstil schließen (Abb. 17) – eine These, die schon 1896 von Rudolf Kautzsch unter dem Hinweis auf die großen bildkompositorischen und ikonographischen Ähnlichkeiten zu der niederrheinischen, mit Federzeichnungen ausgestatteten Historienbibel (Berlin, Staatsbibliothek, Ms. germ. fol. 516) in die kunsthistorische Diskussion eingebracht wurde. Ob die Holzschnitte der Kölner Bibel und die Federzeichnungen der niederrheinischen Historienbibel auf eine gemeinsame Vorlage zurückgehen, die zwar französisch beeinflusst, aber im Niederländischen entstanden ist, lässt sich bis heute nicht eindeutig bestimmen. Von der Koberger Bibel sind heute noch 150 Exemplare überliefert, woraus eine gesamte Auflagenhöhe von 1000 bis 1500 Stück geschätzt werden kann. Einen Teil der Ausgabe ließ Koberger schon vor dem Verkauf in seiner Werkstatt kostbar ausstatten, indem die Mittel der Drucktechnik mit denen der Buchmalerei geschickt kombiniert wurden. Ganz offenbar intendierte er eine Ausgabe, die den prachtvollen Bibelhandschriften nicht nachstehen sollte: Die Initialen wurden in die beim Druck für sie freigelassenen Felder von Hand eingefügt, entweder alternierend rot und blau mit dem Pinsel gezogen, oder es wurden mit Deckfarben modellierte Blattwerkinitialen mit akanthusförmigen Ablaufmotiven vor einen gerahmten und punzierten Goldgrund gesetzt, wie es beim ersten Buch Mose der Fall ist. Diesem Textabschnitt, dem traditionell nobelsten hinsichtlich seiner buchmalerischen Ausstattung, ist das prächtige Bild der Schöp-

fung gewidmet (Abb. 1). Es zeigt den segnenden Schöpfergott im Kreis der Himmelschöre mit dem von ihm geschaffenen Kosmos. Konzentrisch umgibt eine Abfolge aus Wolkenband mit Sonne und Sternen und dem Meereskreis das mittlere Bildfeld, in dem Gottvater gerade dabei ist, Eva aus der Rippe des schlafenden Adam zu helfen, während die bereits erschaffenen Tiere in die bergige Hintergrundlandschaft eingefügt sind. Ein quadratischer, profiliert gemalter Rahmen umfängt dieses Schöpfungsmedaillon, das als eine Synthese vorangegangener Bildfindungen zur Darstellung des Sechstagewerkes gelten kann.   MK

Lit.: Becker / Overgaauw 2003, Kat. Nr. 100, 102 [Klaus Gartner]; Hofmann-Randall 2000, Kat. Nr. 16, 17, S. 94–98; Eichenberger / Wendland 1977, S. 65–73, 91–93; Severin Corsten: Anton Koberger, in: LgB, Bd. 4, 1989, S. 256; Wendland 1984; Corsten / Kautzsch 1981.

I.2 (Abb. 18)

Eine Bibel für Margarete von Savoyen

Bibel, deutsch: Bücher Mose, Josua, Richter, Ruth, Stuttgart (?), Werkstatt Ludwig Henfflin, 1477
Papier, 288 Bll., 40,3 x 28 cm, 133 gerahmte, kolorierte Federzeichnungen
UB Heidelberg, Cod. Pal. germ. 16
http://digi.ub.uni-heidelberg.de/diglit/cpg16

Die auf drei Bände, Cod. Pal. germ. 16–18, verteilten Bücher des Alten Testaments sind ganz offensichtlich als Auftragsarbeit für Margarete von Savoyen entstanden. Darauf deuten zum einen das Wappen Savoyens, das sich an mehreren Stellen der drei Bände findet und zum anderen die Werkstatt, der die Herstellung zugewiesen werden kann. Den Ausstattungsmerkmalen der fortlaufend mit gerahmten und kolorierten Federzeichnungen reich ausgestatteten Bände zufolge entstammen sie der Werkstatt Ludwig Henfflins, in der in den 70er Jahren des 15. Jahrhunderts insgesamt neun Codices geschaffen wurden, die alle in irgendeiner Weise mit Margarete in Verbindung zu bringen sind.

Abb. 18
Die Erschaffung Adams. Bibel, deutsch, UB Heidelberg, Cod. Pal. germ. 16, Bl. 10v (Kat.Nr. I.2)

In dieser Zeit war Margarete bereits Witwe Kurfürst Ludwigs IV. von der Pfalz und in dritter Ehe mit Ulrich V. von Württemberg verheiratet. Nach ihrem Tod gingen die Handschriften an ihren Sohn Philipp und auf diesem Weg letztlich in die Bibliotheca Palatina nach Heidelberg. Die namentliche Zuweisung der Gruppe an Ludwig Henfflin folgt einem Eintrag in Cod. Pal. germ. 67, die Datierung ergibt sich aus Cod. Pal. germ. 17, wo auf Blatt 14r das Datum 1477 eingetragen ist. Außer der Verbindung über die Mäzenin Margarete einen die Gruppe das unverkennbar stilistische Erscheinungsbild der gelängten eleganten, fast manierierten Figuren, die Schreiberhände und der Initialstil, und sogar über die Wasserzeichen der verwendeten Papiersorten lässt sich ein enger Entstehungszusammenhang ermitteln.

Insgesamt 300 szenische Illustrationen verteilen sich auf die drei Bände des Alten Testaments, auf den ersten Band, Cod. Pal. germ. 16, alleine 133. Nicht selten werden biblische Ereignisse ausführlich bebildert: Regelrecht lustvoll wird beispielsweise in vier aufeinanderfolgenden, bühnenartig konzipierten Bildern erzählt, wie Delila Samson zunächst fesselt und ihm nach anderen Schikanen auch noch die Haare schert, während sich die gerüsteten Philister noch im Hintergrund aufhalten und hinter dem Bett verstecken (Bl. 267r/268v). Diese Art der Bilderzählung in dichten Bildfolgen, die kinästhetische Wirkung erlangen können (SAURMA-JELTSCH 2009), kann als ein Merkmal der Handschriftenausstattung der Henfflin-Werkstatt betrachtet werden. Dabei greifen die Bildgestalter durchaus auf etablierte Ikonographien zurück, die sie aber mit neu gefundenen Bilddetails weiterentwickeln. Ganz den verbreiteten Darstellungstypen für die Erschaffung Adams entsprechend, steht Gottvater vor einer tiefenräumlich angelegten Landschaft, in der sich die erschaffenen Tiere tummeln. Leicht beugt er sich über Adam, der sich gerade aus der Erde heraus formiert und bis zu diesem Moment erst ab der Hüfte menschliche Gestalt angenommen hat (Bl. 10v). Es ist bemerkenswert, dass das Layout der Bibelhandschrift, das gerahmte, über zwei Spalten reichende Miniaturen in den Schriftspiegel einfügt, mit den prachtvollen Bi-

beldrucken dieses Entstehungszeitraums übereinstimmt: Zu nennen wäre hier die Koberger-Bibel (Kat.Nr. I.1), die über ihre Vorlage der Kölner Bibel um 1478 (GW 4307) letztlich auf eine handschriftliche Tradition zurückgeht. Für den Text gibt es einen direkten Zusammenhang mit Druckwerken, in ihm ist eine Abschrift der ersten gedruckten deutschen Bibel (Johann Mentelin, Straßburg, 1466, GW 4295) zu sehen.

MK

Lit.: LÄHNEMANN 2010; SAURMA-JELTSCH 2009; KdiH, Bd. 7, 2008, Historienbibeln, Nr. 59.12.1; ZIMMERMANN 2003; KdiH, Bd. 2, 1996, Bibeln, Nr. 14.0.5., 14.O.f., 14.O.i.; EICHBERGER / WENDLAND 1983, S. 65–86, 91–96.

I.3 (Abb. 19)

Auf Vorrat angelegt

Bibel, deutsch: Jesaia, Jeremia, Baruch, Hesekiel, Daniel, 12 kleine Propheten, Hagenau, Werkstatt Diebold Lauber, 1441–1449
Papier, 332 Bll., 39 x 27,6 cm, 17 kolorierte Federzeichnungen
UB Heidelberg, Cod. Pal. germ. 22
☞ http://digi.ub.uni-heidelberg.de/diglit/cpg22

Cod. Pal. germ. 22 ist der vierte Band einer fünfteiligen Bibelausgabe, die zwischen 1441 und 1449 in der Werkstatt Diebold Laubers in Hagenau hergestellt wurde. Er enthält die prophetischen Bücher des Alten Testaments in der deutschen Übersetzung des Konrad von Nürnberg, der ausschließlich an dieser Stelle belegt ist.

Diebold Lauber ist von der Mitte der vierziger Jahre des 15. Jahrhunderts bis 1471 urkundlich nachweisbar. In Hagenau arbeitete er neben seiner Tätigkeit als Schreiber und Redakteur hauptsächlich organisatorisch-verlegerisch als Vermittler und Lieferant von Handschriften in der nach ihm benannten Werkstatt. Sie gehörte zu den produktivsten Schreiberwerkstätten des 15. Jahrhunderts im deutschsprachigen Raum: An die 80 überwiegend illustrierte Codices sind heute noch nachweisbar. Eine ,Spezialität' des Ateliers war die Herstellung von Manuskripten quasi auf Vorrat, d.h. Handschriften wurden ohne Auftrag angefertigt und in Anzeigen po-

Abb. 19
Beginn des Buchs Nahum. Bibel, deutsch, UB Heidelberg, Cod. Pal. germ. 22, Bl. 291v/292r (Kat.Nr. I.3)

tentiellen Kunden feilgeboten (vgl. UB Heidelberg, Cod. Pal. germ. 314, Bl. 4ar). Zur Blütezeit der Werkstatt waren so zirka 45 Titel ‚im Angebot‘. Eine Besonderheit der großformatigen Handschriften aus der Werkstatt Diebold Laubers ist es, dass sie häufig nicht aus ineinandergelegten Doppelblättern, sondern aus Einzelblättern bestehen, die zur Heftung an Falze gehängt wurden. Lauber hatte Foliobögen verwendet, die bereits für die Beschriftung zugeschnitten und gefaltet waren. Um große und repräsentative Bücher herzustellen, legte er die Doppelblätter wieder plan und nutzte sie als Einzelblätter. Die mittigen Querknicke blieben hierbei erhalten und sind heute noch gut zu erkennen.

Die Aufgaben im Atelier wurden arbeitsteilig vergeben: Während für das Schreiben der Texte Lohnschreiber angeheuert wurden, oblag die Bebilderung der Handschriften meistens festen Gruppen von Illustratoren, die eng und zum Teil über lange Zeiträume zusammenarbeiteten. Die sogenannte Gruppe A ist beispielsweise

in 29 Codices nachweisbar und bebilderte vorwiegend Historienbibeln. So wurden etwa die kolorierten Federzeichnungen der vorliegenden Handschrift von dieser Arbeitsgemeinschaft angefertigt, Maler I hat die Illustrationen anschließend noch überarbeitet.

Mittelalterliche Vollbibeln, vor allem wenn es sich – wie im vorliegenden Fall – um illustrierte Exemplare handelte, waren aufgrund des großen Textumfangs ausgesprochen kostspielig. Die Auftraggeber mussten deshalb zur finanzkräftigen Oberschicht gehören. Zu Laubers Kunden zählten folgerichtig neben vermögenden Patriziern auch Mitglieder des hohen wie des niederen Adels. Häufig bestanden Verbindungen der Käufer zu den Grafen von Württemberg, den Markgrafen von Baden und den Heidelberger Pfalzgrafen. Wie genau die fünfbändige Bibel – und weitere sechs Manuskripte aus Laubers Atelier – in die Bibliotheca Palatina gekommen sind, ist nicht sicher geklärt. Aufgrund der zeitlichen Nähe wurde früher

41

vermutet, dass sie von Kurfürst Ludwig IV. von der Pfalz (1424–1449; regierend seit 1436) direkt erworben wurden. Wahrscheinlicher ist es jedoch, dass die Bücher aus der Werkstatt Laubers über den Wild- und Rheingrafen Johann IV. zu Dhaun und Kyrburg (1422–1476), der mehrfach Unterlandvogt des Elsaß war, und als solcher in Diensten der Pfälzer Kurfürsten stand, an die Heidelberger Bibliothek vermittelt wurden. Der Sitz der Unterlandvogtei lag bis 1455 in Hagenau, danach in Lützelstein.

Cod. Pal. germ. 22 enthält insgesamt 17 ganzseitige kolorierte Federzeichnungen. Vierzehnmal bildet eine korrespondierende Initialseite das Gegenüber, so dass eine repräsentative Doppelseite entstand. Die Miniaturen am Beginn der einzelnen Bücher zeigen in Form von Autorenbildern die alttestamentlichen Propheten, die sitzend oder stehend dargestellt sind. Leere Schriftbänder attribuieren sie als Autoren der nachfolgenden Texte. Der Prophet Nahum (Bl. 291v) hält zusätzlich ein Buch, das realistisch mit zwei Schließen und einem streicheisenverzierten Ledereinband versehen ist, auf seinem Schoß. Die linke Hand ist im Redegestus erhoben. Die gegenüberliegende Seite (Bl. 292r) ist als Initialzierseite gestaltet: Blatt- und Blütenranken umfließen den Textanfang des Abschnitts, der mit den Worten der Vulgata beginnt *Naum prophetam ante adventum regis Assiriorum* [...]. Die N-Initiale ist in einem zweifarbigen Rahmen abgesetzt, der Buchstabenstamm ist mit Blattranken und einem Fisch besetzt. Im Binnenraum der Initiale stellt ein Wildmann einem Vogel, vermutlich einer Eule oder einem Uhu, mit einer unförmigen Keule nach. Nur vereinzelt bevölkern solche Szenen die Initialen, ornamentale Ausschmückungen überwiegen bei Weitem.

Die Einheitlichkeit der Motive und die Handlungsarmut und Stereotypie der Szenen machte es den Mitgliedern der Malergruppen leicht, die Arbeit untereinander aufzuteilen. In gewisser Weise bereiteten sie der seriellen Produktion von Holzschnitten, die gleich mehrfach in einem Druck verwendet werden konnten (vgl. u.a. Kat. Nr. II.20, II.22), in den wenig später entstehenden Inkunabeln den Weg.   KZ

Lit.: Zimmermann 2003, S. 56–60.

I.4   (Abb. 20)

Bibelauslegung in Wort und Bild: Nicolaus de Lyra

Nicolaus de Lyra: Postilla sacrae scripturae, Wiblingen, 1454
Pergament, 296 + IV (Papier) Bll., 36 x 26 cm, 6 Zierinitialen, 16 Miniaturen, 1 Schema
WLB Stuttgart, Cod. theol. et phil. 2° 350,1

Unter dem Titel „Postilla sacrae scripturae" ist ein Bibelkommentar bekannt, den der Franziskaner Nicolaus de Lyra (um 1270–1349) verfasst hat. Trotz seines Umfangs fand er ausgesprochen weite Verbreitung. Bis heute existieren zahlreiche Handschriften von dem Gesamtwerk, Teilen wie zum Alten oder Neuen Testament oder zu einzelnen Büchern; ihre Zahl wird auf 800–1.200 Bände geschätzt.

Die Besonderheit dieses Kommentars liegt in der Beschränkung auf den sogenannten *sensus litteralis*, den historischen oder Wortsinn, unter Ausklammerung des allegorischen, moralischen und anagogischen Schriftsinns, die seit den Kirchenvätern die Exegese bestimmten. Dabei geht er für seine Zeit ungewöhnlich kritisch vor, denn er berücksichtigt nicht nur die kirchliche Tradition, sondern zieht auch jüdische Auslegungen heran, besonders den berühmten Rabbi Salomon, genannt Raschi (1040–1105). Obwohl von Anfang an Illustrationen vorgesehen waren, sind nur wenige der erhaltenen Exemplare illuminiert.

Der Stuttgarter Gesamtkommentar umfasst neun Bände, alle in ähnlicher Größe wie der hier gezeigte erste Band zu den Büchern „Genesis" bis „Deuteronomium". Obwohl über 120 Jahre nach der Abfassung des Textes entstanden und damit zu den späten Exemplaren zählend, gibt er doch die gleichen Bilder wieder wie der noch autornahe (vermutlich 1331) Cod. 171–177 der Bibliothèque Municipale von Reims. Die Schwerpunkte der Bebilderung liegen im ersten Band bei der Beschreibung der Stiftshütte, im zweiten Band bei der Wiedergabe des salomonischen Tempels und im dritten Band bei der Tempelvision des Ezechiel. Während im dritten Band Schemata (Auf- und Grundrisse) dominieren, bietet der erste die meisten figürlichen Darstel-

Abb. 20
Nicolaus de Lyra diktiert seinem Schreiber. Nicolaus de Lyra: Postilla sacrae scripturae, WLB Stuttgart, Cod. theol. et phil. 2° 350,1, Bl. 3v (Kat.Nr. I.4)

lungen. Häufig wird ein Gegenstand in zwei Versionen dargeboten, die sich mehr oder weniger deutlich unterscheiden. Die erste Version bezieht sich auf die traditionelle Auslegung der lateinischen Exegeten, die zweite auf jüdische Gelehrte, meistens Raschi.

Wie die Initialen erscheinen auch die meist ungerahmten Miniaturen in kolorierter Federzeichnung wenig prätentiös. Die Linienführung zeigt eine sichere Hand – gerade Kanten wie an Tischen sind mit dem Lineal gezeichnet – und die Kolorierung folgt sorgfältig den Konturen. Im Vergleich zu den Miniaturen in den folgenden Bänden wirken die Figuren und Gegenstände hier durchaus dreidimensional, wenn auch kubische Objekte wie Altäre (Bl. 148v) in umgekehrter Perspektive wiedergegeben sind. Gelungener ist die perspektivische Sicht im Autorenbild (Bl. 3v, Abb. 20) durch den sich verengenden Fliesenboden und das verschwimmende Blau des Himmels in den Fensterausblicken. Raumgestaltung und Rahmenform zeigen den Einfluss französischer

Kunst aus dem Umkreis des Boucicaut-Meisters, dadurch eng verwandt mit gleichzeitigen seeschwäbischen Arbeiten.

Im 17. Jahrhundert befanden sich alle Bände noch in Wiblingen, wurden aber vor 1800 aus Geldnot verkauft. Die Einbände deuten auf zwischenzeitlichen englischen Besitz. 1973 wurde das Werk auf einer Auktion durch die WLB Stuttgart erworben.   PB

Lit.: HUMMEL 1978; SOTHEBY'S 1973, Nr. 53, S. 41–43; LEHMANN 1918, S. 438, Z. 34 und S. 439, Z. 28.

I.5   (Abb. 21)
Bibelauslegung in Wort und Bild: Nicolaus de Lyra
Nikolaus de Lyra: Postilla litteralis super totam Bibliam, Bd. 1, [Straßburg: Drucker des Henricus Ariminensis (Georg Reyser), nicht nach 14. April 1477] (GW M26532)
Papier, 413 Bll.
UB Heidelberg, Q 569-1 D fol. INC
⌘ http://digi.ub.uni-heidelberg.de/diglit/in0013 4000

Das Bedürfnis, die häufig nicht unmittelbar verständlichen Texte der Bibel zu erläutern und dazu historische und philologische Hintergründe anzuführen, ist beinahe so alt wie die Bibel selbst. Die „Postilla litteralis" des Nikolaus de Lyra (vgl. Kat.Nr. I.4), die zwischen 1322 und 1330 entstand und die gesamte Heilige Schrift ihrem wörtlichen Sinn (,Litteralsinn') nach auslegt und erklärt, zählt zu den einflussreichsten Werken der Bibelexegese im späten Mittelalter und der frühen Neuzeit. Umfangreiche Hebräischkenntnisse ermöglichten es dem Autor, auch jüdische Traditionen, insbesondere die Kommentare des bedeutenden jüdischen Bibelexegeten Rabbi Schlomo ben Jitzchak (1040–1105, meist mit seinem Akronym „Raschi" benannt) zu berücksichtigen.

Der Name „Postilla" rührt von der Zusammenziehung der ersten beiden Wörter im Ausdruck *post illa verba sacrae scripturae* [...] her, (nach diesen Worten der Heiligen Schrift [...]), mit dem in Predigten üblicherweise zur Auslegung des zuvor verlesenen Schrifttextes übergeleitet wurde.

Abb. 21
Kleidung des Priesters. Nicolaus de Lyra: Postilla litteralis super totam Bibliam, UB Heidelberg, Q 569-1 D fol. INC, Bd. 1, Bl. 128b (Kat.Nr. I.5)

Zu den rein verbalen Erklärungen der „Postilla litteralis" traten in der handschriftlichen und später auch gedruckten Überlieferung bildliche Elemente. Die hier vorgestellte Inkunabel ist gewissermaßen ein Bindeglied zwischen den in Schrift und Bild von Hand gefertigten Überlieferungszeugen und den mit Holzschnitten versehenen Druckausgaben: Wo sich in der handschriftlichen Überlieferung bildliche Darstellungen etabliert hatten, wurden vom Drucker Freiräume gelassen. Diese ausgesparten Stellen füllte man im vorliegenden Fall mit kolorierten Federzeichnungen. Gezeigt wird die Illustration der Kleidung des Hohepriesters nach den entsprechenden Vorschriften in Exodus 28 (Bl. 128b). So lautet der Bibeltext zu dem auffälligen Gebilde auf der Brust des Priesters: *Mach eine Lostasche für den Schiedsspruch* [...]. *Sie soll quadratisch sein, zusammengefaltet, eine Spanne lang und eine Spanne breit. Besetze sie mit gefassten Edelsteinen in vier Reihen* (Ex 28,15-17). Die wortgetreue Umsetzung im Bild ist eine entscheidende Verständnishilfe.

Die Frage nach Verwandtschaft und Abhängigkeiten der bildlichen Darstellungen in Hand-

schriften und Inkunabeln ist noch nicht erschöpfend untersucht. Auffallend ist, um nur ein Beispiel zu nennen, die große Ähnlichkeit der Federzeichnungen in der hier gezeigten Inkunabel mit den Holzschnitten und ihrer Kolorierung in einem Exemplar der WLB Stuttgart (Nürnberg: Anton Koberger, 22. Januar 1481, GW M26513, hier Bl. p$_7$^{a}). KL

Lit.: SCHLECHTER 2005, S. 29–31; Kurt RUH: Nikolaus von Lyra (Nicolas de Lyre) OFM, in: ²VL, Bd. 6, 1987, Sp. 1117–1122, bes. Sp. 1117–1118; BERKEMEIER-FAVRE 1980, S. 30–31.

I.6 (Abb. 22)

Der Heidelberger Humanistenkreis: Adam Werner von Themar

A. Persius Flaccus: Saturae, Heidelberg, 1495/97
Papier, 26 Bll., 29,5 x 21,5 cm, Akanthusinitiale, Akanthusbüschel und Blütenzweige in Aquarell
WLB Stuttgart, Cod. poet. et phil. 2° 8
⌐ http://digital.wlb-stuttgart.de/purl/bsz39105 2934

Adam Werner von Themar (1462–1537) gehörte sozusagen zur zweiten Generation des Heidelberger Humanismus nach Peter Luder, Rudolf Agricola, Johann von Dalberg und den Brüdern Dietrich und Johannes von Plieningen. Er hatte in Leipzig (ab 1482) und Heidelberg (ab 1484) studiert und war zunächst Lehrer an der Lateinschule in Neustadt an der Weinstraße (1485–1488). Während dieser Zeit schloss er Freundschaft mit einigen Schülern. 1488 bestellte ihn der pfälzische Kurfürst Philipp der Aufrichtige (1448–1508) zum Erzieher seiner Söhne. Gleichzeitig las er an der Universität über Persius und andere antike Lyriker wie Juvenal und Statius. Ab 1492 konnte er mit Erlaubnis des Kurfürsten ein juristisches Studium beginnen, das er 1503 mit der Promotion abschloss. Dreimal war er dann Rektor der Universität: 1497, 1504 und 1510 und 1527 auch Dekan der juristischen Fakultät. Er hatte also engen Kontakt zur Herrscherfamilie und spielte eine bedeutende Rolle an der Universität.

Dort und am Hof traf Adam Werner auf den Heidelberger Humanistenkreis, dessen großer För-

Abb. 22
Akanthus und Blüten. A. Persius Flaccus: Saturae, WLB Stuttgart, Cod. poet. et phil. 2° 8, Bl. 2r (Kat.Nr. I.6)

derer Pfalzgraf Philipp selbst war und der sich auch als Mitglied dieser Gruppe verstand. Zu ihren hervorstechenden Gepflogenheiten gehörte es, sich gegenseitig mit Gedichten in antiken Versmaßen mit gelehrten Anspielungen auf die klassische Dichtung und Mythologie und oft mit gesuchtem Vokabular zu bedenken. Von Adam Werner sind 166 Gedichte unterschiedlicher Länge erhalten, sehr viele an Freunde gerichtet, etliche Epitaphien – auch für antike Dichter – und eine große Zahl an Heilige, vor allem an Maria.

Der gesamte Buchschmuck der Handschrift befindet sich auf der Eingangsseite auf Blatt 2r (Abb. 22). Hauptelement ist die vierzeilige unziale Initiale N. Den Buchstabenkörper bildet grüner sichelartiger Akanthus mit dunkelgrüner modellierender Parallelschraffur; dunkelrote Arabesken und kleine goldene Rosetten zieren das rosa Binnenfeld. An den Schaftenden sitzende und lose über das Blatt gestreute schmalblättrige Akanthusbüschel gehören zu den weiteren Kennzeichen der Heidelberger Buchmalerei-Werkstatt, die sich schon auf Blatt 51v des berühmten Vergil-Codex für Philipp den Aufrichtigen, Vatikan, BAV, Pal. lat. 1632 von 1473/74, finden, und noch früher in der Boccaccio-Handschrift Cod. hist. 2° 13 (Kat.Nr. I.8). Nicht nur die beiden Formen des Akanthus, sondern auch die Phantasieblüte mit dem spitzen Fruchtknoten sind auf beiden Blättern versammelt. Eine Besonderheit im Persius-Codex sind die beiden Blüten am rechten Rand, die in dieser Form in der vatikanischen Handschrift nicht auftauchen. Besonders auffällig ist die in ihre Einzelbestandteile zerfallende Blume, die wohl erst in den neunziger Jahren zum Motivrepertoire der Werkstatt hinzukam. In einem weiteren der hier ausgestellten Codices, der Iuvenal-Handschrift Cod. poet. et phil. 8° 11, die 1492 in Worms oder Heidelberg entstand (Kat.Nr. I.7), begegnet dieser Typ von Blüte, auch in der Variante des Auseinanderfallens.

Der Persius-Codex ist durch das Wasserzeichen auf 1495/97 datiert, also in zeitlicher Nähe zu der Iuvenal-Handschrift. Gleichzeitig belegt die enge Verwandtschaft zu den Vergil- und Boccaccio-Codices eine Kontinuität in der Heidelberger Buchmalerei über mehr als 20 Jahre hinweg.   PB

Lit.: KRISTELLER, Bd. 3.1, 1983, S. 702; IRTENKAUF / KREKLER 1981, S. 10.

I.7   (Abb. 23)

Satirische Spitzen und Blütenzweige

D. Iunius Iuvenalis: Saturae, Worms / Heidelberg, 1492
Papier, 92 + 2 (Perg.) Bll., 17 x 12 cm, 14 Goldinitialen, 11 Blütenzweige
WLB Stuttgart, Cod. poet. et phil. 8° 11
⌐ http://digital.wlb-stuttgart.de/purl/bsz40871 7807

Zur gleichen Textgattung wie Cod. poet. et phil. 2° 8 (Kat.Nr. I.6) gehört der wesentlich kleinere Iuvenal-Codex. Die „Saturae“ des Iuvenal waren wie die des Persius Stoff der Vorlesungen an der Universität Heidelberg, aber sie waren auch schon das ganze Mittelalter hindurch gelesen worden. Zwar sind beide Handschriften mit Interlinearglossen und Randbemerkungen versehen. Der Persius des Adam von Themar ist jedoch von vornherein für Unterrichtszwecke gedacht, wie der große Zeilenabstand und die umfangreichen Vermerke von fast immer derselben Hand zeigen. Dagegen mussten im Iuvenal die selteneren und knappen Einträge zwischen die Zeilen eingezwängt werden. Wie die Randbemerkungen wurden sie nicht gleichzeitig mit dem Text geschrieben, sondern von mehreren nachmaligen Benutzern hinzugefügt. Die Humanistenminuskel im Iuvenal ist ein Hinweis auf den, bei aller Bescheidenheit der Ausstattung, repräsentativen Charakter der Ausgabe.

Die Schrift hat zwar italienische Vorbilder, aber der Schreiber ist Johannes Pfeutzer aus Worms, der mehrfach für Dietrich von Plieningen gearbeitet hat (Kat.Nr. I.10–13). Dabei versucht er, so gut er kann, italienische Schrift und Layout nachzuahmen. Auch die einfachen Goldinitialen vor farbigem Grund mit ornamentaler Federzeichnung zu Beginn der Kapitel sind, allerdings keine gut gelungenen, Imitationen von anderer Hand. Die zugrunde liegenden Muster finden sich etwa in den Initialen aus dem hier nicht gezeigten Cod. poet. et phil. 2° 30, den Dietrich 1478 in Ferrara schreiben und anspruchsvoll

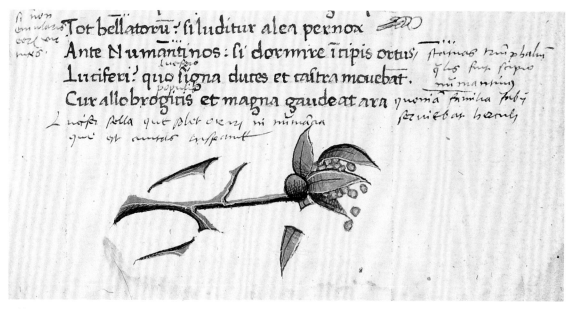

Abb. 23
Verfallender Blütenzweig. D. Iunius Iuvenalis: Saturae, WLB Stuttgart, Cod. poet. et phil. 8° 11, Bl. 42r (Kat. Nr. I.7)

ausschmücken ließ. Die Datierung ergibt sich aus einem Eintrag Dietrichs von Plieningen auf Blatt 86v nach einem eigenhändigen Inhaltsverzeichnis: *Theodorici de Pleningen, legum doctoris Anno 1492.* Auf Blatt 1r befand sich laut handschriftlichem Katalog ein Plieningen-Wappen, das aber herausgeschnitten wurde. Pfeutzer muss damals ein junger Mann von noch nicht 25 Jahren gewesen sein, denn in einem Brief von 1496 spricht Dietrichs Bruder Johannes (Kat.Nr. I.11a, Bl. 2v) von ihm als einem *adolescens* (Heranwachsenden).

Gelungener als die Initialen sind die Blütenzweige, die als Federzeichnungen ebenfalls die Kapitelanfänge begleiten. Sie bestehen aus jeweils einem etwa 3 Zentimeter langen grünen Stängel mit einem oder zwei Blättern und einer endständigen Blüte, deren Formen und Farben verschieden sind. Es können aber keine realen Pflanzen identifiziert werden. Ebendiese Zweige von der Hand desselben Illuminators finden sich auch in dem etwa vier Jahre jüngeren Persius-Codex (Kat.Nr. I.6), der aber einen anderen Schreiber und einen anderen Erstbesitzer hat. Besonders kennzeichnend für den Maler ist das Motiv des auseinanderfallenden und Samenkörner ausschüttenden Blütenzweigs (Bl. 42r, Abb. 23), so auch in der Persius-Handschrift (Bl. 2r, Abb. 22). Er war offensichtlich ein routinierter Mitarbeiter der Heidelberger Werk-

statt, der mit den Mitteln konturierender und schraffierender Federzeichnung sowie Weiß- und Gelbhöhungen einen plastischen Eindruck hervorzurufen verstand. Die Blütenzweige bereicherten als neues Element das Repertoire des schon seit über 20 Jahren bestehenden Ateliers.

Wie die anderen Plieningen-Handschriften kam auch diese über Oswald von Eck und die Komburg in der Säkularisation nach Stuttgart. PB

Lit.: Irtenkauf / Krekler 1981, S. 205f.

I.8 (Abb. 24)

Boccaccio und Homer in Deutschland

Giovanni Boccaccio: De casibus virorum et mulierum illustrium, Heidelberg (?) / Mainz (?), 1469
Papier, 188 Bll., 32 x 22 cm, 9 ornamental gespaltene Initialen, 1 Deckfarbeninitiale
WLB Stuttgart, Cod. hist. 2° 13
⌐ http://digital.wlb-stuttgart.de/purl/bsz38686 814X

Diese Schrift Boccaccios (Bl. 1r–158r), entstanden zwischen 1355 und 1360, hatte im 14. und vor allem im 15. Jahrhundert weite Verbreitung gefunden. Sie behandelt das Schicksal bekannter Personen, angefangen von Adam und Eva über berühmte Gestalten der Antike bis hin zu

Abb. 24

Initiale und Akanthusranke. Giovanni Boccaccio: De casibus virorum et mulierum illustrium, WLB Stuttgart, Cod. hist. 2° 13, Bl. 6r (Kat.Nr. 1.8)

Zeitgenossen des Autors. Durchgängiges Motiv sind die Launen der Fortuna, auf die man sich nicht verlassen solle. Das ganze Werk ist in moralisch-belehrender Absicht geschrieben und steht insofern in einem gewissen Gegensatz zu dem berühmteren „Decamerone". Daneben enthält der Codex eine „Ilias" in lateinischer Kurzübersetzung aus neronischer Zeit (Bll. 161r–184r). Die Handschrift ist durch einen Kolophon (Bl. 184r) datiert, in dem neben der Jahreszahl [14]69 auch der Schreiber genannt ist, leider nur mit seinen Initialen B. G., die bisher nicht aufgelöst werden konnten. Es handelt sich nicht um Bernhardus Groschedel, der in der Heidelberger Matrikel von 1468 und als Schreiber eines Codex von 1466 (Erlangen, UB, Ms. 618) genannt wird.

Die künstlerische Ausstattung hält sich in bescheidenem Rahmen. Vier- bis siebenzeilige, blau-rot gespaltene Lombarden leiten die einzelnen Bücher des Boccaccio-Textes (außer Buch 1) und ebenso den lateinischen Homer ein. Die Buchstabenkörper weisen alle die gleichen Aussparungsmuster auf: Ein Bäumchen mit Dreipasskrone steht im Zentrum, links und rechts davon folgen je ein Zacken und ein Bogen. Etwas aufwendiger erscheint die Initiale zum ersten Buch des Haupttextes (Bl. 6r, Abb. 24). In einem violetten Kastenrahmen steht die achtzeilige grüne Deckfarbeninitiale E. Scharf geschnittene Sichelblätter bilden den Buchstabenkörper, während goldene Arabesken die purpurfarbenen Binnenfelder überziehen. Den Textanfang begleitet daneben auf dem Fußsteg eine grüne Akanthusranke, die von einem kurzen Aststück ausgeht, zunächst schmale spitze Blätter aussendet und in einem violetten lappigen Akanthus endet.

Beide Texte verweisen ebenso wie die Schrift auf humanistische Kreise, der Stil von Initiale und Akanthusranke der Eingangsseite auf Heidelberg als eines der Zentren dieser Bewegung in Deutschland. Die Einzelformen wie das kurze Aststück am Ursprung der Ranke, Bündel von spitzen Blättern wie auch die sichelförmigen Blattformen in den Buchstabenkörpern finden sich wieder in der Riesenbibel des Mainzer Domscholasters Volpert von Ders (Würzburg, UB, Mp.th.f.m.11; 1466–1469) oder dem anderen Hauptwerk dieser Werkstatt, der Vergil-Handschrift, Vatikan, BAV, Pal. lat. 1632, die 1474 zur Hochzeit Philipps des Aufrichtigen geschaffen wurde. Der so bezeichnete Maler IV hat an beiden Codices mitgewirkt und sich der genannten Motive bedient. An der Boccaccio-Handschrift war er aber nicht beteiligt. Deren Ausschmückung besorgte ein weniger begabter Gehilfe, der sich an den führenden Mitgliedern des Ateliers orientierte. Ob dieses seinen Sitz in Heidelberg oder Mainz hatte, ist nicht mit letzter Sicherheit zu entscheiden; es spricht aber vieles für die pfälzische Residenz. Den Weg nach Stuttgart könnte der Codex über Mechthild von der Pfalz, Mutter Eberhards im Barte, gefunden haben, die in Rottenburg seit 1455 einen humanistischen Zirkel pflegte. PB

Lit.: VAASEN 1973; HEYD 1889, S. 10.

I.9 (Abb. 25)
Stifter, Kaiser, Bürgerin – und einige offene Fragen
Johannes Tortellius: Orthographia, hrsg. von Girolamo Bologni, Venedig: Hermann Liechtenstein, 12. November 1484 (GW M47221)
Papier, 198 Bll., Deckfarbenmalerei und Blattgold, Ulm (?), um 1484–1490
WLB Stuttgart, Inc. fol. 15569 (HB)
🖱 http://digital.wlb-stuttgart.de/purl/bsz41033989X

Das „Opus commentariorum" des italienischen Humanisten Giovanni Tortelli (um 1400–1466) erläutert lateinische Wörter, die aus dem Griechischen stammen. Der Band gehörte ab 1520 dem Augustiner-Chorherrenstift St. Michael zu den Wengen in Ulm.

Das Kloster hatte den Band zusammen mit einer Stuttgarter Handschrift (HB I 162) von einem Heinrich Neithart als Geschenk erhalten, wie aus einem Eintrag auf dem hinteren Spiegel hervorgeht. Dieser war nicht der Erstbesitzer und sehr wahrscheinlich nicht Auftraggeber der malerischen Ausstattung. Die in Ulm und Augsburg ansässige Patrizierfamilie Neithart war groß. Unter den zahlreichen Nachkommen des Ulmer Stadtschreibers Heinrich Neithart († 1414) trugen etliche seinen Vornamen. So erscheint im Testament des Konstanzer Domkustos Dr. Heinrich Neithart von 1486 ein Heinrich Neithart als Sohn seines verstorbenen Bruders Erasmus (Stadtarchiv Ulm, E Neithardt Urkunden 71). Sicher wissen wir nur, dass unser Stifter den Magistergrad in den *artes* erworben hatte und Kapellan an der Michaelskirche in Donaurieden, heute ein Ortsteil von Erbach (Donau), war.
Der Beginn der Vorrede wurde für einen weiteren, unbekannten Vorbesitzer mit Buchmalerei ausgestattet. Der Platz für die Initiale war im Druck ausgespart worden, zumeist wurde an dieser Stelle von einem Rubrikator ein schlichter Großbuchstabe eingetragen, seltener, wie hier, eine farbige Initiale, deren Binnenraum eine Szene mit mehreren Figuren vor poliertem Goldgrund beherbergt. Obgleich das Werk Papst Nikolaus V. gewidmet ist, zeigt die Initiale rechts den Autor, der das Werk einem Kaiser darbringt. Dieser ist mit Bügelkrone und goldenem ‚Reichsapfel' gekennzeichnet. Der Gelehrte hat sein Barett abgenommen und neigt demütig das Haupt. Hinter den beiden steht der Schwertträger des Herrschers in höfischer Kleidung. Am oberen und unteren Seitenrand kommen Teilbordüren mit ornamentalem Rankenwerk zum Einsatz, darin oben eine kleine Eule, unten links ein Fuchs sowie zwei Vögel, seine potentielle Beute. Der äußere Seitenrand zeigt neben einer dekorativen Erdbeerpflanze eine Frau im weltlichen Kostüm, von deren rechter Hand sich ein Schriftband entrollt. Die Deutung der Buchstaben (*DM dAT*) ist bisher nicht gelungen. Die Haube der Dame zeigt, dass sie verheiratet ist, das Kleid deutet auf eine wohlhabende Bürgerin. Am wahrscheinlichsten ist es, dass hier eine Stifterin im Bild auftritt, die den Band erworben und zur Verfügung gestellt hat.

Abb. 25
Titelseite mit Bildinitiale und Bordüre. Johannes Tortellius: Orthographia, WLB Stuttgart, Inc. fol. 15569 (HB), Bl. A$_2$ª (Kat.Nr. I.9)

Als Entstehungsort der qualitativ hochwertigen Malerei kommt ein städtisches Zentrum im deutschen Südwesten in Frage, vor allem Ulm oder Augsburg. Der Einband lässt sich einer konkreten Werkstatt zuschreiben, die nach einem ihrer Prägestempel als „Blumenstock rechteckig" bezeichnet wird. Wo diese ihren Sitz hatte, ist nicht bekannt. Aus derselben Werkstatt stammt der Einband von Inc. fol. 16095 A.41.b der WLB Stuttgart. Der ausgestellte Band ist ein typisches Beispiel dafür, dass im 15. Jahrhundert bei der künstlerischen Ausstattung kein Unterschied zwischen Druck und Handschrift gemacht wurde. Auch das Layout der Inkunabeldrucke bot zunächst eine praktisch identische Grundlage für Buchschmuck. WM

Lit.: EBDB, w002673; LEHMANN 1918, S. 388; MAYER 1907, Bd. 1, S. 55, Nr. 20.

I.10 (Abb. 26)

Der Heidelberger Humanistenkreis: Dietrich von Plieningen

Marcus Tullius Cicero: Epistolae, Worms / Heidelberg, 1493

Papier, 238 Bll., 28 x 19 cm, 14 Goldinitialen, 11 Aquarelle

WLB Stuttgart, Cod. poet. et phil. 2° 20

 http://digital.wlb-stuttgart.de/purl/bsz39151 2315

Zumeist dienten Handschriften als direkte Vorlagen für Inkunabeln und frühe Drucke. Es kam aber gar nicht so selten vor, dass gedruckte Werke, auch ganze Bücher, von Hand abgeschrieben wurden. Ein Grund dafür war häufig, dass etwa ein Kloster einen bestimmten Text in seiner Bibliothek haben, aber nicht viel Geld dafür ausgeben wollte – auch gedruckte Bücher waren im 15. Jahrhundert keine Billigware. Man lieh sich also das Werk aus und ließ es von einem Mitglied, das ja nicht extra bezahlt werden musste, abschreiben. Der hier vorliegende Codex ist sehr wahrscheinlich die Abschrift nach einem römischen Druck von 1470, da er den darin enthaltenen Widmungsbrief an Papst Paul II. (1464–1471) wiedergibt.

Der Schreiber nennt sich am Ende des Textes:

Excriptum est hoc volumen epistolarum Ciceronis ad Atticum per me Iohannem Pfeucer. Anno salutis 1493 idibus martii. Wormatie. Johannes Pfeutzer, ein junger Mann aus Worms, hat als eine Art Sekretär seit 1490 Abschriften antiker Texte für Dietrich von Plieningen angefertigt, der dem Heidelberger Humanistenkreis angehörte. Immerhin vier dieser Handschriften und eine weitere mit den Werken Agricolas (Kat.Nr. I.11) sind erhalten. Das Bestreben und die Aufgabe waren nicht nur, einen korrekten Text zu produzieren, sondern diesem auch äußerlich eine humanistische, das heißt italienische, Aura zu verleihen. Von allen Aufträgen ist Pfeutzer dies hier am besten gelungen, angefangen bei dem stark kalzinierten Papier und der humanistischen Minuskel.

Der eigentliche Buchschmuck ist nicht üppig. Die einzelnen Bücher der Briefsammlung beginnen jeweils mit einer sechs- bis siebenzeiligen Goldinitiale. Vielfach sich kreuzende Weißranken mit Blattknospen umschlingen und durchstechen manchmal sogar den Buchstabenkörper. Die dadurch entstehenden unregelmäßigen Felder sind blau, rosa, grün und violett koloriert und dicht mit feinen weißen Punkten besetzt. Sie sind eine Imitation der seit der Mitte des 15. Jahrhunderts in Italien verbreiteten *bianchi girari*. Vermutlich sind sie einem weiteren Mitwirkenden zu verdanken, der die Technik der Blattgoldauflage beherrschte. In der für Dietrich fast obligatorischen Darstellung seines Wappens (Bl. 2r, Abb. 26) vereinigen sich gleich mehrere Elemente italienischer Herkunft. Zuerst ist die dort gängige, für Deutschland ungewöhnliche Form des Rossstirnschildes zu nennen, die nebenbei auch zu dem Pferdekopf als Wappenfigur passt. Weit verbreitet, besonders in oberitalienischen, speziell auch venetianischen Handschriften, ist der grüne Lorbeerkranz, der hier den Wappenschild einschließt. Schließlich verweisen die beiden Putti als Wappenhalter auf dieselbe Region. In keiner anderen Handschrift Dietrichs von Plieningen wird das Wappen in dieser Form präsentiert. Zu dem Eintrag seitlich des Wappens: *Theoderici de Pleningen iurium professoris* hat er frühestens 1505 nachgetragen: *ac equitis aurati arma;* in diesem Jahr nennt er sich in Briefen erstmals Ritter.

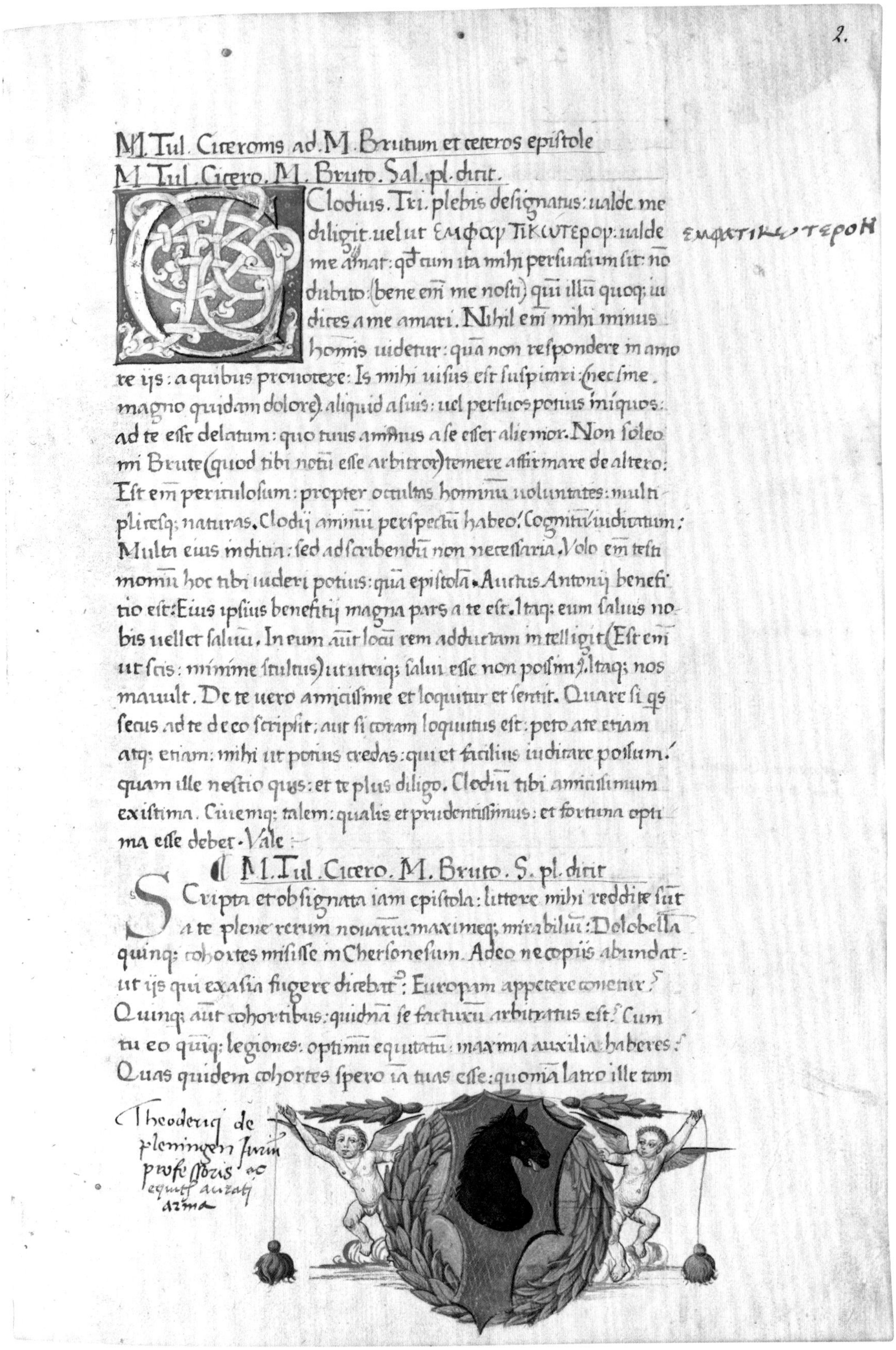

Abb. 26

Plieningen-Wappen und Initiale. Marcus Tullius Cicero: Epistolae, WLB Stuttgart, Cod. poet. et phil. 2° 20, Bl. 2r (Kat.Nr. I.10)

Wie die anderen Bücher aus seinem Besitz ist auch dieses über Oswald von Eck und die Komburg in der Säkularisation nach Stuttgart gelangt (entsprechende Einträge Bl. 1r). PB

Lit.: Adelmann 1981, S. 58, 111f.; Sieber 1969, S. 81; Irtenkauf / Krekler 1981, S. 17f.

I.11 (Abb. 27)
Zusammenführung einer Handschrift
a) Rudolf Agricola: Opera omnia, Worms / Heidelberg, 1496
Pergament. 359 Bll. 23 x 16,
Zahlreiche Goldinitialen, 8 Goldinitialen mit zusätzlichem Schmuck, Wappen-Miniatur
WLB Stuttgart, Cod. poet. et phil. 4° 36
🖱 http://digital.wlb-stuttgart.de/purl/bsz40871
6576
b) Illuminiertes Einzelblatt, Heidelberg, Johannes Duft de Schmalkalden, 1496
Pergament, 1 Bl., 22,7 x 15,6 cm, 1 Deckfarbenminiatur und 1 ornamentale Deckfarbeninitiale
Staatsbibliothek Bamberg, I Qa 29

Dietrich von Plieningen hatte während seines Studiums in Oberitalien (bis 1478) auch Rudolf Agricola (1443–1485) kennengelernt. Dieser hatte von den Humanisten aus den Ländern nördlich der Alpen den glänzendsten Ruf. Kurfürst Philipp der Aufrichtige (1448–1508) war deshalb interessiert, ihn an seinen Heidelberger Humanistenzirkel zu ziehen. Zentrum dieses Kreises war der kurpfälzische Kanzler und Bischof von Worms, Johann von Dalberg (1455–1503). Dazu gehörten auch die Brüder Dietrich und Johannes von Plieningen. 1484 gelang es, Rudolf Agricola nach Heidelberg zu holen, wo er Vorlesungen zur antiken Literatur hielt. Schon 1485 starb er aber in Heidelberg.
Ein umfangreiches Werk hat er nicht hinterlassen. Die Brüder Plieningen fassten den Plan, eine Gesamtausgabe in einem Band zu veranstalten. In drei Briefen, die den Band einleiten, erläutern sie dieses Vorhaben. In einem der Briefe wird Dietrich als Assessor am Reichskammergericht bezeichnet; diese Funktion hatte er zwischen 1494 und 1499 inne. Bisher war dies die Grundlage der Datierung, die jetzt durch den

Fund einer Miniatur (Kat.Nr. I.11b) auf 1496 präzisiert werden kann. Als Schreiber wurde Johannes Pfeutzer aus Worms beauftragt, wie aus demselben Brief des Johannes von Plieningen an Dietrich hervorgeht. Er hatte schon in den frühen neunziger Jahren für Dietrich Abschriften antiker Texte angefertigt, darunter die hier gezeigten Iuvenal- und Cicero-Handschriften (Kat.Nr. I.7, I.10). Zusätzlich zu diesen Briefen haben die Herausgeber noch eine Vita Agricolas aus der Feder des Johannes von Plieningen den Werken vorangestellt.
Der Buchschmuck ist, wie in fast allen Codices aus der Plieningenbibliothek, bescheiden. Allerdings sticht auch hier, wie bei den meisten anderen, das Wappen des Besitzers hervor. In Schwarz und schwarz konturiertem Gold, rot sind nur die Pferdezungen, belegt es das untere Drittel von Blatt 3r. Die enge Verwandtschaft zu den Wappen in Cod. poet. et phil. 4° 26 und 27 (Kat.Nr. I.13, Abb. 29, Kat.Nr. I.12) beweisen die muskulöse Erscheinung der Pferdeköpfe, die Bewegung der Helmdeckenfahnen und der Akanthustyp. Die Bücher und Kapitel werden von Goldinitialen auf Deckfarbengrund mit Ornamentzeichnung eingeleitet, die größeren Buchinitialen schmücken zusätzlich Blumen, krautige Stauden oder Ranken (Pfändtner / Burkhart, Abb. 2–5). Vorbild (ohne die vegetabilen Beigaben) sind Initialen aus italienischen Handschriften wie Cod. poet. et phil. 4° 30 aus Ferrara, den Dietrich 1478 mitgebracht hatte. Die Initiale auf Blatt 2r in dem ebenfalls Ende der neunziger Jahre entstandenen Cod. poet. et phil. 4° 27 (Kat.Nr. I.12, Abb. 28) folgt dem gleichen Muster und dürfte wohl von dem gleichen Maler einer Heidelberger Werkstatt stammen, möglicherweise Johannes Duft oder sogar von Johannes Pfeutzer selbst. Der Agricola-Codex ist die einzige Handschrift aus der Plieningen-Bibliothek, die eine Miniatur (außer Wappen) enthielt (Kat.Nr. I.11b). Er gelangte über Oswald von Eck und Erasmus Neustätter an das Ritterstift Komburg und 1805 als Säkularisationsgut nach Stuttgart. PB

Das mit *Johannes Duft de Schmalkalden* signierte, 1496 datierte und prächtig illuminierte Einzelblatt (Kat.Nr. I.11b) zeigt die früheste bisher bekannte Darstellung der Verleumdung des

Abb. 27
Die Verleumdung des Apelles, Johannes Duft de Schmalkalden, Staatsbibliothek Bamberg, I Qa 29, Bl. 1r (Kat. Nr. I.11b)

Apelles nördlich der Alpen. Die Rückseite des Blattes enthält eine Abschrift des Widmungstextes von Rudolf Agricola (1443/44–1485) an den Augsburger Bischof Johannes II. von Werdenberg (reg. 1469–1486) zu seiner lateinischen Übersetzung des Libellus Luciani, in dem die Verleumdung des Apelles beschrieben wird. Das Blatt stammt aus der oben beschriebenen Handschrift (Kat.Nr. I.11a), die Johannes von Plieningen im Auftrag seines Bruders Dietrich (ca. 1455–1520) als Sammlung der Werke Rudolf Agricolas herausgegeben und die Johannes Pfeutzer geschrieben hatte.

Wann das Bamberger Blatt aus der Handschrift gelöst wurde ist unbekannt, wahrscheinlich geschah dies aber im Trubel der Säkularisation noch vor oder auf dem Weg nach Stuttgart. In Bamberg, wo in der Staatsbibliothek auch ein Einzelblatt aus dem heute ebenfalls in Stuttgart aufbewahrten Komburger Psalter vorhanden ist, befindet es sich spätestens seit 1843. In diesem Jahr wird es im Bericht über den Kunstverein Bamberg als im Besitz des Bamberger Forschers und Sammlers Joseph Heller (1798–1849) genannt, der seine Sammlung testamentarisch der Staatsbibliothek Bamberg vermachte. Der Buchmaler ist wohl mit dem 1493 in Heidelberg immatrikulierten Studenten Johannes gleichen Namens und gleicher Herkunft aus der Diözese Würzburg (*Johannes Duft de Schmalkalden Herpipolensis dioc.*) und vermutlich auch mit dem *Illuminirer Johannes* identisch, der 1515 in Heidelberg in der Metzelgasse neben dem Hofsekretär Philipp Sturm wohnte. Das Bild mit der Verleumdung des Apelles setzt stilistisch die Heidelberger Miniatur mit der Darstellung einer Belehnung durch Kurfürst Friedrich den Siegreichen im Pfälzischen Lehensbuch des Generallandesarchivs Karlsruhe (Inv. Nr. 67/1067) voraus. Die Ranken auf der Umrahmung der Miniatur mit den integrierten Phantasieblüten und Vögeln entsprechen dem Stil des Meisters I der 1473/74 datierten Vergilhandschrift Vatikan, BAV, Pal. lat. 1632, die nach Heidelberg lokalisiert wird. Johannes Duft ist somit der einzige namentlich bekannte Buchmaler des Heidelberger Humanismus, mit dem zumindest vorliegende Miniatur verbunden werden kann. KGP

Lit.: Pfändtner / Burkhart 2014, und bes. S. 49–54; Pfändtner 2009, S. 19; Suckale 2009, Bd. 1, S. 392, 399 und 412 mit Anm. 1115; Irtenkauf / Krekler 1981, S. 102–104; Adelmann 1981, S. 113; Adelmann 1976; Bamberg 1843, S. 14.

I.12 (Abb. 28)

Der Heidelberger Humanistenkreis: Dietrich von Plieningen

Iunius Iuvenalis, Horatius Flaccus: Saturae, Heidelberg, um 1490
Papier, 133 + I Bll., 20,5 x 14,5 cm, 1 Deckfarbeninitiale, 1 Wappenminiatur
WLB Stuttgart, Cod. poet. et phil. 4° 27
⌖ http://digital.wlb-stuttgart.de/purl/bsz408706384

Johannes Pfeutzer hat auch diese Abschrift antiker Texte im Auftrag Dietrichs von Plieningen besorgt. Cod. poet. et phil. 4° 27 enthält Werke der gleichen Textgattung „Saturae" von zwei römischen Autoren, deren Lebenszeiten um etwa vier Generationen auseinanderliegen. Sie gehörten zum festen Programm der Lektüre an der Universität, für die der Persius-Codex des Adam von Themar ein Beispiel bietet (Kat.Nr. I.6).

Wie ziemlich alle Handschriften aus Dietrichs Besitz enthält auch dieser Codex sein Wappen (Bl. 1v). Dessen Stil, vor allem des Goldrahmens mit den Streublumen, geht nicht auf italienische, sondern flämische Vorbilder der Gent-Brügger Schule des ausgehenden 15. Jahrhunderts zurück. Allerdings ist die Imitation nicht perfekt gelungen, denn zur Erzeugung des für diese Rahmengestaltung typischen Trompe-l'œil-Effektes gehören Rahmenüberschneidungen und Schattenwurf, da der Rahmen selbst kein räumliches Volumen hat. Die Pferdeköpfe, der Helm und die stark bewegte Helmdecke wirken dagegen plastisch durch Weißhöhungen und Farbschattierungen. Besonders beeindruckend ist die Wiedergabe des Metallglanzes auf dem Helm. Die Initiale zum Textbeginn (Bl. 2r, Abb. 28) ist in ihrer Ausstattung denjenigen in Cod. poet. et phil. 4° 36 verwandt; die Strichpyramiden an textabgewandten Seiten des Grunds entsprechen genau der Rahmenbegleitung des Wappens in Cod. poet. et phil. 4° 26 (Kat.Nr. I.13).

Abb. 28
Initiale. Iunius Iuvenalis, Horatius Flaccus: Saturae, WLB Stuttgart, Cod. poet. et phil. 4° 27, Bl. 2r (Kat. Nr. I.12)

Etwas irritierend ist der Einband, dessen Stempel – Flechtbandknoten, Palmettenfries, Rundpunzen, Schrägkreuze – auf italienische Herkunft zu deuten scheinen. Die gleichen Stempel treten bei der Schwesterhandschrift Cod. poet. et phil. 4° 26 und dem 1490 datierten Cod. poet. et phil. 4° 23 auf, beide ebenfalls von Pfeutzer geschrieben und aus dem Besitz Dietrichs. Die Schließen, die bei dem letztgenannten Codex verloren sind, sind ebenfalls identisch und finden sich bei einer weiteren Plieningen-Handschrift, Cod. poet. et phil. 4° 38, mit Texten, die von Dietrich selbst 1478 in Ferrara geschrieben und später zusammengebunden wurden. PB

Lit.: ADELMANN 1981, S. 112; IRTENKAUF / KREKLER 1981, S. 91f.

I.13 (Abb. 29)

Der Heidelberger Humanistenkreis: Dietrich von Plieningen

Marcus Tullius Cicero: De officiis, Heidelberg, um 1490
Papier, 147 Bll. (2 Perg.), 19 x 14 cm, 1 Goldinitiale mit Weißranken, 1 gerahmtes Wappen
WLB Stuttgart, Cod. poet. et phil. 4° 26
http://digital.wlb-stuttgart.de/purl/bsz39152 1284

Diese und ihre Schwesterhandschrift Cod. poet. et phil. 4° 27 (Kat.Nr. I.12) gleichen sich in fast allen Aspekten. Der Schreiber ist Johannes Pfeutzer, der Besteller Dietrich von Plieningen, und die Einbände wurden in derselben Werkstatt gefertigt. Die großen Wappenminiaturen sind identisch bis auf Einzelmotive der Rahmendekoration, zu denen hier auch zwei Vögel gehören, und die den Rahmen begleitenden Ornamente, hier (Bl. IIv, Abb. 29) Strichpyramiden und Knospen, dort ein Konkavbogenfries. In Komposition und Stil herrscht aber völlige Übereinstimmung. Den einzigen wirklichen Unterschied stellt die Goldinitiale zum Textbeginn dar (Bl. 1r). Ihre Dekoration mit Weißranken, *bianchi girari*, ist die Imitation eines in Italien weitverbreiteten Initialentyps, deren sich die Heidelberger Werkstatt auch in dem 1493 entstandenen Cod. poet. et phil. 2° 20 (Kat.Nr. I.10) bedient. PB

Lit.: IRTENKAUF / KREKLER 1981, S. 91; ADELMANN 1981, S. 111.

I.14 (Abb. 2)

Kunstsinnige Belehrung

Antonius von Pforr: Buch der Beispiele der alten Weisen, Schwaben, um 1475/1482
Papier, 241 Bll. (davon 1 Pergament), 32-32,5 x 23 cm, 123 gerahmte und kolorierte Federzeichnungen
UB Heidelberg, Cod. Pal. germ. 84
http://digi.ub.uni-heidelberg.de/diglit/cpg84

Die Übersetzung des lateinischen „Directorium vitae humanae" des Johannes von Capua (um 1250–um 1310) ins Deutsche schuf Antonius

Abb. 29
Wappen Dietrichs von Plieningen. Marcus Tullius Cicero: De officiis, WLB Stuttgart, Cod. poet. et phil. 4° 26, Bl. IIv (Kat.Nr. I.13)

von Pforr (gest. 1483) vermutlich ab 1472, als er in Rottenburg am Neckar als Kirchherr tätig war, und damit an dem Ort, an dem Erzherzogin Mechthild von Österreich, die Mutter des Grafen Eberhard von Württemberg, residierte, und in deren Diensten er zeitweilig stand.

Eingebettet in mehrfach verschachtelte Rahmenerzählungen wird in diesem Werk eine Vielzahl von Exempla und Fabeln dargeboten, nach denen das Werk in der deutschen Sprache auch den Titel „Buch der Beispiele" erhielt. Den Auftakt bietet jeweils die Erzählebene eines Lehrgesprächs zwischen dem Gelehrten Sendebar, einem alten Weisen, und Dißles, dem König von Indien. In der Vorrede wird berichtet, dass der Schriftgelehrte Berosias das Werk von einer Indienreise mitgebracht und es dann zunächst ins Persische übersetzt habe. Die Bildfolge beginnt mit einer Dedikationsszene, in der Berosias seine Übersetzung dem König Anastres Taßri, der ihn auf die Reise geschickt hatte, übergibt (Abb. 2). In einem Innenraum, überfangen von einem Baldachin, sitzt der Herrscher auf seinem Thron, sein Szepter hat er auf dem Boden neben sich abgestellt, um mit seinen Händen zu gestikulieren. Auf einem Podest im Hintergrund liegt ein aufgeschlagenes Buch. Berosias kniet vor ihm, hebt gerade seinen Hut zum Gruß und schlägt mit seiner Linken das Buch auf seinem Oberschenkel auf, das er Anastres überreichen möchte. Das Fenster der hinteren Wand gibt einen Landschaftsausschnitt frei, durch den Türspalt hinter Berosias ist das Blau des Himmels zu erkennen. Deutlich lässt diese Bildkomposition Vorbilder der flämischen Meister erkennen, etwa Rogiers von der Weyden berühmte Lukas-Madonna (Boston, Museum of Fine Arts). Und auch das reduzierte Kolorit ruft die Erinnerung an die Grisaillemalerei anderer niederländischer Kunstwerke wach. Diese Merkmale zeugen davon, dass die Protagonisten der Württemberger Höfe, in deren direktem Umfeld die Handschrift entstanden sein muss, überaus kunstsinnig waren und versierte, qualitätsvolle Künstler verpflichteten. Und doch ist sowohl die Entstehungsgeschichte der Handschrift als auch die Textgenese des „Buchs der Beispiele" nicht vollständig beleuchtet. Fraglich ist beispielsweise, ob Mechthild oder aber eher ihr Sohn Eberhard von Württemberg den Auf-

trag dafür erteilte. Allerdings hat von Pforr den Text mit Akrosticha versehen, die zum einen Namen und das Motto Eberhards wiedergeben und zum anderen seinen eigenen Namen: *EBERHART GRAF Z WIRTEMBERG / ATTEMPTO / ANTHONIUS V PFORE*. Vermutlich durch den Württemberger selbst oder sein unmittelbares Umfeld veranlasst, entstanden schon bald verschiedene Abschriften des ihm gewidmeten Werkes. Dem Text im Cod. Pal. germ. 84 ist sogar ein regelrechtes Widmungsblatt vorangestellt (Bl. 1v, Abb. 5): Gerahmt von Palmen, auf deren Zweigen zwei sich umarmende Putti liegen, wird sowohl die Devise *ATTEMPTO* in Flechtbandversalien als auch das Wappen Eberhards mit den Württembergischen Hirschstangen und den Mömpelgardschen Fischen präsentiert, und zwar als ein Teil eines Allianzwappens, dessen zweiter Teil nicht ausgeführt, aber für seine Gemahlin Barbara Gonzaga eingerichtet war. In der Schwesterhandschrift, die heute in Chantilly, Musée Condé, Ms. 680 aufbewahrt wird, ist das Wappen jedoch fertig gestellt. Diese Überlieferung des Textes ist die einzige, die in der Bibliothek Eberhards nachgewiesen ist, während Cod. Pal. germ. 84 zu einem unbestimmten Zeitpunkt im Besitz Mechthilds († 1482) war. Durch die Eheschließung von Eberhard und Barbara, der Voraussetzung des Allianzwappens, ergibt sich das Jahr 1474 als *terminus post quem* für die Datierung der Handschrift in Chantilly und in der Folge des Heidelberger Cod. Pal. germ. 84, der die erstgenannte voraussetzt.　　　MK

Lit.: Zimmermann 2003, S. 213f.; Bodemann 1997; Cermann 1997, S. 33f.; Ulrike Bodemann: Anton von Pforr, Buch der Beispiele der Alten Weisen, in: KdiH, Bd. 2, 1996, S. 360–392.

I.15　　　　　　　　　　　　　(Abb. 30)

Plakative Beispiele
Antonius von Pforr: Buch der Beispiele, Oberschwaben, um 1475
Papier, 305 Bll., 27,7 x 20,4 cm, 150 gerahmte und kolorierte Federzeichnungen
UB Heidelberg, Cod. Pal. germ. 466
🖰 http://digi.ub.uni-heidelberg.de/diglit/cpg466

Abb. 30
Der Mann mit dem Linsensack und der Affe im Baum. Antonius von Pforr: Buch der Beispiele, UB Heidelberg, Cod. Pal. germ. 466, Bl. 226v (Kat.Nr. I.15)

Die Heidelberger Handschrift Cod. Pal. germ. 466 enthält wie die beiden Handschriften Cod. Pal. germ. 84 (Kat.Nr. I.14) und Cod. Pal. germ. 85 Antonius' von Pforr „Buch der Beispiele". Von stilistischen Abweichungen bei der Ausführung der Miniaturen abgesehen, ähneln sich die handschriftlichen Textzeugen. Selbst zu dem gedruckten „Buch der Beispiele" gibt es große Übereinstimmungen (Kat.Nr. II.33). Eine genauere Detailanalyse verrät jedoch, dass es sich beim Cod. Pal. germ. 466 um den frühesten, der Urfassung von Antonius von Pforr am nahestehendsten Überlieferungsträger handeln dürfte: Zum einen sind die auf Pforr zurückgehenden Akrosticha, die Auftraggeber und Autor nennen, in dieser Handschrift unversehrt erhalten (vgl. Kat.Nr. I.14). Überdies enthält diese Handschrift die umfangreichste Bildfolge, deren Einzelbilder in manchen Details stärker als die aller anderen Handschriften mit den Bildtituli des lateinischen Textes korrespondieren. Bodemann hat daraus geschlossen, dass die Handschrift Cod. Pal. germ. 466 den ältesten Illustrationszyklus zum „Buch der Beispiele der alten Weisen" repräsentiert. Allerdings weicht der Illustrationsstil deutlich von den „Buch der Beispiele"-Handschriften ab, die eindeutig auf die Württemberger als Auftraggeber zurückgehen (vgl. Kat.Nr. I.14). Die Figuren und Landschaften sind stark von der Kontur bestimmt und erreichen dank eines fast deckenden Farbauftrags eine plakative Wirkung. In dieser Eigenschaft und auch aufgrund einzelner Bildmotive sowie der Kostüme konnte der Zeichner mit dem Illustrator der Heidelberger Handschrift Cod. Pal. germ. 90 von 1477, der die deutschsprachige „Vitaspatrum" enthält, und dem „Leben Jesu" in Wolfenbüttel, Cod. Guelf. 1.11. Aug. 2° von 1471 identifiziert werden. Eine zusätzliche Verknüpfungsmöglichkeit zu dem weiteren kunst- und kulturhistorischen Umfeld bietet schließlich der Initialstil, der mit dem der Henfflin-Werkstatt, die für die Pfalzgräfin Margarete von Savoyen tätig war, vergleichbar ist (vgl. z.B. Kat.Nr. I.2).   MK

Lit.: Miller / Zimmermann 2007, S. 500f.; Bodemann 1997; Wegener 1927, S. VII.

I.16   (Abb. 31)

Ein Kupferstich als Buchillustration
Meister mit den Banderolen: Glücksrad und Lebensbaum, Niederrhein (?), um 1460
Papier, Kupferstich, Platte: 23,2 x 31,9 cm
ausgelöst aus der Handschrift WLB Stuttgart, HB X 19 (Boethius: De consolatione philosophiae), Bodenseeraum, 1471
http://digital.wlb-stuttgart.de/purl/bsz40873 6356

Der Stich weist eine komplexe Darstellung auf, die durch Texte erläutert wird. Auf der linken Seite verweist das „Rad der Fortuna" auf die Wechselfälle des Lebens. Die Schicksalsgöttin dreht mit verbundenen Augen das Rad. Doch kontrolliert Gott, links oben im Himmel, die Bewegung der Kurbel mit einem Seil. Der Text aus dem Buch Exodus (Ex 23,20–22) versichert den Gläubigen, dass sein Schutzengel ihn leiten werde, er müsse ihm nur folgen. Rechts sehen wir den „Baum des Lebens" mit den Menschen auf seinen Zweigen. Er steht auf einem Schiff, ein schwankender, unsicherer Grund. Der Tod zielt mit Pfeil und Bogen wahllos auf seine Opfer im Geäst: geistliche und weltliche Würdenträger auf unterschiedlicher Höhe sowie zuunterst die gewöhnlichen Menschen. Das Bild gehört zum Themenkomplex des Totentanzes. Zwischen den beiden Szenen entrollt ein Mönch ein Schriftband. Die geknotete Kordel als Gürtel kennzeichnet ihn als Franziskaner. Er steht für die Laienpredigt der Bettelorden. Gerade noch vor Übermut und Lebenslust strahlend, liegt der Leib doch schon bald im Schatten des Grabes, so der Tenor seiner Rede. Sie bezieht sich auf den Toten, der unten im Bild in seinem Grab liegt. Er ist der Dreh- und Angelpunkt des Blattes, auf ihn bezieht sich das Ganze. Das Schriftband, das sich über ihm entrollt, betont die Vergänglichkeit der irdischen Existenz in einem Bibelvers (Denn der Staub muss wieder zur Erde kommen, wie er gewesen ist, und der Geist wieder zu Gott, der ihn gegeben hat, Ecl 12,7). Über der Bild-Text-Tafel aber steht ein Zitat aus dem „Trost der Philosophie" des Boethius, das sich auf die göttliche Vorsehung und die gerechte Zumessung von Lohn und Strafe bezieht. Dieses Zitat war der

Abb. 31
Glücksrad und Lebensbaum, Meister mit den Banderolen, WLB Stuttgart, ausgelöst aus HB X 19 (Kat.Nr. I.16)

Anlass dafür, den Stich in die Handschrift dieses Werkes einzufügen. Der Druck stellt eine komplexe Einheit von symbolischen Darstellungen und lateinischen Texten dar, die sich an akademisch gebildete Rezipienten wendete. Auch der Schreiber und Besitzer der Handschrift gehörte als Lehrer an einer Lateinschule zu diesem Adressatenkreis.

Das Blatt wird dem Meister mit den Banderolen zugeschrieben. Rund 130 Stiche werden unter diesem Notnamen subsumiert. Ob sie jedoch wirklich alle von einer Hand stammen, ist keineswegs sicher. Vier davon weisen niederdeutschen Text auf, deshalb wurde der Meister im niederrheinischen Raum verortet. Allerdings arbeitete er sehr häufig nach Vorlagen oberrheinischer Stecher, vor allem des Meisters E. S.

Stiche wie dieser fanden ganz unterschiedliche Verwendung. Wir sehen sie in Darstellungen von Innenräumen als Wandschmuck, sie dürften als Predigtvorlagen gedient haben oder sie wurden in Bücher eingeklebt. Das Druckverfahren von

Kupferstichen unterscheidet sich grundlegend von dem der im Hochdruck abgezogenen Holzschnitte und Buchdrucke. Inkunabeldrucken wurden sie – bis auf ganz wenige Ausnahmen – nachträglich zugefügt. Der Holzschnitt eignete sich weitaus besser zur originalen Illustration, konnte der Druckstock doch unmittelbar in den Satz integriert werden. WM

Lit.: KIENING / EICHBERGER 1994; BUHL 1972, S. 81f.; HOLLSTEIN, Bd. 12, 1955, S. 63.

I.17 (Abb. 32)
Der Kampf der Tugenden und Laster
Etymachie – Die sieben Todsünden, Ulm (?), um 1470/75
Papier, 33 Bll., 29 x 21,5 cm, 14 kolorierte Federzeichnungen
WLB Stuttgart, Cod. theol. 2° 358
☞ http://digital.wlb-stuttgart.de/purl/bsz408721219

Die lateinische „Etymachie", ein Traktat über Todsünden und Tugenden, entstand vor 1332 in Österreich. Vier deutsche Übersetzungen des 15. Jahrhunderts, mehr als achtzig Handschriften und acht Inkunabeldrucke künden vom Erfolg des Werkes. Die sieben Laster und Tugenden sind als berittene Kämpfer alle nach dem gleichen Schema mit Reittier, Helmzier, einer Art Wappentier auf dem Schild und einem Banner ausgestattet. Das Motiv geht auf die spätantike „Psychomachie" des Prudentius zurück.

Die aufgeschlagene Doppelseite zeigt links die Personifikationen von Hochmut (*superbia*) und rechts Demut (*humilitas*). Laster und Tugend sind einander zugeordnet und stehen sich wie Kontrahenten im Turnier gegenüber. Beide sind als bewaffnete Reiterinnen mit Helm, Schild und Lanze dargestellt. Unter den Reittieren finden sich Tiere wie das Dromedar der *Superbia*, der Elefant der *Patientia* (Geduld) oder auch mythische Mischwesen, wie der hier sogenannte Panther. Dieses im frühchristlichen „Physiologus" beschriebene Wesen hat den Unterkörper eines Löwen, Adlerklau-

en als Vorderfüße sowie Hörner, und es speit Feuer. Der Panther galt als Symbol für die Stärke des Christentums zur Überwindung des Bösen. Der Text bezieht sich auf den wohlriechenden Atem, der die anderen Tiere anlockt. So führe die Demut die Menschen zu Gott.

Der Pfau als Helmzier, der Löwe als Wappen, der Adler im Banner und das Schwert werden als Sinnbilder von Hochmut und Herrschsucht ausgelegt. Die Demut dagegen zeigt Weinreben, zwei Leitern und den Greifen im Banner. Die Leitern verweisen auf die Selbsterniedrigung des Demütigen (Hinabsteigen) sowie die Erhöhung durch Gott (Emporsteigen). Im Text wird jedes sinntragende Element gedeutet, unter Verweis auf Zitate aus Bibel, Kirchenvätern oder mittelalterlichen Autoren.

Die „Etymachie" wurde wahrscheinlich schon vom Autor als Text mit Bildern konzipiert. Erst dadurch wird die Vielzahl von Details anschaulich und einprägsam. Unterschiede finden sich in der Anordnung der Kapitel. Wurden in den früheren Handschriften in der Regel zuerst die sieben Laster und dann die Tugenden aufgeführt, sind die

Abb. 32
Personifikationen von Hochmut und Demut. Etymachie – Die sieben Todsünden, WLB Stuttgart, Cod. theol. 2° 358, Bl. 2v/3r (Kat.Nr. I.17)

Personifikationen in einigen späteren Beispielen zu Paaren gruppiert, so wie hier. Dabei konnten die Darstellungen entweder fortlaufend in den Text integriert werden, ein für die Koppelung von Text und Bild günstiges Layout, oder man stellte die Bilder der Antagonisten jeweils paarweise auf einer Doppelseite gegenüber. Dies verstärkt die visuelle Eindrücklichkeit der großformatigen Bilder, koppelt sie jedoch vom Lesevorgang ab. Der Inkunabeldruck von Johannes Bämler in Augsburg (GW M47154 und M47155) weist die gleiche Textabfolge auf wie die Stuttgarter Handschrift, bringt den Holzschnitt zu jedem Kapitel aber pauschal nach der Initiale des zugehörigen Abschnittes. Die gleichförmige Gliederung des Druckbildes – und damit eine leichte Orientierung im Band – war hier offenbar wichtiger als die enge Zuordnung von Text und Bild. WM

Lit.: Burkhart (in Vorbereitung); Harris 1994, S. 78f. (B14); Dietrich Schmidtke: Etymachie, in: ²VL, Bd. 2, 1980, Sp. 636–639; Schmidtke 1968, Teil 1, S. 109.

I.18 (Abb. 33)

Die Entdeckung der Landschaft

Sigismund Meisterlin: Augsburger Chronik, Augsburg 1457
Papier, 95 Bll., 30,5 x 21 cm, 13 kolorierte, gerahmte Federzeichnungen
WLB Stuttgart, HB V 52
⚲ http://digital.wlb-stuttgart.de/purl/bsz330045024

Das zentrale Ereignis der Augsburger Gründungsgeschichte, von dem Sigismund Meisterlin in seiner „Augsburger Chronik" berichtet, stellen die Eroberungszüge der Amazonen dar, die unter der Führung Marpesias, einer ihrer beiden Königinnen, bis ins Schwabenland vorgedrungen waren und aufgrund ihrer besseren Waffentechnik die Schwaben – darunter die Bewohner der Stadt Vindelica – zur Flucht ins Gebirge drängten. Der anschließende Wiederaufbau der Stadt ist zugleich die Gründung Augsburgs, deren Zeitpunkt mithilfe der Genealogie der Amazonen und der Verknüpfung zu anderen historischen Quellen noch vor die Gründung Roms und die Zerstörung Trojas gelegt wird. Meisterlin, Mönch des Benediktinerklosters St. Ulrich und

Afra in Augsburg, hatte seine Chronik im Auftrag des Sigismund Gossembrot (1417–1493), *professus* desselben Klosters, teils auf der Grundlage historischer Quellen verfasst und am 20. Juni 1456 in lateinischer und am 4. Januar 1457 in deutscher Sprache vorgelegt. Unmittelbar nach der Fertigstellung der deutschen Fassung setzte die Verbreitung des Werkes über Abschriften ein, deren überwiegend illustrierte Exemplare in zwei Gruppen zu unterteilen sind. Die Stuttgarter Handschrift HB V 52 ist die früheste einer Gruppe von vier Handschriften, die über eine ikonographisch ähnliche Bildfolge miteinander verbunden sind. In ihr liegt die Abschrift des Georg [Jörg, *jeorium*] Mülich, wie es an zwei Stellen der Handschrift vermerkt ist (Bl. 32v, 87v), vor. Hinsichtlich der äußerst qualitätsvollen Federzeichnungen, deren malerischer Ausgestaltung in teils lavierendem, teils deckendem Farbauftrag und der für die damalige Buchmalerei des gesamten deutschen Sprachraums als innovativ zu betrachtenden Bildkonzeptionen, ist die Handschrift außergewöhnlich.

Das gerahmte, ganzseitige Bild (Abb. 33) veranschaulicht aus der Vogelperspektive gesehen die kriegerischen Auseinandersetzungen zwischen Schwaben und Amazonen als detailreiche Reiterschlacht, in deren Zentrum die Amazonenkönigin mit erhobenem Schwert und der Anführer des schwäbischen Heeres, beide jeweils gefolgt von ihren Truppen, aufeinander zu stürmen. Dabei wird dieses Ereignis von einem ins Bild geschobenen Hügel vom Bildhintergrund getrennt und an die vordere Bildkante gerückt, als sei es Staffage der fast Zweidrittel des Bildfeldes einnehmenden Hintergrunddarstellung: Hier entfaltet sich – entlang eines Flusslaufs und der mit Palisaden befestigten Stadt Vindelica, dem späteren Augsburg – ein weit in die Bildtiefe geführtes Landschaftspanorama, das am Horizont von Hügeln besäumt in einen atmosphärisch gemalten Himmel übergeht. Anders als der Schreiber der Handschrift ist der äußerst versierte Maler der Illustrationen unbekannt. Es darf allerdings vorausgesetzt werden, dass er nicht nur Kenntnis niederländischer Vorlagen und insbesondere von Hennegauer Chroniken hatte, sondern aller Wahrscheinlichkeit nach auch selbst in diesem Bereich geschult worden war. Kaum anders wäre

Abb. 33
Kampf der Augsburger gegen die Amazonen. Sigismund Meisterlin: Augsburger Chronik, WLB Stuttgart, HB
V 52, Bl. 18r (Kat.Nr. I.18)

es zu erklären, dass seine Bildfindungen in der Augsburger Buchmalerei und darüber hinaus Schule machten und nachgeahmt wurden, in der differenzierten malerischen Qualität jedoch nicht erreicht wurden.   MK

Lit.: Domanski 2009; KdiH, Bd. 3,3, 2000, Sigismund Meisterlin, „Augsburger Chroniken", dt., Nr. 26.A.2, S. 138–144, S. 169–171 (Nr. 26A.2.9); Ott 1999; Saurma-Jeltsch 1990, S. 59; Ott 1989, S. 120; Katharina Colberg: Meisterlin, Sigismund, in: ²VL, Bd. 6, 1987, Sp. 356–366, insb. Sp. 358; Weber 1984, S. 59; Irtenkauf / Krekler 1975, S. 59f.; Lehmann-Haupt 1929, S. 209f.

I.19   (Abb. 34)
Die geschaffene Natur

Konrad von Megenberg: Buch der Natur, Hagenau, Werkstatt Diebold Lauber, um 1440–1444
Papier, 424 Bll., 40–40,5 x 28–29,5 cm, 47 ganzseitige, ungerahmte, kolorierte Federzeichnungen
WLB Stuttgart, Cod. med. et phys. 2° 14
⌐ http://digital.wlb-stuttgart.de/purl/bsz36683 4681

Konrads von Megenberg „Buch der Natur" gehört zu den Bestsellern spätmittelalterlicher, wissensvermittelnder Literatur. Es ist um 1350 in zwei Fassungen entstanden, in über 170 Handschriften überliefert und wurde zwischen 1475 und 1499 sechs Mal gedruckt. Thematisch in mehreren ‚Büchern' geordnet, schildert es die göttliche Schöpfung: den Menschen, die unterschiedlichen Tiere, Pflanzen, Mineralien und wundersame Wesen.
Cod. med. et phys. 2° 14 ist um 1440–1444 in der Werkstatt des Diebold Lauber zu Hagenau im Elsaß entstanden, aus der noch zwei weitere Manuskripte des gleichen Textes stammen. Alle drei gehören zu den frühesten illustrierten Codices des „Buchs der Natur". Der Einfluss ihrer unbekannten Auftraggeber ist an einer unterschiedlichen Anzahl von Illustrationen ablesbar. Die Stuttgarter Handschrift nimmt dabei ein mittleres Ausstattungsniveau ein: Sie enthielt ursprünglich 49 Darstellungen, von denen zwei später verloren gingen. Dabei steht jeweils zu Beginn eines Buches eine meist ganzseitige Illustration, welche mehrere der im Text geschilderten Tiere oder Pflanzen zu-

sammenfassend wiedergibt. Außerdem enthalten die Handschriften innerhalb der Bücher weitere Federzeichnungen zu einzelnen Kapiteln.
Blatt 217v zeigt das *Merswein* (*Porcus marinus*): Nach Konrads Schilderung handelt es sich dabei um einen essbaren Fisch in der Gestalt eines Schweines mit Dornen auf dem Rücken. Das Tier wird zwar in einer mit Bäumen bestandenen Landschaft gezeigt, aber sonst folgt der Zeichner der Schilderung des Textes fast akribisch. Aus der vagen Charakterisierung des Textes entsteht ein Fabelwesen. Diese Erfindung des Zeichners aus der Lauber-Werkstatt war so bildmächtig, dass wir das unbekannte Wesen noch in den Abbildungen der Inkunabeln finden.
Letztere reduzieren das Bildprogramm der Lauber-Handschriften noch einmal und illustrieren nur noch den Beginn der Bücher mit ganzseitigen Holzschnitten. Dies kann man als eine Art von Grundausstattung bezeichnen. Ausschlaggebend für alle Auflagen sind dabei Thematik und Motivik der Holzschnitte, mit denen Johann Bämler in Augsburg 1475 seine Erstausgabe bebilderte. Sie wurden von Anton Sorg und Johannes Schönsperger nahezu identisch, jedoch in der Regel seitenverkehrt kopiert. Vermutlich sind diese Nachschnitte anhand von Nach- oder Durchzeichnungen entstanden.
Die Stuttgarter Handschrift stammt laut eigenhändigem Vermerk im hinteren Spiegel aus dem Besitz des Grafen Heinrich von Württemberg, Herr zu Mömpelgard (1448–1519), der sie von einem *rentmayster zuo Luczenburg* erhielt, als er während der Burgunderkriege in Gefangenschaft geraten war. Heinrich behauptet, das Manuskript habe sich ursprünglich im Besitz Kaiser Sigismunds († 1437) und anschließend in dem seiner Nichte Elisabeth von Görlitz (1390–1451) befunden. Die Provenienz aus dem Besitz Sigismunds ist unwahrscheinlich, die Herkunftsangabe zu seiner Nichte könnte zutreffen. Letzter Vorbesitzer war Joseph Uriot, erster Bibliothekar der 1765 gegründeten Herzoglich Öffentlichen Bibliothek Stuttgart.   US

Lit.: Burkhart (in Vorbereitung); Spyra 2005, S. 128–144, 314–320, Abb. 57–66; Saurma-Jeltsch 2001, Textbd. S. 88–90, 131–132, 134, 159, 221, Katalogbd. S. 108–109, Nr. I.73, Abb. 136, 138, 140, 328; KdiH, Bd. 3, 1998, Buch der Natur, S. 5–67, bes. S. 45–48, Nr. 22.1.20, Abb. 28–30.

Abb. 34
Merswein. Konrad von Megenberg: Buch der Natur, WLB Stuttgart, Cod. med. et phys. 2° 14, Bl. 217v (Kat. Nr. I.19)

I.20 (Abb. 35)

Ein Beamter im Odenwald und ein Buch voll fremdländischer Abenteuer

Michel Wyssenherre: Von dem edeln hern von Bruneczwigk als er über mer fure, Mudau (Neckar-Odenwald-Kreis), 1471/74

Papier, 115 Bll., 29 x 21 cm, 246 kolorierte Federzeichnungen

WLB Stuttgart, Cod. poet. et phil. 2° 4

http://digital.wlb-stuttgart.de/purl/bsz33005 9009

Der Codex vereinigt vier deutschsprachige Texte von unterhaltendem bis lehrhaft-moralisierendem Charakter. Jean de Mandevilles Reisebericht (vgl. Kat.Nr. I.21, II.14) und das Gedicht des Michel Wyssenherre sind phantastische Reisegeschichten. Die Erzählung vom „König im Bad" dreht sich um die göttliche Belehrung, dass sich ein nackter König nicht wesentlich von einem nackten Untertanen unterscheidet, und somit Hochmut nicht angebracht ist. Der „Rat der Vögel" aber versammelt Lebensweisheiten in Rede und – negativ satirischer – Gegenrede. Das erste Blatt dieses Textes wurde in der Zeit um 1800 entnommen und befindet sich heute in Köln, in der Graphischen Sammlung des Wallraf-Richartz-Museums (Inv. Nr. 109).

Der Schreiber und Maler nennt sich Hans von Gochsheim, Zentgraf in Modau. Wahrscheinlich verbirgt sich dahinter das östlich von Heidelberg im Odenwald gelegene Mudau. Der Ort Gochsheim ist heute ein Teil der Stadt Kraichtal, südlich von Heidelberg gelegen. Alle diese Orte gehörten im 15. Jahrhundert zum Bereich der südrheinfränkischen Schreibsprache, in der der Text geschrieben wurde. Wahrscheinlich wurde das Werk auch in dieser Sprachlandschaft verfasst. Während die Schrift des Codex eine routinierte Hand verrät, deuten die recht naiv wirkenden Bilder auf einen Laien. Hans von Gochsheim war als Richter des Zentgerichts und landesherrlicher Beamter ein schriftgewandter Mensch, aber mit Sicherheit kein geübter Buchmaler. Man kann nur vermuten, dass er die Handschrift für den Eigengebrauch angefertigt hat. Obwohl die Handschrift abseits der Zentren von einem Laien geschaffen wurde,

bewegen sich Anlage und Layout doch im Rahmen der Konventionen. Der Schreiber war mit der Buchgestaltung seiner Zeit wohlvertraut. Die Figuren der dargestellten Kampfszene jedoch wirken ungelenk, die räumliche Disposition bleibt unklar. Wahrscheinlich lag dem Maler eine von geübterer Hand geschaffene Vorlage vor, deren Umsetzung ihm nur bedingt gelang. Auch die Darstellung des thronenden Herzogspaares (91v) weist in diese Richtung.

Abgebildet ist hier eine Seite aus dem Gedicht des Michel Wyssenherre mit einer Episode seiner sagenhaften Reise. Der als Schiffbrüchiger umherirrende Herzog und sein Begleiter, ein von ihm geretteter Löwe, kämpfen gegen die teuflischen Schnabelmenschen. Das nur in dieser Handschrift überlieferte Gedicht – eine Prosafassung findet sich in HB XIII 10 der Landesbibliothek (341v–346v) – ist eine Ausformung der „Sage von Heinrich dem Löwen". Der hochmittelalterliche Sachsen- und Bayernherzog († 1195), seine bezeugte Pilgerreise nach Jerusalem von 1172 und das berühmte Braunschweiger Löwenstandbild – ein eindrucksvoller überlebensgroßer Bronzeguß – lieferten reale Anknüpfungspunkte für die Geschichten um den Herrn von Braunschweig. WM

Lit.: Burkhart (in Vorbereitung); Kornrumpf 2000, S. 473–485; Behr / Blume 1995.

I.21 (Abb. 36)

Literarische Fernreisen, exotische Lesefrüchte

Jean de Mandeville: Reise ins Heilige Land, in der deutschen Übersetzung des Otto von Diemeringen; Jacobus de Theramo: Belial, Oberschwaben (Ulm?), um 1469–1471

Papier, 197 Bll., 31,5 x 21,5, 195 kolorierte Federzeichnungen

WLB Stuttgart, Cod. theol. 2° 195

http://digital.wlb-stuttgart.de/purl/bsz33005 6212

Der Bericht von der Reise des Ritters Jean de Mandeville in exotische Länder des Orients (vgl. Kat.Nr. II.14) wirft nach wie vor Fragen auf. Er dürfte zwischen 1357 und 1371 verfasst worden sein, doch weder der tatsächliche Name des Au-

Abb. 35
Der Herzog und sein Löwe kämpfen gegen die Schnabelmenschen. Michel Wyssenherre: Von dem edeln hern von Bruneczwigk als er über mer fure, WLB Stuttgart, Cod. poet. et phil. 2° 4, Bl. 100r (Kat.Nr. I.20)

Abb. 36
Brutofen und exotische Obstbäume in Ägypten. Jean de Mandeville: Reise ins Heilige Land, WLB Stuttgart, Cod. theol. 2° 195, Bl. 121v/122r (Kat.Nr. I.21)

tors noch der Entstehungsort sind bekannt. Der Text enthält einige fiktive Angaben zum Verfasser, der vorgibt, von realen Reisen bis nach Indien und China zu berichten, die er selbst unternommen habe.

Otto von Diemeringen († 1398), Domkanoniker in Metz, übersetzte zwischen 1368 und 1398 die französische Fassung in einer in Lüttich entstandenen Version unter Beiziehung einer lateinischen Übertragung. Er folgte seiner Textvorlage jedoch nicht sklavisch. Die lokalen Bezüge zu Lüttich etwa übernahm er nicht. Es existiert eine weitere deutsche Übersetzung sowie Übertragungen in andere europäische Sprachen. Insgesamt gehört die phantastische Reisebeschreibung zu den erfolgreichsten Texten des Spätmittelalters.

Der Reisebericht zerfällt in zwei ungefähr gleichlange Teile. Der erste beschreibt den Pilgerweg nach Jerusalem und Ägypten. Im zweiten Teil berichtet Mandeville von seiner Entdeckungsreise nach Indien, zu den Inseln des Indischen Ozeans, nach China, Afrika und das Reich des mongolischen Großkhans sowie in das Reich des Priesterkönigs Johannes. Dabei werden die Berichte mit fortschreitender Entfernung zum Ausgangspunkt immer phantastischer. Der Text gibt die seit langem verbreiteten „Historien" über die Wunder des Orients wieder und beschreibt Fabelwesen, wie den Vogel Phönix. Dazu kommen die Episoden der Heilsgeschichte und Geschichten von christlichen Märtyrern. Die seit der Antike bekannten exotischen Wunderwesen, etwa die Kynokephalen, menschenähnliche Wesen mit Hundeköpfen, werden im Kontext der Reise durch ferne Länder beschrieben, als habe sie der Autor mit eigenen Augen gesehen. Die Forschung hat die literarischen Vorlagen identifiziert und den Verfasser so als belesenen und umfassend gebildeten Zeitgenossen beschrieben. Möglicherweise hatte er Konstantinopel selbst bereist, eventuell auch das Heilige Land, darüber hinaus war er nicht gekommen.

Die aufgeschlagene Doppelseite zeigt Text und Bilder zur Reise in Ägypten. Auf der linken Seite sieht man einen Brutofen zum künstlichen Ausbrüten von Hühner- und Enteneiern. Die Leute bringen ihre Eier zum Bebrüten und holen nach dem Schlüpfen die Küken ab. Auf der rechten Seite sind drei Arten von Bäumen dargestellt: links oben der Paradiesapfel, wenn man die Früchte durchschneidet – so der Text – erscheint ein Kreuz auf der Schnittfläche. Darunter ist ein Baum mit sogenannten Adamsäpfeln abgebildet. Sie sehen schon am Baum aus, als hätte ein Mensch hineingebissen. Das Bild rechts zeigt die kleinwüchsigen Balsambäume. Man dürfe sie nicht mit eisernen Werkzeugen beschneiden berichtet Mandeville, sonst gingen sie ein.

Der Entstehungsort der Handschrift ist ungewiss. Der Ulmer Einband und der Stil der Ausstattung deuten auf eine Herkunft aus dem oberschwäbischen Raum. WM

Lit.: Burkhart (in Vorbereitung); Ladero Quesada 2008; Ridder 1991.

I.22 (Abb. 37)

Ein Epos von falscher Minne

Salman und Morolf, Kurpfalz / nördliches Elsass
1465/70
Papier, 338 Bll., 28 x 20,5 cm, 12 kolorierte Federzeichnungen
WLB Stuttgart, HB XIII 2
http://digital.wlb-stuttgart.de/purl/bsz33058
3522

Die Handschrift besteht aus zwei Teilen: Der erste Faszikel enthält den „Willehalm von Orlens" des Rudolf von Ems. Laut Kolophon (Bl. 299r) wurde das Werk 1419 von Johannes Coler geschrieben. Schreiber und Illustrationen lassen sich der sogenannten Elsässischen Werkstatt von 1418 zuordnen, aus der eine zweite ebenfalls bebilderte Handschrift des Werkes stammt (UB Heidelberg, Cod. Pal. germ. 323). Der zweite Teil birgt den Schelmenroman „Salman und Morolf". Das 783 Strophen umfassende Epos ist in zwei Redaktionen erhalten, von denen vier Handschriften und zwei Druck-

auflagen existieren. Es erzählt vom christlichen König Salman, der in „falscher minne" zu seiner schönen, aber untreuen Ehefrau, der heidnischen Prinzessin Salme, gefangen ist: Gleich zwei Mal lässt sie sich von heidnischen Königen entführen. Eigentlicher Held der Geschichte ist jedoch Salmans Bruder Morolf, dem jeweils die gefahrvolle und abenteuerreiche Aufgabe der Rückführung der treulosen Königin zufällt. Um seinen hörigen Bruder von Salme zu befreien, besteht Morolf schließlich auf deren ritueller Reinigung, während der er sie tötet. Salman vermählt sich daraufhin mit Affer, die er während der ersten Entführung seiner Frau durch König Fore kennengelernt hatte.

Blatt 326r zeigt die abschließende Episode dieser Begegnung: Salman und Morolf haben Salme befreit und Fore besiegt. Die Helden stehen mit Affer in ihrer Mitte vor einer hügeligen Landschaft, in der im Mittelgrund hinter einem kleinen Wäldchen das Zeltlager der Helden zu erkennen ist. Überragt wird die Szenerie durch den am Galgen hängenden Fore, durch eine Windmühle und durch die Burg des besiegten Entführers.

Die einfache, gestaffelte Landschaft erinnert an Werke aus dem Atelier des Diebold Lauber. Durch die Stellung von Personen und Gegenständen zueinander, durch Schraffuren, opaken Farbauftrag und einen großen Detailreichtum in der Schilderung der Gewänder entstehen jedoch eine stärkere Plastizität der Figuren und eine größere Räumlichkeit.

Einzelheiten der Darstellungen lassen an Stiche des Meisters E. S. und an Werke der elsässischen Tafelmalerei aus der Zeit um die Jahrhundertmitte denken. Wasserzeichen und südrheinfränkische Schreibsprache deuten darauf hin, dass der Faszikel um 1465/70 in der Kurpfalz oder im nördlichen Elsasses entstanden ist.

Die Handschrift ist 1631 im Kloster Weingarten nachweisbar. Nach kurzen Aufenthalten in den Prioraten Feldkirch und Hofen befand sie sich 1803 erneut in Weingarten, von wo aus sie in die WLB gelangte. US

Lit.: Burkhart (in Vorbereitung); Michael Curschmann: Salman und Morolf, in: ²VL, Bd. 8, 1992, Sp. 515–523; Vogt 1880.

Abb. 37
Salman, Morolf und Affer vor dem erhängten Fore. Salman und Morolf, WLB Stuttgart, HB XIII 2, Bl. 326r
(Kat.Nr. I.22)

I.23

(Abb. 38)

Ritterliche Abenteuer für den Hof

Elisabeth von Nassau-Saarbrücken: Herpin, Werkstatt Ludwig Henfflin, Stuttgart (?), um 1470
Papier, 337 Bll., 29,7 x 19,8 cm, 260 gerahmte, kolorierte Federzeichnungen
UB Heidelberg, Cod. Pal. germ. 152
🕮 http://digi.ub.uni-heidelberg.de/diglit/cpg152

Der aus der Werkstatt Ludwig Henfflins (vgl. Kat.Nr. I.2) stammende Cod. Pal. germ. 152 ist ein Paradebeispiel für ein auf Exklusivität ausgerichtetes Repräsentationsobjekt. Dies trifft schon auf den Text zu, der als einer der ersten Prosaromane in neuhochdeutscher Sprache überhaupt gilt und von Elisabeth von Nassau-Saarbrücken (1393–1456) nach der Vorlage eines französischen Chanson de geste, dem „Lion de Bourges", geschaffen wurde. In den Dreißiger Jahren des 15. Jahrhunderts hatte Elisabeth, die Tochter Herzog Friedrichs V. von Lothringen, nach dem Tod ihres Gatten Philipp I. von Nassau-Saarbrücken im Jahr 1429, die Verwaltung der Grafschaft für ihre noch minderjährigen Söhne übernommen. In dieser Zeit übertrug sie noch drei weitere Werke in die deutsche Sprache: „Loher und Maller", „Sibille" und „Huge Schappler" (Kat.Nr. II.9), die gemeinsam mit dem ersten Werk, dem „Herpin" im Rahmen französischer Herrschaftsgeschichte von den Karolingern bis zu den Karpetingern ritterlich-höfische Abenteuer schildern und als eine zyklische Einheit verstanden werden können. Der Titelheld des ersten Romans ist Lewe, der Sohn Herpins, der während einer frühen Trennung von seinen Eltern von einer Löwin gesäugt wurde. Seine Geschichte ist motiviert durch die seines Vaters, der als Opfer von Intrigen am Hofe Karls des Großen aus seinem Land vertrieben wurde, das Lewe und seine Söhne aber zurückerobern. In Handschriften ist der Text nur drei Mal überliefert (außer in Heidelberg noch in Berlin, Staatsbibliothek mgf 464 und Wolfenbüttel, HAB, Cod. 46 Novissimi 2°), reicher ist die gedruckte Überlieferung in immerhin sechs Auflagen bis ins 17. Jahrhundert. Während die Provenienzen mancher Handschriften mit den Romanen Elisabeths auf deren direktes

familiäres Umfeld verweisen, ist der „Herpin" wie die anderen Erzeugnisse der Henfflin-Werkstatt auch auf Margarete von Savoyen als Auftraggeberin zurückzuführen. An deren Vorstellungen dürften sich die Ausstattungsprinzipien für die Handschrift und auch die Auswahl der Bildthemen orientiert haben. 260 gerahmte, wenigstens halbseitige Federzeichnungen begleiten den Text. Tituli sind den Bildern vorangestellt, wobei diese als eine Besonderheit im „Herpin" zumeist eher Begebenheiten der Handlung verdichten als den Bildinhalt umreißen, wenn beispielsweise mit dem Bild auf Blatt 61 nicht gezeigt wird *Wie florentin lewen eyn rosen krancz* […] *vff sin houbet satzte* und die weit verbreitete Bildformel gewählt wurde, in der die Dame dem vor ihr knienden Herren den Kranz reicht oder aufs Haupt legt, sondern eine Parade höfischer Reiter in burgundischer Mode veranschaulicht wird. Genauso wie sich ikonographische Akzentverschiebungen solcher Art auf das Vorbild französischer Prachthandschriften zurückführen lassen, sind Themenkreise und spezifische Bildmotive von dort herzuleiten: ritterliche-höfische Motive zu Turnier, Begegnungen des Ritters mit der Dame sowie Kampfeshandlungen im Rahmen von Stadtbelagerungen, Massenschlachten und Zweikämpfen. Ob diese Vorbilder direkt oder über Zwischenstufen an den Maler der Henfflin-Werkstatt vermittelt wurden, ist ungewiss, da auch bei anderen Handschriftengruppen, etwa solchen aus den Augsburger Werkstätten, ähnliche Vorbilder durchscheinen (Kat. Nr. I.24). Typisch für diese Vorlagenadaption ist eine gewisse Reduktion: Statt malerischem Kolorit und Tiefenräumlichkeit werden bühnenhafte Bildarrangements geschaffen, deren graphisch, oft plakativ angelegte Figuren sich zumeist an der vorderen Bildkante orientieren. Und dennoch bleiben die Qualitäten des Vorbilds zuweilen unverkennbar, so beispielsweise auf Blatt 171v bei der großen Reiterschlacht zwischen der Truppe Herpins und den Heiden, in deren Verlauf diese ins Meer gedrängt werden (Abb. 38). Aus leicht erhöhtem Betrachterstandpunkt werden einzelne Momente des Kampfgetümmels ersichtlich. Schräg von beiden Seiten kommend, preschen die zumeist Schwerter schwingenden Reiter nach vorne vor, wo Herpin gerade im Begriff ist, ei-

uff die heiden der cristus bringt vns zu hilff Da
schlugent sy manlich Die heiden slruwen hend-
lich vnd fluhen alle zu dem mere Die gantze
geselschafft ranc in alles nach Das sact florie uff
dem turn vnd dancke got vnd sin liebe muter
Sy lieff zu irem vatter der was by den abgotte vnd
bat sere für die reysten florie sprach vatter ich bring
gute mere die heiden sind überwunde vnd flie-
hent zu dem mere Abe hertzog herpin vnd sin
anre gefellen mit den heide har veterliche leute vnd
In got vil heilig geist zu hilff sante also das sy de
sig geuanne vnd die heide all ersluge vnd in de mer
ertrenckte

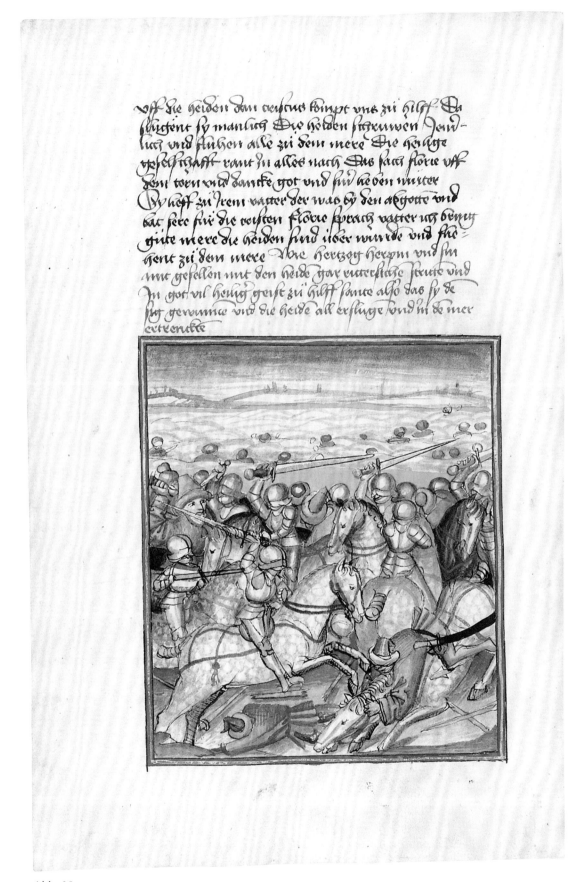

Abb. 38
In einer Reiterschlacht besiegt das Heer Herpins die heidnischen Truppen des Riesen Oribel. Elisabeth von
Nassau-Saarbrücken: Herpin, UB Heidelberg, Cod. Pal. germ. 152, Bl. 171v (Kat.Nr. I.23)

nen über sein gestraucheltes Pferd stürzenden Heiden niederzustrecken. Im Hintergrund dieser ausschnitthaft und nahsichtig präsentierten Szenerie breitet sich eine Landschaft in die Tiefe aus und wird nach dem Meeresstreifen mit den ertrinkenden Heiden von einer hügeligen Horizontlinie mit atmosphärisch gemaltem Himmel abgeschlossen.   MK

Lit.: Zimmermann 2003, S. 332–333; Bloh 2002; Stork 2002; Bloh 1990.

I.24   (Abb. 39)

Motivwanderung und künstlerischer Austausch
Der elende Knabe: Der Minne Gericht, Der Minne Freud und Leid, Der Traum im Garten, Minne und Pfennig, mittlerer Neckarraum (?), 1459
Papier, 65 Bll., 30,7 x 20,5 cm, 41 ungerahmte, kolorierte Federzeichnungen
UB Heidelberg, Cod. Pal. germ. 344
http://digi.ub.uni-heidelberg.de/diglit/cpg344

Die Heidelberger Handschrift mit den vier didaktischen Minnereden „Minne Gericht", „Der Minne Freud und Leid", „Der Traum im Garten" und „Minne und Pfennig" ist nach der Datierung auf Blatt 33v von 1459 der älteste und zugleich einzige vollständige Überlieferungsträger dieses Textensembles. Außerdem ist allein dieses Exemplar illustriert. Der Text ist von insgesamt 41 Federzeichnungen begleitet, die im Vergleich mit anderen Textillustrationen im zeitlichen und räumlichen Umfeld sowohl unter bildkompositorischen als auch maltechnischen Aspekten ungewöhnlich erscheinen. Aufgrund von Motivvergleichen mit der Konstanzer Murer-Werkstatt wurde das Bodenseegebiet als Entstehungsregion vorgeschlagen (Konrad 1997), wobei die dieser Werkstatt zugewiesenen Werke in ihrem stilistischen Erscheinungsbild durchaus divergieren. Die westschwäbische Schreibsprache der Handschrift deutet zudem eher auf eine Entstehung im mittleren Neckarraum, was schon Wegener dazu bewogen hatte, sie der Büchersammlung der Margarete von Savoyen zuzuschlagen.
Charakteristisch für die Zeichenweise ist ein freier, nahezu flüchtig wirkender Duktus, der aber als sicher in der Formfindung angesprochen

werden kann. Dabei umreißt der Zeichner nicht nur die Konturen der Figuren und bestimmt die Szenerien, mit Parallel- und Kreuzschraffuren modelliert er auch Körper und Gewänder plastisch und definiert Licht und Schatten. Es ist nicht auszuschließen, dass diese zeichnerische Ausgestaltung ursprünglich nur zur partiellen Kolorierung bestimmt war oder ganz auf Farbe verzichtet werden sollte. Denn zweifelsfrei wurde die Kolorierung der Federzeichnungen erst mit einem gewissen zeitlichen Abstand aufgetragen, jedenfalls erst, nachdem die beschriebenen und gezeichneten Doppelblätter schon zu einem Buch gebunden waren, wie man verschiedentlich an Farbabdrücken auf aufliegenden Seiten und an fehlender Ausmalung in den Fälzen der Handschrift nachvollziehen kann.
Allerdings ist dieser Zeichner bislang in keiner weiteren Handschrift im Umfeld des Württemberger Hofes nachzuweisen, alleine bildkompositorische oder motivische Ähnlichkeiten kehren hier und da wieder, lassen auf einen gemeinsamen Ursprung schließen und deuten auf einen Austausch von Vorlagen sowie auf die Mobilität von einzelnen Künstlerpersönlichkeiten hin. Deutlich wird dies etwa bei der Illustration auf Blatt 13r, in der der elende Knabe – er steht für den spätmittelalterlichen Dichter und ist zugleich Hauptfigur der Handlung – den Ausritt von Frau Liebe zur Beizjagd beobachtet. Auf übereinander lappenden Bodenplatten erstreckt sich eine von Bäumen mit spitzkegeligen Baumkronen sowie von angedeuteten Dächern einer Stadt gesäumte Landschaft in die Bildtiefe. Im Vordergrund quert Frau Liebe in Begleitung einer weiteren Dame zu Pferde den Weg des Knaben, der mit umgehängter Tasche, dem zum Gruß abgenommenen Hut auf seinem Arm und gestützt auf einen Stab, einem Pilger gleicht. Das Motiv des prächtig gezäumten Pferdes in Schrittstellung mit den in Rückansicht gebotenen Reiterinnen im Damensitz erinnert an das Motiv der zur Rebhuhnjagd ausreitenden Dame in jener „Tacuinum Sanitatis"-Handschrift, die nach einer aus Italien stammenden Vorlage womöglich am Uracher Hof im zweiten Viertel des 15. Jahrhunderts geschaffen wurde (Paris, Bibliothèque nationale de France, Cod. Lat. 9333, Bl. 65v). Und auch die über den Köpfen der Frauen stattfindende Nebenszene, in der ein Falke ei-

Abb. 39
Frau Liebes reitet aus zur Beizjagd. Der elende Knabe: Der Minne Gericht, UB Heidelberg, Cod. Pal. germ. 344, Bl. 13r (Kat.Nr. I.24)

nen Wasservogel packt, könnte durch die Vorlage des „Tacuinum Sanitatis" angeregt sein (Bl. 66r). Diese Marginalie ist zwar eine nicht ganz wortgetreue Umsetzung des Textes, der von zwei raufenden Falken spricht, sie ist aber als Metapher mit der höfischen Minnekonzeption verbunden und stellt das Bild mit dem höfischen Jüngling und den berittenen Frauen in diesen Kontext.   MK

Lit.: MILLER / ZIMMERMANN 2007, S. 178f.; CERMANN 1997, bes. S. 41–46; KONRAD 1997, S. 133f.; WEGENER 1927, S. VII; MATTHEI 1913.

I.25   (Abb. 40)

Erbauliche Dialoge
Otto von Passau: Die 24 Alten, Oberrheingebiet (Basel?), 1457
Papier, 367 Bll., 26,9 x 19 cm, 26 gerahmte, kolorierte Federzeichnungen
UB Heidelberg, Cod. Pal. germ. 322
🖱 http://digi.ub.uni-heidelberg.de/diglit/cpg322

„Die 24 Alten" des Franziskanerkonventualen Otto von Passau (1362–1385 urkundlich nachgewiesen), ein in bislang 142 bekannten Handschriften komplett oder fragmentarisch überliefertes Werk volkssprachlicher Erbauungsliteratur, nimmt Bezug auf eine Bibelstelle aus der Offenbarung des Johannes. Dort beschreibt der Evangelist in einer Vision (Apc 4,4), wie um den Thron Gottes 24 weitere Throne gruppiert sind, auf denen 24 in weiße Gewänder gekleidete und bekrönte Älteste sitzen. Diese offenbare Gottesnähe führte dazu, dass den 24 Alten eine direkte Mittlerfunktion zwischen Gott und den Menschen zugeschrieben wurde, die wiederum in ihrer besonderen Verehrung und in einem eigenen Heiligenkult gipfelte.
Neben zwei Titelminiaturen enthält der hier vorzustellende, im Jahr 1457 am Oberrhein entstandene Codex insgesamt 24 großformatige Dialogbilder, die jeweils einen der namengebenden 24 Alten und die Figur der ‚minnenden Seele' in einer Gesprächssituation zeigen. Die nach-

Abb. 40
Der neunte Alte und die minnende Seele. Otto von
Passau: Die 24 Alten, UB Heidelberg, Cod. Pal. germ.
322, Bl. 69r (Kat.Nr. I.25)

träglich auf Einzelblättern in die Handschrift
eingehefteten Bilder sind sehr einheitlich, fast
stereotyp gestaltet und unterscheiden sich lediglich durch Details. So tragen die durch ihre über-
dimensionale Größe besonders hervorgehobe-
nen Alten unterschiedliche Formen von Kronen
und Kopfbedeckungen sowie verschiedene Ac-
cessoires oder sie unterscheiden sich minimal in
ihrer Gestik. Die Übereinstimmungen zwischen
den Bildern überwiegen allerdings bei weitem:
Bis auf eine Ausnahme (Bl. 54v) steht der Alte
immer rechts von der nur halb so groß und als
junges Mädchen mit blonden Haaren dargestellten ‚minnenden Seele‘, die meist vor ihm kniet
und betet. Der belehrende Charakter der Rede
wird durch den stark betonten Redegestus der
überproportional gezeichneten Hände der Alten
unterstrichen. Die Figuren stehen immer auf einem Bodenstück, der Hintergrund ist durch die
Farbe Blau und die Andeutung von Wolken als
Himmel gestaltet.

Otto von Passau lässt jeden der 24 Alten in einer
eigenen Rede ein Thema der christlichen Glau-
benslehre abhandeln: von dem Wesen Gottes und
des Menschen über die Themen Liebe, Gnade
und Glaube bis hin zum Fegefeuer, der Hölle und
der ewigen Seligkeit. In der gezeigten Miniatur
(Bl. 69r) belehrt beispielsweise der neunte Alte
die Seele über die göttliche Gnade, *die alleine alle
ding vermag vnd one die nieman fruchtbar werg
volbringen mag noch kann* (Bl. 68v). Neben Bibel-
zitaten verwendet Otto für seinen Text Sentenzen
von über 100 antiken und christlichen Autoren.
Zirka die Hälfte der erhaltenen Manuskripte ist
illustriert. Der Aufbau des Textes, verbunden mit
der Handlungsarmut der Szenen, führte dazu,
dass am Beginn der einzelnen Reden stereotyp
wiederholte, formelhafte Bilder stehen, die entweder einen der Alten in Form eines Autoren-
bildes, oder einen Alten und die Seele im Dialog
zeigen. Dies kam der seriellen Produktion eindeutig entgegen. Bei Cod. Pal. germ. 322 wurden
die 24 kolorierten Federzeichnungen von zwei
Zeichnern angefertigt. Aufgrund der ausführ-
lichen Landschaftsschilderung im Hintergrund
des von einem weiteren Zeichner stammenden
Eingangsbildes mit der Darstellung des Johannes
auf Patmos (Bl. 5v) werden die Bilder in einen
entfernten Zusammenhang mit der Basler Werkstatt des Konrad Witz (um 1400–um 1446) gebracht. Im Vergleich mit dem nur gut zwei Jahrzehnte später entstandenen frühen Druck des
Textes (vgl. Kat.Nr. II.22), der bei Anton Sorg
in Augsburg gedruckt wurde, fällt besonders die
kräftige Betonung der Konturen in den Zeichnungen auf, die schon stark an die strengen Lini-
en der Holzschnitte von 1480 erinnern.
1927 vermutete Hans Wegener in seinem „Be-
schreibenden Verzeichnis der deutschen Bilder-
Handschriften des späten Mittelalters in der Heidelberger Universitäts-Bibliothek" (S. 53–55)
aufgrund von Entstehungszeit und -ort, dass die
Handschrift aus dem Besitz Margaretes von Savoyen stammt, in deren Auftrag auch die Manuskripte der Werkstatt Ludwig Henfflins hergestellt worden waren (vgl. Kat.Nr. I.23). Obwohl diese These
in der Literatur bis heute weitertradiert wird, gibt
es bislang keinerlei Indizien, die sie erhärten. Der
Kolophon (Bl. 359vb), in dem das Ende der Abschrift auf den Tag der Heiligen Apollonia (9. Fe-

bruar) im Jahr 1457 datiert wird, nennt als Schreiber lediglich einen „Hans Seiler", der bislang jedoch nicht weiter nachweisbar ist.   KZ

Lit.: MILLER / ZIMMERMANN 2007, S. 80–82; Otto von Passau, in: ²VL, Bd. 11, 2004, Sp. 1153; OTT 1987.

I.26   (Abb. 41)
Typologie in zeitgenössischem Gewand
Spiegel menschlicher gesuntheit, Mittelrhein, 1420–1430
Pergament, 59 Bll., 33,2–33,7 x 26 cm, 192 kolorierte Federzeichnungen
UB Heidelberg, Cod. Pal. germ. 432
⌐ http://digi.ub.uni-heidelberg.de/diglit/cpg432

„Spiegel der Menschen Seligkeit" (Bl. 1r) oder auch „spiegel mentschlicher gesuntheit" (Bl. 3v) ist der in der vorliegenden Handschrift genannte deutschsprachige Titel jenes moraldidaktischen Werkes, das möglicherweise schon Ende des 13. Jahrhunderts in franziskanischem Umfeld, sicherlich aber vor 1324 in lateinischer Sprache als „Speculum humanae salvationis" verfasst wurde, sehr bald weite Verbreitung fand und in verschiedene Volkssprachen übertragen wurde. Seinem Grundcharakter nach basiert es wie die ältere „Biblia pauperum" (Kat.Nr. I.28) auf der Verbindung von Texten und Bildern zur Veranschaulichung des Heilsgeschehens. Die thematischen Schwerpunkte kreisen um die Menschwerdung Gottes und die Passion Christi mit Tod und Auferstehung und daneben – einem deutlich erkennbaren mariologischen Konzept folgend – um Maria.

In 42 Kapiteln des typologischen Haupttextes werden hauptsächlich Begebenheiten des Neuen Testaments (Antitypen) solche des Alten Testaments (Typen) hinzugestellt. Jedes dieser Kapitel umfasst 100 Zeilen und ist mit vier Bildern veranschaulicht.

Kapitel 25 beispielsweise vergleicht die Verspottung des Gekreuzigten durch die Juden (Bl. 32r) zuerst mit der Verspottung Davids durch seine Frau Michal. Auf der umliegenden Versoseite kommt schließlich das Beispiel Abschaloms hinzu, der sich mit seinen Haaren im Geäst eines Baumes verfing und so leicht von seinen Verfol-

gern, den Soldaten seines Vaters David, getötet werden konnte. Als dritte typologische Ergänzung des Kapitels wird noch auf Ewil-Merodach verwiesen, der den Leichnam seines Vaters zerstückelte. Die Bilder folgen den konventionellen, für diese Themen eingebürgerten Ikonographien, sie sind in Details aber der zeitgenössischen Mode und auch dem wohl höfischen Umfeld des Adressaten dieses Codex angepasst, in dem Hans Wegener bereits den bibliophilen Sammler Pfalzgraf Ludwig III. (1410–1436) vermutet hat. So zeigt die Kleidung das modische Zaddelwerk und die Rüstungen und Waffen entsprechen ebenfalls den Neuerungen der Entstehungszeit dieser Handschrift. Der Dussack in den Händen Ewil-Merodachs etwa ist als Hieb- und Stichwaffe erst im 15. Jahrhundert aufgekommen. Bei Abschalom führte der Wunsch, diesen in der zeitgemäßen Vollrüstung zu zeigen, offenbar zu einer bildnerischen Anpassung, nach der, anders als es die Erzählung des Alten Testaments berichtet, Abschalom nun einen Helm auf dem Kopf trägt, und sich folglich nicht mit den Haaren im Geäst verfängt, sondern mit einer um den Hals gelegten Seilschlinge an den Baum gehängt ist. Abgesehen von kostümgeschichtlichen Details kann die Handschrift auch nach der Schrift und anhand des stilistischen Erscheinungsbildes ihrer kolorierten Federzeichnungen in den Entstehungszeitraum 1420 bis 1430 datiert und an den Mittelrhein lokalisiert werden. Ob man sich diese mittelrheinische Entstehungsheimat im unmittelbaren Umfeld des Heidelberger Hofes vorstellen darf, ist fraglich, wenn auch nicht ausgeschlossen. Über diese Merkmale eines Regionalstils hinaus finden aber auch religiöse Bewegungen der Zeit ihren Niederschlag in einzelnen Bilddetails: Das Bild zur Geburt Christi auf Blatt 11v (Kapitel 8) beispielsweise zeigt die Muttergottes in Anbetung des Christuskindes, das umgeben von einem Lichtkranz auf dem Boden liegt. Allein dieses Detail verweist auf den Einfluss der „Meditationes Vitae Christi" und besonders der „Revelationes" der Birgitta von Schweden (Kat.Nr. II.21), der sich verstärkt seit dem ersten Viertel des 15. Jahrhunderts an der Verbreitung in Bildwerken ablesen lässt (VETTER 2000). Ikonographisch ebenso auffällig ist die wiederholte Umformung mancher Bildmotive zu einem

Abb. 41
Abschalom; Ewil-Merodach zerstückelt den Leichnam seines Vaters. Spiegel menschlicher gesuntheit, UB Heidelberg, Cod. Pal. germ. 432, Bl. 32v (Kat.Nr. I.26)

Kelch: Auf Blatt 20r wird dem neutestamentlichen Einzug Christi in Jerusalem mit dem Zachäus im Baum (Kapitel 15) der über das zerstörte Jerusalem klagende Jeremias gegenüber gestellt, der hier im Bild von einem mit Blumenornament verzierten, überdimensioniert großen Kelch auf die Stadt herunterblickt. Auch der Tisch, auf dem das Opferlamm liegt und an dem sich die Juden beim Passahmahl auf Blatt 21v (Kapitel 16) eingefunden haben, nimmt die Form eines Abendmahlkelches ein. Inwieweit der zeitgenössische Streit um das Eucharistiesakrament, respektive der Forderung der Abendmahlspende sowohl in Gestalt von Brot als auch von Wein an Laien, wie sie gerade von den Hussiten verfochten und auf den großen Konzilien in Konstanz 1414–1418 und dem folgenden in Basel 1431–1449 thematisiert wurde, Eingang in die typologische (Bild-)Auslegung genommen hat, wäre im Hinblick auf das Entstehungsumfeld der Handschrift zu prüfen.   MK

Lit.: Vetter 2000, S. 20–37; Hans Walter Stork / Burghart Wachinger: Speculum humanae salvationes, in: ²VL, Bd. 9, 1995, Sp. 52–63, bes. Sp. 60; Wilckens 1980, S. 30–47; Wegener 1927, S. 21–24.

I.27   (Abb. 42)
Eine Bibel mit Drachen und anderen Gestalten
Biblia latina, Elsass 1450
Papier, 372 Bll., 29 x 21 cm, je 2 Figuren- und Tierinitialen, 40 historisierte Initialen, autonome Illustrationen
WLB Stuttgart, Cod. bibl. 2° 32
⌖ http://digital.wlb-stuttgart.de/purl/bsz40870 1587

Dieser zweite Band einer lateinischen Bibel enthält die Bücher „Proverbia" bis „Apokalypsis". Mit Schmuck von mehreren Händen sind die Initialen zu den einzelnen Büchern und deren Prologen versehen. Häufig handelt es sich um einfaches und nachlässig gezeichnetes Fleuronné in Blau oder Rot, Akanthusranken in nur teilweise farbiger Ausmalung und um insgesamt 40 historisierte Initialen. Dazu begegnen einige Figureninitialen, zu Beginn des Bandes (Bl. 1ra, Abb. 42) ein fast kolumnenhoher Drache. Wesentliches

Element sind die begleitenden autonomen Illustrationen, teils Tierdarstellungen, teils Drôlerien und menschliche Figuren in verschiedenen Aktionen. Die vorherrschenden Farben Blau, Rot, Gelb und Grün in vielfältigen Kombinationen sorgen für das buntfarbige Erscheinungsbild der illuminierten Seiten.

Der Kolophon (Bl. 363ra) nennt den Namen des Schreibers (Johannes Oeler von Weil) und das Datum der Vollendung (28.2.1450). Das Wappen auf Bl. 28vb könnte auf den Humanisten Peter von Andlau hinweisen, der Pfründen an den Hauptkirchen von Basel und Colmar innehatte; das Wappen von Basel erscheint in der Schwesterhandschrift mit den Büchern „Genesis" bis „Psalmi" (Colmar, BM, Ms. 341, Bl. 282vb), die ebenfalls von Johannes Oeler geschrieben wurde und die gleichen Ausstattungsmerkmale und Malerhände aufweist. Zum oberrheinischen Umfeld passen mehrere Elemente des Buchschmucks. Davon zeugen die Akanthusranken aus gewundenen Blättern mit verschiedenfarbiger Vorder- und Rückseite sowie gepunktetem Mittelnerv, ähnlich den Ranken im Göttinger Musterbuch (Göttingen UB, Cod. Uff. 51 Cim.) oder in der um 1459 in Colmar entstandenen Weltchronik des Rudolf von Ems (Colmar, BM, Ms. 305), illuminiert von Hans Schilling. An dessen Stil erinnert auch die streifige Kolorierung des Frauenkopfs mit der Sendelbinde in der Stuttgarter Bibel (Bl. 282vb). Schilling vertritt den Spätstil der Lauber-Werkstatt in Hagenau. Zu dieser passen aber nicht die Kleinheit der Figuren und der individuelle Zeichenstil, und der Stil der Akanthusranken ist am ganzen Ober- und Mittelrhein verbreitet. Auch kennt man keine lateinischen Werke aus der Lauber-Werkstatt.

Eine weitere Quelle, vor allem zu den autonomen Randillustrationen, sind die Drucke des Meisters E. S. oder des Meisters der Spielkarten, dem als Vorbild beispielsweise der liegende Hirsch (Bl. 28vb) zu verdanken ist; auf einen Stich des Sebastiansmartyriums vom Meister E. S. geht der Armbrustschütze am Seitenrand von Blatt 1r (Abb. 42) zurück. Der Affe mit Spiegel (Bl. 50ara) und das nackte bewaffnete Paar (Bl. 12vb) entstammen dem Motivkreis der Drôlerien. Mit dem biblischen Inhalt haben diese Darstellungen nichts zu tun. Eigenwillig bis

Abb. 42
Tierinitiale und bewohnte Initiale. Biblia latina, WLB Stuttgart, Cod. bibl. 2° 32, Bl. 1r (Kat.Nr. I.27)

rätselhaft sind die Fassungen mancher biblischer Szenen. Während der Prophet Nahum unter dem Laubdach (Bl. 172va) die Jonasgeschichte zu zitieren scheint, gibt es für den Astronomen bei Isaias (Bl. 50ara) oder die Götzensäule bei Zacharias (Bl. 179ra) keine Erklärung. Es macht den Eindruck, dass einige der Illuminatoren keine guten Kenntnisse des Bibeltextes hatten.

Das Lederschildchen des 18. Jh. mit der Prägung: *BIBLIA MSC* auf dem geweißten Rücken des Einbands zeigt, dass die Handschrift aus dem Besitz von Joseph Uriot, dem ersten Leiter der Herzoglich Öffentlichen Bibliothek in Stuttgart (ab 1765), stammt.   PB

I.28   (Abb. 43)
Eine Armenbibel für den Herzog
Biblia pauperum. Psalter, Bayern / Eichstätt, um 1430/1450
Pergament, 179 Bll., 39,6 x 26,4 cm, 41 Bildseiten in Deckfarbenmalerei mit Goldauflage
UB Heidelberg, Cod. Pal. germ. 148
⌐⊕ http://digi.ub.uni-heidelberg.de/diglit/cpg148

Eine mit Deckfarbenminiaturen und punzierten Goldauflagen kostbar geschmückte „Biblia pauperum", wie sie im Cod. Pal. germ. 148 vorliegt, ist ungewöhnlich und scheint im Widerspruch zu ihrem Titel zu stehen, der in der deutschen Übersetzung „Armenbibel" lautet. Der Autor des Mitte des 13. Jahrhunderts entstandenen Werkes, dessen Titel in mittelalterlichen Handschriften nur gelegentlich explizit als „Biblia pauperum" genannt wird, ist namentlich nicht bekannt. Dieser später mit diesem Werk verknüpfte Titel erlaubt keineswegs die Schlussfolgerung, es sei für leseunkundige Laien oder gar die armen Leute konzipiert. Vielmehr ist es ein didaktisches Handbuch zur Veranschaulichung von Heilsbotschaften. Die frühesten Beispiele stammen von benediktinischen Gemeinschaften oder solchen der Augustiner-Chorherren in Bayern und Österreich. Die ursprüngliche „Biblia pauperum" baut sich aus 34 typologischen Bildgruppen auf, in denen jeweils einem neutestamentlichen Ereignis, dem Antityp, je zwei alttestamentliche Begebenheiten (Typen) gegenübergestellt werden. Die Bild-

nisse von vier Propheten treten hinzu, die nach der Schrift auf das neutestamentliche Ereignis vorausgedeutet haben und die somit die heilsgeschichtliche Verknüpfung von Beispielen des Neuen mit solchen des Alten Testaments bekräftigen. Auf der Textebene sind den Prophetenbildnissen deren Sprüche beigefügt und den narrativen Szenen Tituli, die der Erläuterung dienen. Flankiert werden die Bildgruppen von Textglossen, den Lektionen, in denen die verbildlichten biblischen Geschehnisse geschildert und deren Kombination erläutert werden. Das Layout der frühen Überlieferung arrangiert auf jeder Seite zwei Bildtypen übereinander, so dass bei einer aufgeschlagenen Doppelseite vier Gruppen gleichzeitig gesehen werden können. Die bildliche Veranschaulichung erfolgt zumeist nur in schwach kolorierten Federzeichnungen in einem klar strukturierten graphischen Bildschema. Mit der seit dem 14. Jahrhundert zunehmenden Verbreitung des Werkes entwickelten sich unterschiedliche Text- und Bildfolgen. Der in Cod. Pal. germ. 148 enthaltene Text entspricht der sogenannten deutschsprachigen erzählenden Armenbibel, die 41 Bildgruppen umfasst und den Textumfang der Lektionen soweit ausweitet, dass nunmehr nur eine Bildgruppe je Seite platziert werden kann. Im Cod. Pal. germ. 148 wird die „Biblia pauperum" im Grunde genommen in eine eigene Handschriftengattung überführt: Denn auf je eine Seite der Armenbibel folgen Psaltertexte, und überdies werden dem Ganzen noch lateinische Cantica, Fürbitten und ein deutschsprachiges Schlussgebet hinzugefügt sowie ein Kalendar vorangestellt, so dass hier eine Art Gebetbuch entstanden ist. Nach den im Kalendar genannten Heiligen war es für den Gebrauch in der Diözese Eichstätt gedacht. Es spricht einiges für eine planvolle Anlage des Codex mit all seinen Texten als Gebetbuch, wobei eine Gebetseinheit stets mit einer Bildseite aus der „Biblia pauperum" links auf der aufgeschlagenen Doppelseite eröffnet wird, und die zu betenden Psalmentexte in inhaltlichem Bezug zur jeweiligen Bildseite auf der rechten Seite einsetzen. Die Schriftgröße der Seiten von Biblia und Psalter variieren zwar, Karin Schneider konnte aber darlegen, dass sie vom selben Schreiber stammen, der auch die nach ihrem späteren Käu-

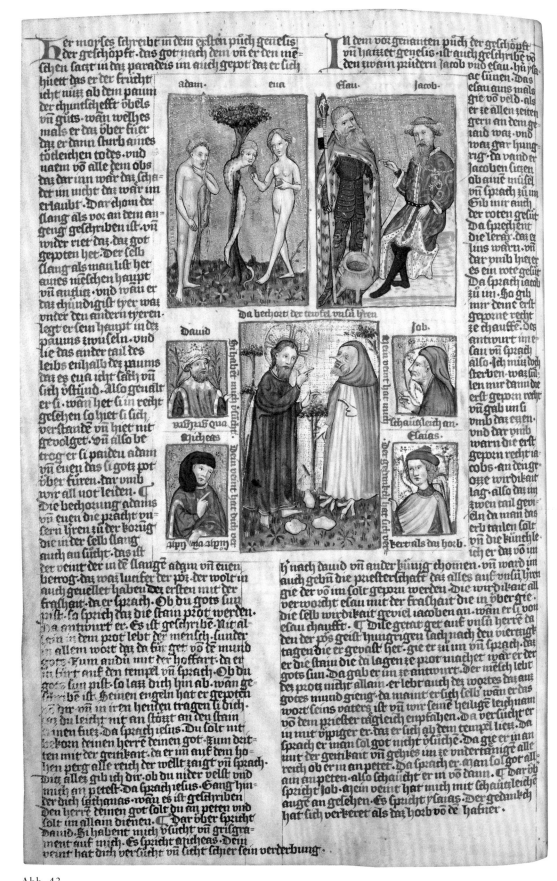

Abb. 43
Elfte typologische Bildseite: Sündenfall – Esau bringt Jakob eine Linsensuppe – Christi Versuchung. Biblia pauperum. Psalter, UB Heidelberg, Cod. Pal. germ. 148, Bl. 33v (Kat.Nr. I.28)

fer benannte Ottheinrich-Bibel geschrieben hat. Da diese Bibel im Auftrag Herzog Ludwigs VII. (des Bärtigen) von Bayern-Ingolstadt hergestellt wurde, wäre auch für das Biblia pauperum-Gebetbuch in Cod. Pal. germ. 148 an diesen noblen Auftraggeber zu denken. Aus einem Verzeichnis seines Besitzes von 1446 aus der Zeit seiner Gefangenschaft geht jedenfalls hervor, dass er neben einem deutschsprachigen Neuen Testament – damit dürfte die Ottheinrich-Bibel angesprochen sein – auch einen deutschen Psalter – dahinter verbirgt sich womöglich Cod. Pal. germ. 148 – besessen hat. Überdies spricht die prachtvolle Ausstattung für Herzog Ludwig den Bärtigen, dessen Vorliebe für prächtige Goldarbeiten durch andere Kunstwerke nahegelegt ist (Suckale 2002a, S. 133f.). Anders als die Schrift können die Miniaturen jedoch nicht den Künstlern der Ottheinrich-Bibel zugewiesen werden, wenngleich es motivische Anklänge und Parallelen in der Figurenauffassung gibt, die zumindest auf deren künstlerisches, von der böhmischen Kunst bestimmtes Umfeld verweisen. Trotz eines festgelegten ikonographischen Kanons der „Biblia pauperum" zeichnen sich die Miniaturen durch die erzählerischen Qualitäten mancher Szenerie und diverser Eigenheiten aus, wenn beispielsweise auf der elften Bildseite sich Adam offenbar auf den Biss in die Frucht der Erkenntnis übergibt (Abb. 43). Besondere Aufmerksamkeit verdienen auch Esau und Jakob auf derselben Bildseite, die anders als die meisten Figuren der Handschrift individualisierte Gesichter aufweisen, von denen Jakob eindeutig mit den Bildnissen Kaiser Sigismunds vergleichbar ist und diesen auch darstellt, wie es das Abzeichen des Drachenordens an seinem Mantel bezeugt. Ob sich auch mit dem bärtigen Esau, der über seiner Rüstung einen Hermelinmantel trägt, ein Zeitgenosse Sigismunds identifizieren lässt, ist hingegen fraglich: Aufgrund des Bartes könnte man an Herzog Ludwig denken, aber auch Friedrich IV. von Tirol, ein Gegner des Luxemburgers Sigismund, ist nicht auszuschließen, wie es Ähnlichkeiten mit dem von ihm verbreiteten Bildnis ebenfalls nahelegen.   MK

Lit.: Niederhäuser 2013; Miller / Zimmermann 2003, S. 325–327; Schneider 2002, zur Zuordnung des Schreibers Cod. Pal. germ. 148 zu diesem Schreiber, S. 42–44; Gullath 2002, zum Besitz des Herzogs bei seiner Gefangenschaft, S. 24f.; Suckale 2002a; Suckale 2002b; KdiH, Bd. 2, 1996, Biblia Pauperum, Nr. 16.0.5; Karl-August Wirth: Biblia pauperum, in: ²VL, Bd. 1, 1978, Sp. 843; Schmidt 1959.

I.29   (Abb. 44a, b)

Der Zisterzienserabt als Bücherfreund – Das Salemer Abtsbrevier

Breviarium abbatis, I und II (Winterteil, Sommerteil), Salem, 1493–1495
Pergament, Bd. I, 349 Bll., 18 x 13 cm, 25 Deckfarbeninitialen, 17 Initialzierseiten mit Bordüren, teilweise *bas-de-page*, 1 Wappenseite, Bd. II, 386 Bll., 18,5 x 13 cm, 16 Deckfarbeninitialen, 17 Initialzierseiten mit Bordüren, teilweise *bas-de-page*, 1 Wappenseite
UB Heidelberg, Cod. Sal. IXc, IXd
⌐ http://digi.ub.uni-heidelberg.de/diglit/salIXc
⌐ http://digi.ub.uni-heidelberg.de/diglit/salIXd

Das Salemer Abtsbrevier, das die Texte für das monastische Stundengebet enthält, besteht aus zwei Bänden – dem Winterteil (Cod. Sal. IXc) und dem Sommerteil (Cod. Sal. IXd). Es wurde 1493/94 vom 28. Salemer Abt Johannes Stantenat (1471–1494) für seinen persönlichen Gebrauch in Auftrag gegeben. Stantenat, im elsässischen Uffholtz geboren, war zunächst Abt in Lützel, der Mutterabtei des Zisterzienserklosters Salem, bevor er 1471 in der Bodenseezisterze sein Amt antrat.

Der Beginn des Psalteriums im ersten Band wird durch eine Bildseite (Cod. Sal. IXc, Bl. 18v) und eine Initialzierseite (Cod. Sal. IXc, Bl. 19r) eingeleitet (Abb. 44a). Im Widmungsbild (Bl. 18v), gerahmt von goldenen Blattranken, halten zwei auf einer Blümchenwiese stehende Löwen Abtsstäbe in der einen Klaue und Wappenschilde in der anderen. Links, heraldisch rechts, ist das Zisterzienserwappen mit silbern-rot geschachtem Querbalken vor schwarzem Grund und rechts, heraldisch links, das Wappen des Salemer Abtes Johannes Stantenat zu sehen (Mondsichel über rotem Dreiberg vor blauem Grund). In der Mitte vor blauem damasziertem Grund schwebt eine mit Edelsteinen besetzte goldene Mitra mit Infulae, die sich um die Abtsstäbe winden. Die

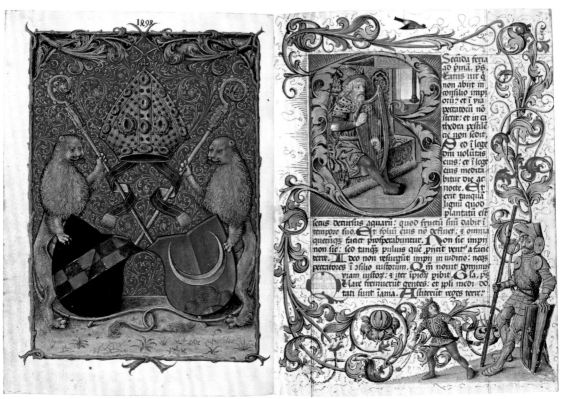

Abb. 44a
Gegenüber der Seite mit den Wappen des Zisterzienserklosters und des Abtes Johannes Stantenat ist zu Beginn des Psalters König David im Binnenfeld der Initiale dargestellt, im *bas-de-page* der Kampf Davids gegen Goliath. Breviarium abbatis (Winterteil), UB Heidelberg, Cod. Sal. IXc, Bl. 18v/19r (Kat.Nr. I.29)

Pontifikalinsignien symbolisieren Salems kirchenrechtlichen Rang. Oben ist gleich zwei Mal die Jahreszahl 1494 zu lesen. Auf Blatt 19r ist in der B-Initiale der greise David mit Hutkrone und edelsteinverzierter Kleidung auf einem Thron sitzend dargestellt. Er spielt die Harfe. Der Psalmtext ist von einer Bordüre mit goldenen Blattranken umrahmt, oben ist eine Haubenmeise im Anflug. Am unteren Blattrand ist der Kampf Davids gegen Goliath auf grünem Rasenstück veranschaulicht. Der kleine bekrönte jugendliche David mit Goldkrone und gegürtetem Schwert hält eine Schleuder in der Hand. Er hat den gut gerüsteten und bewaffneten Riesen an der Stirn getroffen. Entkräftet muss sich dieser auf seine rote Pavese lehnen. Im zweiten Band ließ sich der Abt sogar portraitieren (Cod. Sal. IXd, Bl. 152r): Unter der historisierten Initiale, die die erste Lesung zum Trinitätssonntag einleitet, ist im *bas-de-page* die Bootsfahrt des Abtes Johannes Stantenat über den Killenweiher zu sehen (Abb. 44b). Der Abt in schwarzer Kukulle hält einen kleinen Hund auf dem Schoß. Er sitzt unter einem Balda-

chin, der in einem Dreipass das Wappen des Abtes zeigt. Rechts ist der Bootsführer mit langem Stechpaddel zu sehen. Vor ihm sitzen ein Lautenspieler und ein Flötist, daneben ein Zisterziensermönch in weißer Kutte, dem offensichtlich übel ist. Hinter dem Baldachin schaut eine sechste Person hervor, die eine Weinflasche im Seewasser kühlt. Johannes Stantenat ließ 1489 auf dem Killenberg, der im Hintergrund zu sehen ist, eine Kapelle errichten.

Im Kolophon (Cod. Sal. IXc, Bl. 343va–344va) nennt sich der Schreiber Amandus Schäffer und berichtet, dass er 1493 von einem Kloster in einem Vorort Straßburgs nach Salem flüchtete und dieses Brevier mit eigener Hand unentgeltlich aus Hochschätzung für den Ort seines Asyls geschrieben habe. Ausführlich schildert Amandus Schäffer, dass Johannes Stantenat, der kunstsinnige Abt und „kluge Architekt der Bilder", das bei seinem Tod unfertige Brevier mit „eingefügten neuen Geschichten" und mit verschiedenen geheimnisvollen Figuren und Farben an den Rändern und Initialen illuminieren

Abb. 44b
Bootsfahrt des Abtes Stantenat über den Killenweiher. Breviarium abbatis (Sommerteil), UB Heidelberg, Cod. Sal. IXd, Bl. 152r (Kat.Nr. I.29)

ließ. Der Nachfolger Johannes Scharpfer habe es für 200 Rheinische Gulden vollenden lassen. Wer war aber der Künstler, der diesen stattlichen Betrag erhielt? Die Forschung ist sich einig, ihn nach Nürnberg zu verorten. Nürnberger Tafel-

bilder und das Harsdorfer'sche Goldwaagen-Etui (1497) wurden mit dem Salemer Abtsbrevier in Verbindung gebracht. Die zahlreichen ‚fabelhaften' Tierdarstellungen im *bas-de-page* erinnern an das berühmte „Gänsebuch", ein

Graduale (1507–1510) für die Nürnberger Lorenzkirche, sowie an das 1513 von Jakob Elsner signierte Kress-Missale. Auch zu dem zweibändigen Perikopenbuch für Kurfürst Friedrich den Weisen, 1507 von einem Nürnberger Künstler illuminiert, lassen sich Parallelen finden. Das Motiv der Apostel, die als Halbfiguren Blütenkelchen entspringen (Cod. Sal. IXd, Bl. 229v), ist der Wurzel-Jesse-Ikonographie entnommen und könnte von dem Volkamer-Fenster in der St. Lorenzkirche in Nürnberg inspiriert worden sein – ein Werk des Elsässers Peter Hemmel (um 1480). Diese Halbfiguren erscheinen aber auch allenthalben in der Weltchronik des Hartmann Schedel (z.B. Bl. 21r), die 1493 von Anton Koberger in Nürnberg gedruckt und von den Künstlern Michael Wolgemut und Wilhelm Pleydenwurff künstlerisch ausgestattet wurde (Kat.Nr. II.1). Stantenat bezog ein Exemplar der lateinischen, farbenprächtig kolorierten Erstausgabe aus Nürnberg und ließ in zwei leeren Wappenschilden das Zisterzienserwappen und sein eigenes einfügen. Der Salemer Bücherfreund ließ ferner einen 1491 in Basel gedruckten Psalmenkommentar Cassiodors anschaffen und an zwei Stellen mit seinem Wappenexlibris versehen. Der Druck enthält von Hand angefertigte Rankenbordüren und Initialen auf Goldgrund. Im eigenen Skriptorium entstand ein großformatiges zweibändiges illuminiertes Gesangbuch für das Stundengebet (Cod. Sal. XI,1 und XI,6) sowie ein „schönes Missale für den Hauptaltar", das in den Quellen erwähnt wird. Eine einzigartige, in ihrem zweiten Teil auch illustrierte Konzilshandschrift, bestehend aus einer Aktensammlung und einer lateinischen Richental-Chronik aus dem Jahr 1491/92, vielleicht in Salem entstanden, fiel den Flammen des Klosterbrandes von 1697 zum Opfer. Sicher wissen wir, dass sich Stantenat schon früh für illuminierte Handschriften interessierte. Er war stolzer Besitzer des bebilderten Zisterzienserbreviers (ZB Luzern, P4,4, Bl. 405vb), das er 1455 noch in Lützel seinem Amtsvorgänger abkaufte und mit nach Salem brachte. Sein letztes Interesse galt dem zweibändigen Abtsbrevier, das in Salem geschrieben wurde und dessen Vollendung der Abt nicht mehr erleben durfte. Der kunstsinnige Johannes Stantenat, der eine rege Bautätigkeit in Salem und außerhalb zu verantworten hatte und

einen Hochaltar „mit schönen Bildern" errichten ließ, fand seine letzte Ruhe in der Nähe des von ihm beauftragten Sakramentarhauses und hinterließ seiner Abtei viele Schulden, die aber schon sein Vorgänger angehäuft haben soll, wie der Chronist beschwichtigt. AF

Lit.: Bretscher-Gisiger / Kamber / Mangold 2013, S. 41 und 146; Georgi 2013, S. 17–34, Kat. Nr. 31, Schlechter / Ries 2009, Bd. 2, S. 837 Nr. 1612; Bd. 1, S. 340 Nr. 459; Timann 2009, S. 81–101; Knapp 2004, S. 265–281; Schlechter 2003, S. 29, Kat.Nr. 19, S. 31 Kat.Nr. 20; Bauereiss 2000; Merkl 1999, S. 58–62, 384–395; Väth 1993, S. 30–31, 69, 137–144, 183–225; Baier 1913; Staiger 1863.

I.30 (Abb. 7, 11)

Ein unvollendetes Werk

Eberhard-Gebetbuch, Urach, 1492–1496
Pergament, 94 Bll., 21,5 x 15,5 cm, Gold- und Deckfarbeninitialen, 11 historisierte Initialen, 13 Miniaturen
WLB Stuttgart, Cod. brev. 1
 http://digital.wlb-stuttgart.de/purl/bsz367137496

Die Entstehung dieses deutschen Stundenbuchs fällt in die letzten Lebensjahre Eberhards im Bart (1446–1496). Sein Wappen erscheint in unterschiedlichen Ausprägungen. Auf Blatt 1r und 1v wird das gräfliche Wappen mit dem Orden vom Goldenen Vlies gezeigt, dem er seit 1492 angehörte. Mit der Erlangung der Herzogswürde 1495 war die Übernahme der Grafschaft Teck verbunden; das um deren Rautenschild erweiterte Wappen schmückt Blatt 51v. Auf einigen Seiten erscheint als Emblem Eberhards auch der Palmbaum mit der Devise *Attempto*. Das Stundenbuch ist für den ganz persönlichen Gebrauch des Herzogs eingerichtet, und so hatte wohl niemand Interesse, es nach seinem Tod 1496 vollenden zu lassen.
Der unfertige Zustand besteht nicht nur darin, dass, wie es öfter vorkommt, der Platz für vorgesehene Initialen, Drôlerien oder Miniaturen freiblieb, sondern dass vor allem die Zierseiten unterschiedliche Stadien der Ausführung bieten. Einige dieser Seiten sind inklusive Bordüren vollständig ausgemalt, auf einigen fehlt die Bordüre, andere sind nur bis zur Vorzeichnung gediehen.

In weiteren Zwischenstufen fehlt die Ausmalung bestimmter Bildteile wie Gesichter oder Kleidung, oder es ist nur eine erste Farbschicht aufgetragen. In einigen Miniaturen und Bordüren sind nur die Blattgoldpartien, meist Nimben oder Dornblätter, angelegt. Diese Seiten bieten daher Einblick in die Abfolge der Arbeitsgänge.

Neben dem fragmentarischen Zustand ist das Besondere an dem Codex die stilistische Uneinheitlichkeit. Dies betrifft, über verschiedene Malerhände hinaus, die Übernahme von Vorbildern unterschiedlicher und sogar zum Teil zeitlich stark divergierender Herkunft. Hauptvorlage war ein Stundenbuch aus der Werkstatt des Bedford-Meisters, das um 1420/25 in Paris entstanden ist (Wien, ÖNB, Cod. 1855). Selten waren es ganze Seiten mit der dafür typischen lockeren Dornblattbordüre, öfter wurden die Miniaturen mit einem, hier dominierenden, franko-flämischen Bordürentyp der zweiten Hälfte des 15. Jahrhunderts kombiniert. Eine Miniatur geht auf ein Werk aus dem Umkreis des Meisters der Karlsruher Passion zurück, andere sind sicher Kopien nach Stichen von Martin Schongauer und von Meister E. S. Fünf Doppelblätter mit Miniaturseiten wurden ersetzt durch neue mit Miniaturen in nordwestfranzösischem Stil des dritten Jahrhundertviertels, der weggefallene Text wurde nachgetragen.

Die merkwürdige Zusammenstellung findet ihre Erklärung in dem Musterbuch des Stephan Schriber (um 1430–um 1500), ansässig in Urach, der aus dem genannten Stundenbuch und weiteren Handschriften ganze Miniaturen, aber auch einzelne Figuren und Teilstücke aus Bordüren kopiert hat. Das heute nur fragmentarisch erhaltene Buch (München, BSB, Cod. icon. 420) befand sich im Besitz des Hauses Württemberg und diente als Vorlage für den Schmuck des Gebetbuchs.   PB

Lit.: Cermann 1997; Roosen-Runge / Roosen-Runge 1981, S. 240–250; Fiala / Irtenkauf 1977, S. 3–5; Eschweiler 1951.

I.31
(Abb. 45a,b)
Gebete als Bestseller
Gebete, zum Teil aus dem „Seelengärtlein" („Hortulus animae", deutsch), Nürnberg, um 1520

Pergament, 70 Bll., 16,2–16,4 × 12 cm, zwei Miniaturen in Deckfarbenmalerei, zwei eingeklebte Holzschnitte, unkoloriert
UB Heidelberg, Cod. Pal. germ. 447
http://digi.ub.uni-heidelberg.de/diglit/cpg447

Die kleinformatige Handschrift Cod. Pal. germ. 447 enthält eine Sammlung von Gebeten, die zum Teil aus dem „Hortulus animae" oder „Seelengärtlein" stammen. Diese Gebetsanthologie war Ende des 15., Anfang des 16. Jahrhunderts im Druck stark verbreitet: Zwischen 1498 und 1538 erschienen über 100 kleinformatige Ausgaben in Latein, aber auch in den Volkssprachen Deutsch, Niederländisch und Tschechisch. An zahlreichen Druckorten, darunter Straßburg, Basel und Augsburg, aber auch Lübeck und Leipzig, waren zum Teil ganz unterschiedliche Textfassungen und Kombinationen von Gebeten mit dem immer gleichen Fundus an Holz- und Metallschnitten kombiniert worden. Von der deutschen Bearbeitung sind unter dem Namen „Seelengärtlein" 36 Ausgaben nachweisbar, die mit dem Aufkommen der Reformation jedoch immer seltener wurden. Oft dienten die Drucke als Vorlagen für handschriftliche Gebetbücher.

Auch im vorliegenden Fall stammen einige der Gebete aus einem „Seelengärtlein"-Druck (u.a. Gebete zur Hl. Dreifaltigkeit, Gebet um gute Rede, Ablassgebete). Aber in der Handschrift wurden nicht nur Texte aus dieser Sammlung verwendet. Zwei Holzschnitte aus einer gedruckten „Seelengärtlein"-Ausgabe kamen als Schmuckelemente zum Einsatz: Die Darstellung der Anna Selbdritt (Vorderspiegel) und der hl. Katharina (Hinterspiegel) wurden auf die Spiegel des Manuskripts geklebt. Es handelt sich um nachgeschnittene Holzschnitte der zweiten „Hortulus animae"-Auflage, die auf Arbeiten von Hans Springinklee und Erhard Schön zurückgehen. Beide waren als Maler, Zeichner und Stecher um die Jahrhundertwende in Nürnberg tätig.

Als weiterer Buchschmuck enthält die Handschrift auf einem eingehefteten Einzelblatt zwei Miniaturen in Deckfarbenmalerei mit Goldhöhung, die in den Umkreis des Nürnberger Buchmalers Nikolaus Glockendon (um 1490–1533/34) weisen, von dem bzw. aus dessen Werkstatt zahlreiche Stunden- und Gebetbücher

Abb. 45a
Anna Selbdritt. Seelengärtlein, UB Heidelberg, Cod. Pal. germ. 447, Vorderspiegel (Kat.Nr. I.31)

Abb. 45b
Kreuzigung mit Leidenswerkzeugen und Gnadenstuhl. Gebete, zum Teil aus dem Seelengärtlein, UB Heidelberg, Cod. Pal. germ. 447, Bl. 4v (Kat.Nr. I.31)

erhalten sind: Blatt 4r mit einem verwesenden Leichnam mit Stundenglas und leerem Spruchband als Memento mori-Darstellung; Blatt 4v mit einer Kombination aus der Kreuzigung mit den Leidenswerkzeugen Schwamm und Lanze und der Variante eines Gnadenstuhls, in der Gottvater das Kruzifix mit dem toten Christus in Händen hält, darüber schwebt die Taube als Symbol des Hl. Geistes. Die eingefügten Miniaturen stehen am Anfang eines Abschnitts mit Gebeten zur Hl. Dreieinigkeit (Bl. 5r–9v), zu denen der Bildtypus des Gnadenstuhls als Darstellung der Trinität ausgezeichnet passt. Der Beginn des Gebetsabschnitts (Bl. 5r) ist durch eine V-Initiale gekennzeichnet, an zwei Seiten des Schriftspiegels verläuft eine Akanthusranke, die an einem Ende eine Blüte ausbildet und auf der sich ein Sittich niedergelassen hat sowie ein Hase hindurchspringt. Ein weiterer Hase sitzt auf einem Rasenstück seitlich der Ranke. Einschlägige Un-

tersuchungen lassen erkennen, dass Gebetbücher, die den Ausgaben des „Seelengärtleins" nahestehen, häufig in Klöstern von Dominikanerinnen nachweisbar sind. Da sowohl die Schreibsprache (nürnbergisch) als auch die Herkunft der Miniaturen und Holzschnitte und des Einbandes nach Nürnberg weisen, legt die Tatsache, dass der auf dem Hinterspiegel eingeklebte Holzschnitt die hl. Katharina darstellt, daher die Vermutung nahe, dass die Handschrift aus dem Katharinenkloster (Dominikanerinnen) in Nürnberg oder dessen Umfeld stammt. Somit treten ein weiteres Mal (vgl. Kat.Nr. II.20) Frauenklöster als Auftraggeber oder Besitzer von Buchkunst aus dem deutschen Südwesten in den Vordergrund.   KZ

Lit.: WILLING 2012; MILLER / ZIMMERMANN 2007, S. 461–469; MERKL 1999, S. 88–98; Peter OCHSEN-BEIN: Hortulus animae, in: ²VL, Bd. 4, 1983, Sp. 147–154.

II. BuchDruck –
Wandel mit Holzblock und Letter

II.1

(Abb. 15, 46)

Die ganze Welt in einem Buch

Hartmann Schedel: Liber chronicarum, deutsch (Schedelsche Weltchronik), Nürnberg: Anton Koberger für Sebald Schreyer und Sebastian Kammermaister, 23. Dezember 1493 (GW M40796)

Papier, 297 Bl., 1874 kolorierte Holzschnitte

UB Heidelberg, B 1554 B fol. INC

http://digi.ub.uni-heidelberg.de/diglit/is0030 9000

Der Nürnberger Arzt, Historiograph und Humanist Hartmann Schedel (1440–1515) ist in der Geschichte des Buchdrucks dadurch ein Begriff, dass er die später nach ihm benannte Schedelsche Weltchronik kompilierte und herausgab. In dieser großformatigen, fast 300 Blätter umfassenden Enzyklopädie (die lat. Ausgabe ist noch umfangreicher) sollte die Geschichte der Welt von der Schöpfung bis in die Gegenwart (1493) zusammengefasst und durch zahlreiche Illustrationen anschaulich gemacht werden. Unter die tatsächlichen historischen Ereignisse mischte man hierzu auch Sensationsberichte und Wundergeschichten. Zahlreiche mehr oder weniger realistische Stadtansichten versorgten den Leser und Betrachter mit geographischen Informationen. 637 Druckstöcke kamen in der deutschen Ausgabe zum Einsatz, die in 1874 Holzschnitten Verwendung fanden. Das Riesenunternehmen war vor allem finanziell eine Herausforderung und konnte nur durch die Beteiligung der Nürnberger Kaufleute Sebald Schreyer und Sebastian Kammermaister bewältigt werden.

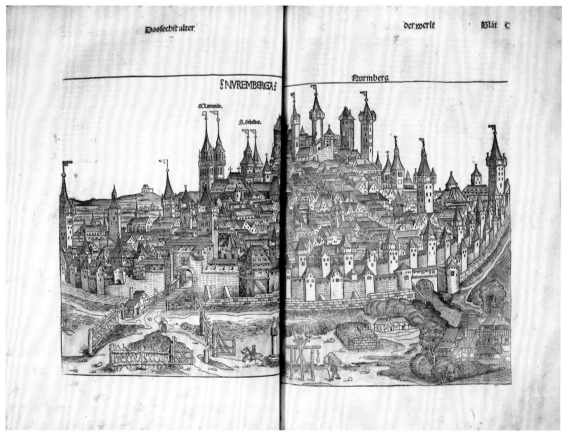

Abb. 46

Stadtansicht von Nürnberg. Hartmann Schedel: Liber chronicarum, deutsch (Schedelsche Weltchronik). UB Heidelberg, B 1554 B fol. INC, Bl. 99b/100a (Kat.Nr. II.1)

Da es recht früh zu preiswerten Nachdrucken kam, war dem Unternehmen allerdings kein wirtschaftlicher Erfolg beschert.

Das gezeigte Exemplar aus der Offizin Anton Kobergers, dessen Holzschnitte qualitätsvoll koloriert sind, stammt aus dem Besitz der Mannheimer Hofbibliothek: Nachdem aufgrund konfessioneller Streitigkeiten die kurpfälzische Residenz 1720 von Heidelberg nach Mannheim verlegt worden war, hatte Kurfürst Karl Theodor die dortige Büchersammlung erheblich gefördert, so dass sie auf zirka 100.000 Bände anwuchs. Aus diesen Beständen wurden der Heidelberger Universitätsbibliothek dreimal Dubletten zugeteilt. Darunter hatte sich in einem ersten Schub 1759 auch das vorliegende Exemplar der Schedelschen Weltchronik befunden. Eine ebenfalls bei Koberger gedruckte lateinische Ausgabe des „Liber chronicarum" von 1493 war 1826 aus dem Besitz der Klosterbibliothek Salem nach Heidelberg gekommen (UB Heidelberg, B 1554 A fol. INC).

Die Stadtansicht von Nürnberg ist der größte, sich über eine Doppelseite erstreckende Holzschnitt in der Inkunabel (Bl. 99b/100a). Im Vordergrund sind einige Personen als Staffage eingefügt, über dem linken Stadttor prangt ein doppelköpfiger Reichsadler als Symbol der Reichsstadt, die Kirchen St. Lorenz und St. Sebald sind sogar mit Namen bezeichnet. Die Ansicht ist beredtes Zeugnis der Selbstdarstellung einer Stadt, die sich als Metropole für das Kunsthandwerk und den Handel als *Quasi Centrum Europae* verstand und nicht zuletzt dazu fähig war, ein solch beeindruckendes Beispiel der Buchdruckkunst hervorzubringen. KZ

Lit.: Schlechter / Ries 2009, S. 839 Nr. 1615; Reske 2000.

II.2 (Abb. 47)

Politisches Großereignis
Ulrich von Richental: Concilium zu Constencz [Chronik des Konstanzer Konzils], Augsburg: Anton Sorg, 2. September 1483 (GW M38152)
Papier, 250 Bll., 44 kolorierte Holzschnitte
UB Heidelberg, Q 2060 qt. INC
🖜 http://digi.ub.uni-heidelberg.de/diglit/ir0019 6000

Das Konstanzer Konzil 1414–1418 war das kirchen- und reichspolitische Großereignis des 15. Jahrhunderts. Hier sollte nicht nur die Spaltung der Kirche, d.h. das Schisma überwunden und ein neuer Papst gewählt werden, auch andere politische Auseinandersetzungen kamen zur Verhandlung. Seine kulturhistorische Bedeutung ist kaum hoch genug zu bemessen, denn im Gefolge der Mächtigen kamen Händler, Gelehrte und auch Künstler aus ganz Europa nach Konstanz, das so zum Umschlagplatz vieler Güter wurde. Nicht als offizieller Konzilsteilnehmer, aber als Zeitzeuge berichtete der Konstanzer Bürger Ulrich Richental (1365–1437) sowohl von den einzelnen Stationen des Konzils, wie dessen offiziellen Zeremonien, als auch vom Alltagsleben am Rande dieses Ereignisses. Die Urfassung seines Berichtes, zu dem auch Urkundenabschriften und eine Auflistung der Konzilsteilnehmer gehörten, entstand wohl in den 1420er Jahren und wurde vielfach abgeschrieben und auch illuminiert. Die erhaltenen Text-Bild-Zeugen, davon 14 in handschriftlicher Form, sind aber erst ab den 1460er Jahren entstanden. In der Augsburger Offizin des Anton Sorg wurde der Bericht Richentals erstmals gedruckt. Die Holzschnittfolge ist gegenüber der Bildfolge in den Handschriften mit 92 bis 115 Illustrationen zwar reduziert, es ist aber herrschende Meinung, dass Übereinstimmungen mit der von Gebhard Dacher um 1470 gefertigten, heute aber nur mehr als Fragment vorliegenden Abschrift (Karlsruhe, Badische Landesbibliothek, Cod. St. Georgen 63) bestehen und daher zumindest eine Verwandtschaft zu dieser konstatiert werden kann. Interessant ist in jedem Fall, dass in der Druckausgabe von Anton Sorg das Wappen des Gebhard Dacher unter dem der Stadt Konstanz aufgeführt wird (Bl. 11a).

Wie bereits mit den illustrierten Handschriften vorgegeben, werden einzelne Ereignisse mit mehrseitigen Bildsequenzen veranschaulicht. Eine solche Sequenz ist der Hinrichtung des Reformators Johannes Hus gewidmet (Abb. 47). Die aufgeschlagene Doppelseite des Drucks zeigt vier in zwei Registern angeordnete Bilder. Sie illustrieren, jeweils von oben nach unten gelesen, wie Hus zuerst degradiert wird, indem ihm zwei Erzbischöfe die priesterlichen Gewänder abnehmen. Danach wird er zum Scheiterhaufen geführt und anschließend verbrannt. Zuletzt wird seine

Abb. 47
Urteilsvollstreckung über Johannes Hus: Degradierung, Begleitung zum Hinrichtungsplatz, Verbrennung und
Ausladen der Asche in den Rhein. Ulrich von Richental: Concilium zu Constencz, UB Heidelberg, Q 2060 qt.
INC, Bl. 33b/34a (Kat.Nr. II.2)

Asche auf einen Karren geschaufelt, um diese in
den Rhein, der am vorderen Bildrand als schmale
Uferkante dargestellt ist, zu streuen. In den Bildern sind nicht nur die Erzbischöfe anhand ihrer
Wappenschilde gekennzeichnet, auch Pfalzgraf
Ludwig III. ist im Tross der berittenen Edelleute
durch sein Wappenbanner hervorgehoben.   MK

Lit.: KONSTANZER KONZIL 2014, Kat.Nr. 196a-i
[Thomas Martin Buck]; BRAUN 2013; BUCK / KRAU-
ME 2013; WACKER 2002; Kristina DOMANSKI: Ul-
rich Richental, „Chronik des Konstanzer Konzils",
KdiH, Bd. 3,5, 2011, S. 450–488 (Nr. 26B.1), Druck =
26B.1.a. S. 484–486.

II.3

(Abb. 48)

Starke Frauen in Text und Bild

Heinrich Steinhöwel: Von den berühmten Frau-
en, Ulm: Johann Zainer, [nicht vor 15. August
1473] (GW 04486)

Papier, 148 Bll., 76 kolorierte Holzschnitte
WLB Stuttgart, Inc. fol. 3333
⌐ http://digital.wlb-stuttgart.de/purl/bsz410341
258

Boccaccios lateinische Biographiensammlung
über berühmte Frauen, „De claris mulieribus",
entstand Anfang der 1360er Jahre. Die weib-
liche Parallele zur Folge der „viri illustres"
war neu und bisher unerhört. Der Kreis von
106 Frauen reicht dabei von Eva über Göttin-
nen wie Venus und Iuno über historische Figuren der Antike bis hin zu Kaiserin Irene von
Byzanz (752–803) und Königin Johanna I. von
Neapel (um 1326–1382). Der Arzt und Humanist Heinrich Steinhöwel (1412–1482/1483)
übersetzte das Werk rund ein Jahrhundert nach
seiner Entstehung ins Deutsche. Die Erstausgabe erschien ebenfalls 1473 bei Johann Zainer
in Ulm, weitgehend mit den gleichen Illustrationen.

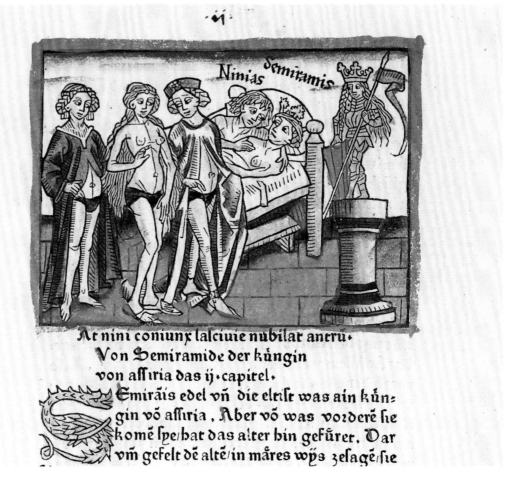

Abb. 48
Semiramis. Heinrich Steinhöwel: Von den berühmten Frauen, WLB Stuttgart, Inc. fol. 3333, Bl. b₂ᵃ (Kat.Nr. II.3)

Johann Zainer stammte wie der Augsburger Drucker Günther Zainer aus Reutlingen. 1473 bis 1493 war er als Drucker in Ulm aktiv. Heinrich Steinhöwel lebte von 1450 bis zu seinem Tod in Ulm. Er war wohlhabend und förderte den Druck frühhumanistischer Werke. In der Offizin Johann Zainers erschien auch seine deutsche Chronik (1473), eine Übersetzungen von Petrarcas Novelle „Griseldis" (1473) sowie eine erfolgreiche deutsche Äsopausgabe (1476/77). Das Buch „von etlichen frowen" hat Steinhöwel der Herzogin Eleonore von Österreich gewidmet. Der Beginn der Widmungsvorrede des Druckes wurde ganz nach dem Vorbild zeitgenössischer Handschriften gestaltet. Die Seite weist eine Figureninitiale auf sowie Blatt- und Blumenranken, die hiervon ausgehend den Textblock links und oben umfassen.

Der Beginn der Biographien wurde jeweils mit einem Holzschnitt versehen, der die folgende Geschichte vor Augen führt. So werden bei Se-

miramis drei Aussagen über die *Königin von Assyria* ins Bild gesetzt: Ganz rechts ihr Denkmal in Babylon für den heldenhaften Kriegszug mit dem sie die Herrschaft erobert habe. Es zeigt eine gekrönte Frau in Kriegsrüstung mit einem geflochtenen Zopf auf der einen und langem offenen Haar auf der anderen Seite. Sie soll bei der Nachricht von der Usurpation des Trebetus beim Flechten der Haare gewesen und daraufhin sofort in den Krieg aufgebrochen sein, ohne zuvor noch den zweiten Zopf zu flechten. Links dahinter ist Semiramis beim Inzest mit ihrem Sohn Ninias dargestellt. Die drei Frauen links im Bild führen ihre hier schwarz kolorierten Unterhosen (*niderklaid*) vor, denn Semiramis wird auch als deren ‚Erfinderin' genannt. Es muss sich um ein recht solides Modell gehandelt haben, denn bei den Frauen ihres Hofes habe sie sie *verschlossen* (als Keuschheitsgürtel), damit sie nicht mit ihrem schönen Sohn Ninias verkehren könnten. Boccaccio lobte vor allem die

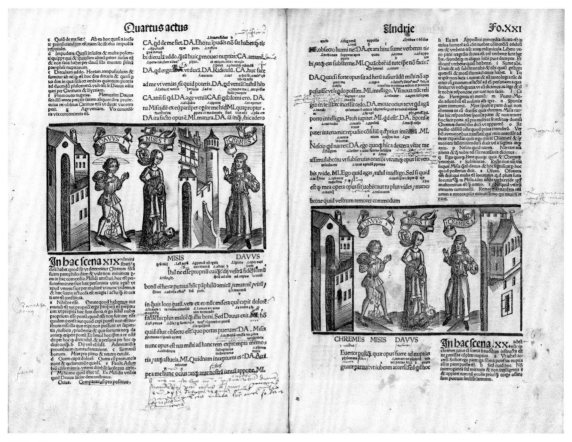

Abb. 49
Szenenbilder zu „Andria". Publius Terentius Afer: Comoediae, UB Heidelberg, D 4790 A qt. INC, Bl. XXb/
XXIa (Kat.Nr. II.4)

Tatkraft und Tapferkeit der Semiramis. Sie wäre ein Vorbild gewesen, auch für Männer, wäre ihr Heldenmut nicht mit einer *unsauberen Leibes Wollust* vermengt gewesen. Die aggressive Zielstrebigkeit, mit der sich Semiramis nimmt, was immer sie will, ohne Rücksicht auf ethische Einwände, ist das zentrale Thema der Episode. Gezeigt wird so ein männliches Rollenmodell, das als Travestie noch anstößiger wirkte. Offenbar hatte gerade dies die Phantasie des Bildgestalters angeregt. WM

Lit.: DOMANSKI 2007; KATZ 1999.

II.4
(Abb. 49)
Bilder aus dem Baukasten
Publius Terentius Afer: Comoediae. Mit Directorium vocabulorum, Interlinearglosse und Kommentar. Daran: Francesco Petrarca: Vita Terentii, Straßburg: Johann Grüninger, 1. November 1496 (GW M45481)

Papier, 166 Bll., 151 zusammengesetzte Holzschnitte (unvollständiges Exemplar)
UB Heidelberg, D 4790 A qt. INC
🕮 http://digi.ub.uni-heidelberg.de/diglit/it0009 4000

Die Ausgabe der Komödien des Terenz von Johann Grüninger in Straßburg wurde mit zahlreichen Holzschnittillustrationen ausgestattet, einem in kleiner Type gesetzten Kommentar sowie zwischen den Zeilen eingefügten Interlinearglossen und Verweisbuchstaben des Kommentars. Die Bilder stehen am Beginn der Akte und Szenen und geben die handelnden Personen und deren Stellung zueinander wieder sowie eine Andeutung des Schauplatzes. Durch diese Konzeption bedingt, erscheinen alle Personen mehrfach. Auch die recht stereotypen Darstellungen von Gebäuden und Bäumen zur Charakterisierung des Ortes der Handlung wiederholen sich viele Male. Da die Herstellung eines Druckstockes beim Holzschnittverfahren recht aufwändig ist,

93

hätte es einen immensen Arbeitsaufwand bedeutet, für jedes der 162 Bilder einen eigenen Druckstock zu schneiden. So entschied sich Grüninger für eine andere Lösung: Man zerlegte die Bilder mit den immer wieder gleichen Personen und den sich wiederholenden Kulissen in einzelne Elemente, die man auf jeweils unterschiedliche Art und Weise kombinieren konnte. So reduzierte sich die Anzahl der zu schneidenden Druckstöcke beträchtlich. Mit nur 88 Druckstöcken erhielt nun jede Szene eine individuell passende Darstellung, in der die jeweils handelnden Personen zu sehen sind. Im nicht ganz vollständigen Heidelberger Exemplar setzen sich die 151 Bilder aus 701 Einzelholzschnitten zusammen.

Der Vorteil der Drucktechnik gegenüber der Buchmalerei, dass ein einmal erstelltes Bild mit geringem Aufwand und ohne Abweichungen immer wieder abgezogen werden konnte, wird somit weiter gesteigert. Der Nachteil dieses modularen Systems besteht vor allem in der oft wenig eleganten Bildlösung. Die Kulissenelemente etwa werden jeweils sowohl rechts als auch links im Bild verwendet und können so keine stimmige Perspektive bieten. Auch sind die Personen, jeweils nach rechts oder nach links gewandt oder in Frontalansicht, nicht immer ganz passend zu platzieren. In den meisten Fällen jedoch gelingt es, die wesentlichen Momente der Szene in einem zusammengesetzten Holzschnitt wiederzugeben. Die Schraffurtechnik des Zeichners wurde dabei feingliedrig in den Druckstock übertragen um lebhafte Modellierungen und Hell-Dunkel-Effekte zu erzeugen. Waren die frühen Holzschnittillustrationen stärker konturbetont und letztlich auf nachträgliches Kolorieren angelegt, so entwickelten die Drucke nun ein eigenständigeres graphisches Profil.

Natürlich hätte eine Malerwerkstatt die Bilder flexibler und noch lebendiger gestalten können; jedoch bei erheblich höherem Arbeitsaufwand – zumal der Terenz Grüningers mit denselben Druckstöcken insgesamt drei lateinische (1496, 1499, 1503) und eine deutsche Ausgabe (1499) erreichte. So verteilten sich die Herstellungskosten auf eine hohe Zahl von Exemplaren. In der Grundstruktur der Illustration folgt der Terenz Grüningers der ersten illustrierten Druckausgabe, die 1493 bei Johann Trechsel in Lyon erschien. Letztlich jedoch wurzeln beide in einer Tradition, die über die frühmittelalterlichen Handschriften bis in die Spätantike zurückreicht. WM

Lit.: Peter AMELUNG: Grüninger, Johannes, in: ²LgB, Bd. 3, 1991, S. 288f.; KUNZE 1975, S. 218–221.

II.5 (Abb. 50)
Die nackte Wahrheit klagt ihr Leid
Mapheus Vegius: Philalethes, [Straßburg: Heinrich Knoblochtzer, um 1480] (GW M45481)
Papier, 14 Bll., 1 Holzschnitt
WLB Stuttgart, Inc. qt. 1776 (HB)

Der Dialog zwischen *Philalethes* (der Wahrheitsliebende) und *Veritas* (die Wahrheit) dreht sich um die Bedrängnisse der Wahrheit in einer ihr feindlichen Welt. Er war das erste Prosawerk des italienischen Humanisten Mapheus Vegius (1407–1458). Vegius hatte in Mailand und Pavia studiert und kam so in Kontakt mit Frühhumanisten wie Lorenzo Valla. Später lebte er in Rom, wo er schließlich Kanoniker am Petersdom wurde.

Der Druck von Heinrich Knoblochtzer (um 1445–nach 1500) in Straßburg folgt recht eng dem von Johannes Regiomontanus, der um 1475 in Nürnberg erschienen war. Die Holzschnitte für die beiden Initialen im italienischen Weißrankenstil wie auch die Darstellung der Dialogpartner wurden dafür kopiert. Das Bild ist gegenüber der Vorlage nicht nur seitenverkehrt, sondern hat auch an Qualität eingebüßt. Ein wesentliches Element fehlt, die Wunden, die den Körper der *Veritas* bedecken. Die illustrierten Drucke Knoblochtzers sind überwiegend nach Vorbildern anderer Offizinen gestaltet. Vergleicht man mit Handschriften vergleichbarer Texte, so stößt man dort kaum auf großformatige Darstellungen. Selbst hochwertig ausgestattete Codices enthalten zumeist nur Ornamentinitialen, zuweilen Bordüren und Wappen, selten Initialen mit figürlichem Schmuck. Der Holzschnitt in Knoblochtzers „Philalethes" verteuerte den Druck des schmalen Werkes, er mag ihn aber auch attraktiver gemacht haben. Zum Verständnis des Textes trägt er wenig bei, allerdings vergegenwärtigt er die Dialogsituation.

Abb. 50
Philaletes und Veritas. Mapheus Vegius: Philaletes,
WLB Stuttgart, Inc. qt. 1776 (HB), Bl. 2a (Kat.Nr.
II.5)

Die Personifikation der Wahrheit als nackte
Frauengestalt wird im Text erwähnt: [...] *nuda
sum semper ut vides, nullo unquam amictu con-
tecta* [...]. Das Motiv geht auf die Beschreibung
eines Gemäldes durch den griechischen Schrift-
steller Lukian von Samosata (2. Jh. n. Chr.)
zurück, das die „Verleumdung des Apelles"
darstellte. Der Text war zu Beginn des 15. Jahrhunderts wiederentdeckt worden und kursier-
te im Kreis italienischer Frühhumanisten. Die
früheste erhaltene Darstellung von 1472 zeigt
Veritas ebenfalls nackt. Bei Mapheus Vegius hat
sie zudem Flügel wie ein antiker Genius oder ein
Engel, denn sie ist eine himmlische Gestalt und
Tochter der Zeit, die schließlich alles ans Licht
bringt. Doch die Flügel verdeutlichen auch ihre
Beweglichkeit, die sie schnell überall hin bringen kann. Sie berichtet dem *Philalethes*, wie der
lässige Umgang der Menschen mit Wahrheit
und Lüge ihr viele Wunden zugefügt habe. Er
tröstet sie schließlich und nimmt sie zur Frau.
Der Wahrheitsliebende ist arm, aber bietet ihr
Schutz und Geborgenheit sowie schlichte, doch
anständige Kleidung.
Mapheus Vegius galt als ernsthafter, ethisch
und religiös denkender Mensch. Das mag ihn
von manchem anderen seiner Humanisten-
freunde unterschieden haben, denen von ihren
Zeitgenossen oft eine lose Zunge und ein locke-

rer Lebenswandel vorgeworfen wurde. So war
der Text auch für einen Drucker wie Knobloch-
zer akzeptabel, der sonst überwiegend religiöse und didaktische Werke herausgebracht hat.
Allerdings druckte er um diese Zeit auch den
Liebesroman um Euryalus und Lukretia – ein
Bestseller seiner Zeit. WM

Lit.: Achim Krümmel: Vegius, Mapheus (Vegio,
Maffeo), in: BBKL, Bd. 12, 1997, Sp. 1186–1188;
Massing 1990, S. 29–32, S. 251–253 und Abb. 1.A;
Schorbach / Spirgatis 1888.

II.6 (Abb. 51)
Eine Figureninitiale im humanistischen Umfeld
Bonus Accursius: Compendium elegantiarum
Laurentii Vallae, [Reutlingen: Michael Greyff,
um 1485] (GW 175)
Papier, 52 Bll., 1 Holzschnitt-Figureninitiale
WLB Stuttgart, Inc. qt. 12611 (HB)

Bonus Accursius aus Pisa († 1485), Philologe
und Drucker in Mailand, gehörte zu den ersten
Druckern griechischer Literatur, darunter der
Erstausgabe der Fabeln des Aesop. Seine Kurz-
fassung des „Liber elegantiarum linguae latinae"
des Lorenzo Valla, eines äußerst erfolg- und
einflussreichen Werkes des italienischen Früh-
humanismus zur lateinischen Sprache, erreichte
rund 20 Inkunabeldrucke in Italien (ab 1475),
Deutschland, Frankreich und den Niederlanden.
Um 1485 erschien auch die Ausgabe von Michael Greyff in Reutlingen (um 1445/50–um 1512).
Dessen Druckertätigkeit begann wahrscheinlich
schon um 1474/75, spätestens aber 1476. Aus
Greyffs Werkstatt stammen, neben etlichen Pre-
digtsammlungen und verwandten Texten, später
auch grammatikalische Werke und Wörterbü-
cher. Die Nähe der 1477 gegründeten Universität
Tübingen dürfte hierfür einen erhöhten Bedarf
geschaffen haben. Greyff setzte seine Druckertätigkeit bis in das zweite Jahrzehnt des 16. Jahrhunderts fort. Auch druckte er einige mit Holzschnitten ausgestattete Werke.
Die als Holzschnitt gedruckte Figureninitiale N (*Nomina*) schmückt den Textbeginn des
Werkes. Die Gestaltung lehnt sich zum einen
an die alte Tradition der Figureninitiale in der

Abb. 51
Holzschnitt-Initiale. Bonus Accursius: Compendium elegantiarum Laurentii Vallae, WLB Stuttgart, Inc. qt. 12611 (HB), Bl. 1a (Kat.Nr. II.6)

Buchmalerei an, zum anderen dürfte sie auch von dem im Kupferstich verbreiteten und mehrfach kopierten Figurenalphabet des Meisters E. S. inspiriert sein. Ein direkter Zusammenhang mit dem entsprechenden Buchstaben bei E. S. besteht jedoch nicht. Schon die Grundform der Letter unterscheidet sich deutlich von der dort zugrunde liegenden gotischen Textura. Direkt von E. S. abgeleitete Holzschnittinitialen finden sich dagegen in einigen Straßburger Drucken von Martin Schott, Matthias Hupfuff und Heinrich Knoblochtzer – die Druckstöcke wurden offensichtlich von mehr als einem Drucker benutzt. Auch die nicht direkt von E. S. abhängige Figureninitiale im „Compendium elegantiarum" Michael Greyffs findet sich an anderer Stelle wieder. Neben Greyff in Reutlingen verwendete Konrad Feyner im nahen Urach den entsprechenden Satz von Initialen in seinem Buch der „Beispiele der alten Weisen" (GW M13190). Dort finden sich auch die Initialen d, D, E, G, M, N und P. Durch Verleih oder Verkauf der Druckstöcke an andere Drucker konnte der Aufwand für Entwurf und Schnitt und somit der Aufwand pro Druckwerk minimiert werden, ohne auf Schmuck zu verzichten. WM

Lit.: WURST 1999, S. 99f. und Taf. XLVI, Nr. 2; Peter AMELUNG: Michael Greyff, in: ²LgB, Bd. 3, 1991, S. 253f; DEBES 1968, S. 41 und Abb. 668.

II.7 (Abb. 52)

Sigismunda – ein Unikat

Niklas von Wyle: Historia Sigismunde, der Tochter des Tancredi von Solernia und des Jünglings Guiscardi, Ulm: Johann Zainer d. Ä., um 1476 (GW 0564210N)
Papier, 10 Bll., 11 Holzschnitte
UB Heidelberg, D 8378–2 qt. INC
🖑 http://digi.ub.uni-heidelberg.de/diglit/ib0123 9950

In der mit elf Holzschnitten ausgestatteten Heidelberger Inkunabel ist nicht nur die Erstauflage der aus Boccaccios „Decamerone" (IV,1) stammenden „Historia Sigismunde" zu sehen. Sie ist auch ein Unikum, das Einblicke in die Herstellungsprozesse der frühen Drucke gewährt und darüber hinaus einen Blick auf die Frühhumanisten im deutschen Südwesten gestattet, die mit ihren Übersetzungen von Werken des italienischen Renaissancehumanismus aus dem Lateinischen diese erstmals für das deutschsprachige Lesepublikum nutzbar machten. Aus diesem Kreis war der Literat Niklas von Wyle (*um 1415–1479) einer der aktivsten Übersetzer, neben dem auch der ältere Heinrich Steinhöwel (vgl. Kat.Nr. II.31) sowie Antonius von Pforr (Kat.Nr. I.14, I.15) zu nennen sind. Eine Sammlung von 18 übersetzten literarischen Texten, die zwischen 1461 und 1478 entstanden sind, wurden als „Translationen etlicher Bücher" und als eine Art „humanistisches Lehr- und Lesebuch" (WORSTBROCK 1993, S. 47) bei Konrad Fyner in Esslingen 1478 ganz offenbar unter Regie von Niklas von Wyle gedruckt (GW M51838). Jede der Translationen ist einem eigenen Mäzen zugedacht, die Novelle von „Sigismunde und Giuscardi" dem Markgraf Karl von Baden, andere beispielsweise der Pfalzgräfin Mechthild von Rottenburg, die daselbst einen ‚Musenhof' unterhielt und das literarische Leben förderte, sowie den Grafen Ulrich und Eberhard von Württemberg, Margarete von Württemberg und Abt Johannes I. von Salem. Bereits während Niklas'

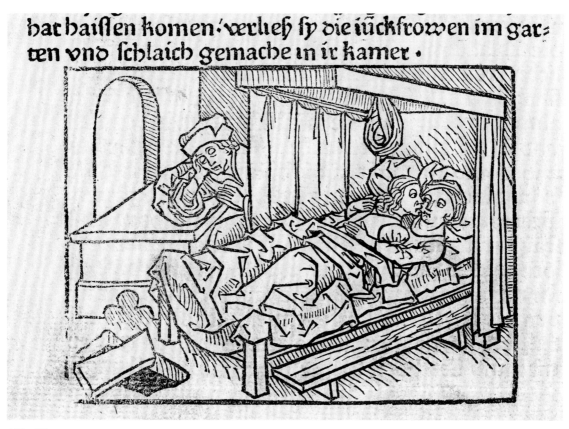

hat haiſſen komen · verließ ſy die iůckfrowen im gar=
ten vnd ſchlaich gemache in ir kamer ·

Abb. 52
Sigismundas heimliche Liebe zu Giuscardo. Niklas von Wyle: Historia Sigismunde, UB Heidelberg, D 8378-2
qt. INC, Bl. 3b (Kat.Nr. II.7)

von Wyle gut zwanzigjähriger Tätigkeit als Stadt-
schreiber von Esslingen, als er auch als Lehrer einer eigenen Lateinschule unterrichtete, verfügte er
über gute Kontakte zu den Höfen der Pfalzgräfin
Mechthild und des Markgrafen Karl; nach einem
Zerwürfnis mit der Stadt Esslingen im Jahr 1469
wurde er zweiter Kanzler an der Hofverwaltung
des Grafen von Württemberg in Stuttgart.

Das Heidelberger Unikat ist nicht nur der erste
Druck dieser Novelle, sondern der Novellen-
übersetzungen Wyles überhaupt (BERTELSMANN-
KIERST 1999). Von Zainer wurden weitere
Nachdrucke besorgt (GW 5643). Sowohl druck-
technische als auch textliche und orthogra-
phische Fehler der Erstauflage wurden bei den
Nachdrucken korrigiert. Diese waren vor allem
durch Fehlberechnungen der auf die Seiten der
Druckbögen zu verteilenden Texte entstanden.
Allerdings ist aufgrund des Vergleichs mit der
Gesamtausgabe der „Translationen", die Wyle
wohl persönlich autorisiert hat, festzustellen,
dass der Text unseres Unikats auf einer handschriftlichen Textvorlage Wyles basiert. Beach-

tenswert sind auch die Textgemeinschaften, in
denen der Nachdruck der Novelle (GW 5643)
erscheint: Oftmals war sie mit der Fabelsammlung Aesops in der Übersetzung Heinrich Steinhöwels vereint (vgl. Kat.Nr. II.31). Beide Texte
wurden im Übrigen mit derselben Type (Type 3)
gedruckt. Christa Bertelsmann-Kierst verweist
zudem auf die Möglichkeit, dass Zainer den
Nachdruck der „Historia Sigismunde" in Gemeinschaft mit Steinhöwels Übersetzung von
Petrarcas „Historia Griseldis" – einer weiteren
Novelle aus dem Decamerone-Zyklus – auf den
Markt bringen wollte; dafür sprechen nicht nur
Übereinstimmungen im Layout und einzelne dia-
lektale Sprachformen.

Der in Humanistenkreisen geführte Ehe- und
Liebesdiskurs, der auch in weiteren Exempla aus
Steinhöwels Fabelsammlung thematisiert wird,
stellt die inhaltliche Gemeinsamkeit der „Historia Sigismunde" und der „Griseldis" dar. In der
„Historia Sigismunde" wird die unerlaubte Liebe
thematisiert: Danach nimmt sich die früh verwit-
wete Sigismunda gegen den Willen ihres Vaters

Abb. 53
Wie Achilles den hector zetod stach. Hans Mair: Die Hystori Troyana, UB Heidelberg, B 2765–3–1 qt. INC, Bl. 108b (Kat.Nr. II.8)

Tancredi, des Fürsten von Salerno, an dessen Hof sie lebt, den unebenbürtigen Jüngling Giuscardo zum Liebhaber. Bei einem heimlichen Stelldichein in ihrer Kemenate wird die Beziehung entdeckt. Der Jüngling wird verhaftet und Sigismunda verteidigt ihre Liebesbeziehung. Dennoch lässt Tancredi den Jüngling töten und seiner Tochter dessen Herz bringen, woraufhin diese in eine Liebesklage verfällt und sich selbst mit einem Gifttrank, den sie zuvor über das Herz des Geliebten gegossen hat, das Leben nimmt.　　　MK

Lit.: BERTELSMANN-KIERST 1999; KATZ 1999; WORST-BROCK 1993.

II.8

(Abb. 53)

Reproduzierte Kämpfe
Hans Mair: Die Hystori Troyana, Augsburg: Johann Schönsperger, 1488 (GW 7236)
Papier, 155 Bll., 26,5 x 18,3 cm, 89 z.T. kolorierte Holzschnitte, Holzschnittinitialen
UB Heidelberg, B 2765–3–1 qt. INC
  http://digi.ub.uni-heidelberg.de/diglit/ic0077 8000

Diese Druckfassung der Geschichte des Trojanischen Krieges bietet in ihrer Textgestalt eine Kompilation, die sich aus der „Historia destructionis Troiae" des Guido de Columnis in der Übersetzung des Hans Mair und der vor 1386 in Südwestdeutschland entstandenen Redaktion eines unbekannten Autors zusammensetzt. Der Erstdruck erschien 1479 bei Ambrosius Keller in Augsburg (GW 7235), Johann Schönsperger besorgte 1488 die hier gezeigte zweite Ausgabe. Im vorliegenden Exemplar begleiten insgesamt 87 Holzschnitte den Text, wobei es zu zahlreichen Wiederholungen kommt. Besonderes Bildinteresse erfahren die Darstellungen von Schlachten, für deren 18 Stück nur drei verschiedene Holzstöcke genügten (Abb. 43). Allein die wechselnden Bildtituli individualisieren das Bildgeschehen und informieren den Betrachter über das Ereignis, während die Holzschnitte als Bildsignale in einem allgemeineren Sinn fungieren. Damit wird in den Drucken ein Layoutprinzip konsequent fortgeführt, das für die mit Federzeichnungen illuminierten Handschriften der Elsässischen Werkstätten der ersten Hälfte des 15. Jahrhunderts begonnen wurde, in denen, wie an den Beispielen der dort entstandenen „Trojanerkriege" zu sehen, die Bildtituli zum einen als Kapitelüberschrift und zum anderen als Lesehilfe dienten (Gießen, UB, Nr. 232; STAMM-SAURMA 1987, S. 66). Hinsichtlich der Motive und Bildkompositionen scheinen in den Holzschnitten die in den flämisch-burgundischen Chroniken geschaffenen Bildmuster auf, die spätestens ab der Jahrhundertmitte in den Buchmalereizentren des deutschsprachigen Raumes und so auch in Augsburg rezipiert wurden (vgl. z.B. Kat.Nr. I.18, I.23). Es ist auffällig, dass der „Trojanerkrieg" von Schönsperger zwar als Zweitdruck der bei Ambrosius Keller erstmals gedruckten Textredaktion gilt, dass er aber nur zu einem Teil dessen Holzschnitte übernimmt. Zum anderen Teil greift er nämlich gerade bei jenen Schlachtenbildern solche auf, die Johann Bämler 1474 für den ersten gedruckten „Trojanerkrieg" (GW 7233) überhaupt sowie Anton Sorg für den Nachdruck von 1479 (GW 7234) verwendet hatten. Die Ausgabe von Keller, die noch im gleichen Jahr erschien, setzt ebenfalls deren Holzschnitte voraus. So wird an den Ausgaben des „Trojanerkrieges" mit seinen unterschiedlichen Text- und Bildredaktionen deutlich, dass im Milieu der Augsburger Drucker wenigstens über 15 Jahre hinweg ein reger Vorlagenaustausch stattfand.

MK

Lit.: DUNTZE 2008, S. 27f. ALFEN / FOCHLER / LIENERT 1990, S. 52, 106–108, Nr. 24. STAMM-SAURMA 1987.

II.9 (Abb. 54)
Wahre Historie mit malerischen Holzschnitten
Elisabeth von Nassau-Saarbrücken: Hugo Schappler. Eine Schöne unnd warhaffte History, Straßburg: Bartholomäus Grüninger, 1537 (VD16 H 5855)
Papier, 59 Bll., 41 Holzschnitte
UB Heidelberg, 2001 D 196 RES
⌗ http://digi.ub.uni-heidelberg.de/diglit/history 1537

Der „Hugo Schappler" ist der letzte von vier Prosaromanen, die Elisabeth von Lothringen, Gräfin von Nassau-Saarbrücken, nach der Vorlage französischer höfischer Romane in frühneuhochdeut-

scher Sprache verfasst hat (vgl. Kat.Nr. I.23). Er basiert auf der Chanson de geste „Hugues Capet", die von dem Sohn eines Adeligen und einer Metzgerstocher berichtet, der im Laufe verschiedener Abenteuer die Hand der Tochter von König Ludwig erlangt und in der Folge seinen Herrschaftsanspruch an dessen Reich erfolgreich verteidigt. Der Text liegt nur einmal in handschriftlicher Überlieferung vor, und zwar in dem zwischen 1455 und 1472 für Elisabeths Sohn Johann III. geschaffenen Exemplar, das nach dem Vorbild prachtvoller flämischer und französischer Handschriften zumeist mit chronikalischem Anspruch mit ganzseitigen kolorierten Federzeichnungen ausgestattet wurde (Hamburg, SUB, 12 in scrinia). Genau dieser Johann III. ist es auch, der im Vorwort der gedruckten Ausgabe neben seiner Mutter für seine Beteiligung an der Entstehung des Werkes gewürdigt wird: So habe [...] *Johann Graff zuo Nassaw Sarbrücken etc. diß Buochs ein abgeschrifft in Französischer sprach gehabt / welcher selbst zuo Paris in Sant Dionisius kirchen aus der Französischen Cronica abgeschriben hab / nachmals aber durch sein muoter fraw Elisabeth herzogin von Lottringen / Graeffin zuo Widmont / dieser zeit Graeffin zuo Nassaw und Sarbrücken / auff das treülichst verteütscht* (Bl. IIa). Die Bearbeitung des Textes für den Erstdruck, in der ein stärkerer Akzent auf historiographische Elemente gegenüber den höfischen aus der Vorlage Elisabeths gesetzt wird, besorgte Konrad Heindörfer, der 1470 als Schreiber im Dienst des Grafen Johannes III. tätig war. Aufgrund textkritischer Vergleiche ist aber davon auszugehen, dass er nicht die Handschrift aus dem Besitz seines Dienstherren benutzte, sondern auf eine ältere Vorlage zurückgegriffen hat. Der Erstdruck erschien im Jahr 1500, eine weitere Auflage 1508 bei Johannes Grüninger, der aus dem württembergischen Markgröningen stammte und seit 1482 in Straßburg eine Offizin betrieb. Die dritte, hier gezeigte Ausgabe lieferte sein Sohn Bartholomäus Grüninger im Jahr 1537. Der Text wurde dafür nochmals von einem namentlich nicht bekannten Redaktor bearbeitet. Kennzeichen der Erzeugnisse aus der Offizin Grüningers sind die Holzschnitte, deren malerische Wirkung durch feine Schraffurlagen erreicht wird. Herausstechend ist aber vor allem die Verwen-

99

Der G. von Damp. kumpt zů Hugen. LI

HBgenantes waffer lieff durch ein wifen oder
matten/die wifen gieng er auff naher der brucken zů/als man in
gewifen hett/da er fahe er auff ihener feyten der bäch einen reyten

Abb. 54
Im Gewand eines Einsiedlers begegnet der Constabel Hugo Elisabeth von Nassau-Saarbrücken: Hugo Schappler,
UB Heidelberg, 2001 D 196 RES, Bl. LIa (Kat.Nr. II.9)

dung von „Kombinationsholzstöcken" (SCHMIDT
2206, S. 160f.), mit denen aus einem Set von
Bildhälften zahlreiche Varianten für ein Bildgan-
zes arrangiert werden konnten. Schlüssig fügen
sich etwa auf Blatt LIa die Landschaftselemente,
Flusslauf und Hügelkette, im Hintergrund der Begegnung zwischen Hugo und dem als Pilger ausgestatteten Constabel aneinander (Abb. 54).   MK

Lit.: SCHMIDT 2006, S. 143–194, MÜLLER 1999,
S. 177–382, S. 1088–1158.

II.10   (Abb. 55)

Eine Geschichte von Verrat und Moral
Historia septem sapientum Romae, deutsch. Mit
Glosse, Straßburg: Heinrich Knoblochtzer, um
1483 (GW 12861)
Papier, 75 Bll., 52 Holzschnitte, 42 Holzschnitt-
initialen
WLB Stuttgart, Inc. fol. 791–3

Die Inkunabel vereinigt in einem Einband von
1594 drei Teile: den 1488 bei Martin Schott in

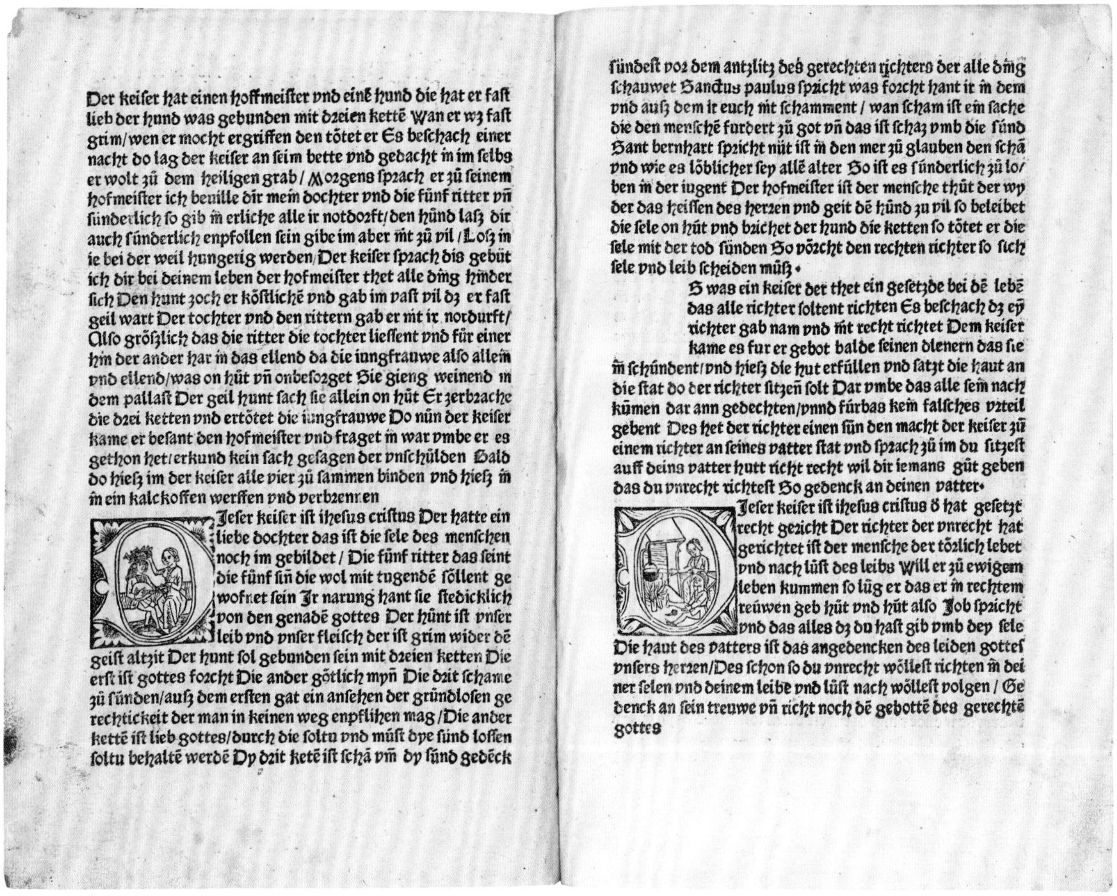

Der keiser hat einen hoffmeister vnd eine hund die hat er fast
lieb der hund was gebunden mit dzeien kettē Wan er wz fast
grim/wen er mocht ergriffen den tötet er Es beschach einer
nacht do lag der keiser an sein bette vnd gedacht in im selbs
er wolt zu dem heiligen grab/ Morgens spzach er zu seinem
hofmeister ich benille dir mein dochter vnd die fünf ritter vn
sünderlich so gib in erliche alle ir notdozft/den hünd laß dir
auch sünderlich enpfollen sein gibe in aber mit zu vil/Loß in
ie bei der weil hungtig werden/Der keiser spzach dis gebüt
ich dir bei deinem leben der hofmeister thet alle dung hinder
sich Den hunt zoch er köstliche vnd gab im fast vil dz er fast
geil wart Der tochter vnd den rittern gab er mit ir notdurft/
Also größlich das die ritter die tochter liessent vnd für einer
hin der ander har in das ellend da die iungfrauwe also allein
vnd ellend/was on hut vn onbesozget Sie gieng weinend in
dem pallast Der geil hunt sach sie allein on hut Er zerbzache
die dzei ketten vnd ertötet die iungfrauwe Do nun der keiser
kame er besant den hofmeister vnd fraget in war vmbe er es
gethon het/erkund kein sach gesagen der vnschulden Bald
do hieß im der keiser alle vier zu sammen binden vnd hieß in
in ein kalckoffen werffen vnd verbzenren

Jeser keiser ist ihesus cristus Der hatte ein
liebe dochter das ist die sele des menschen
noch im gebildet / Die fünf ritter das seint
die fünf sun die wol mit tugendē sollent ge
wofnet sein Ir narung hant sie stedicklich
von den genade gottes Der hunt ist vnser
leib vnd vnser fleisch der ist grim wider dē
geist altzit Der hunt sol gebunden sein mit dzeien ketten Die
erst ist gottes fozcht Die ander göttlich myn Die dzit schame
zu sünden/auß dem ersten gat ein anfehen der gründlosen ge
rechtickeit der man in keinen weg enpflihen mag/Die ander
kette ist lieb gottes/durch die soltu vnd müst dye sünd lossen
soltu behalte werdē Dy dzit kettē ist schā vn dy sünd gedeck

fündest voz dem antzlitz des gerechten richters der alle ding
schauwet Sanctus paulus spzicht was fozcht hant it in dem
vnd auß dem ir euch nit schamment / wan scham ist ein sache
die den menschē fordert zu got vn das ist schaz vmb die sünd
Sant bernhart spzicht nüt ist in den mer zu glauben den schā
vnd wie ie löblicher sey allē alter So ist es sünderlich zu lo/
ben in der iugent Der hofmeister ist der mensche thut der wy
der das treissen des herzen vnd geit dē hünd zu vil so beleibet
die sele on hut vnd bichet der hund die ketten so tötet er die
sele mit der tod sünden So vozcht den rechten richter so suck
sele vnd leib scheiden müß ·

S was ein keiser der thet ein gesetzde bei dē lebē
das alle richter soltent richten Es beschach dz ey
richter gab nam vnd mit recht richtet Dem keiser
kame es fur er gebot balde seinen dienern das sie
in schündent/vnd hieß die hut erfüllen vnd satzt die haut an
die stat do der richter sitzen solt Dar vmbe das alle sein nach
kümen dar ann gedechten/vmb fürbas kein falsches vzteil
gebent Des het der richter einen sun den macht der keiser zu
einem richter an seines vatter stat vnd spzach zu im du sitzest
auff deins vatter hutt richt recht wil dir iemans gut geben
das du vnrecht richtest So gedenck an deinen vatter·

Jeser keiser ist ihesus cristus ō hat gesetzt
recht gezicht Der richter der vnrecht hat
gerichtet ist der mensche der tözlich lebet
vnd nach lust des leibs Will er zu ewigem
leben kummen so lüg er das er in rechtem
treuwen geb hut vnd hut also Job spzicht
vnd das alles dz du hast gib vmb dey sele
Die haut des vatters ist das angedencken des leiden gottes
vnsers herzen/Des schon so du vnrecht wöllest richten in dei
ner selen vnd deinem leibe vnd lüst nach wöllest volgen / Ge
denck an sein treuwe vn richt noch dē gebottē des gerechtē
gottes

Abb. 55
Holzschnittinitialen mit Monatsbildern. Historia septem sapientum Romae, deutsch, WLB Stuttgart, Inc. fol. 791–3, Bl. i₆ᵇ/i₇ᵃ (Kat.Nr. II.10)

Straßburg gedruckten Alexanderroman des Johannes Hartlieb (GW 888), die deutsche Übersetzung der „Reisen" Jean de Mandevilles", erschienen 1484 bei Johannes Prüss in Straßburg (GW M20416) und die deutsche Übersetzung der „Historia septem sapientum". Diese wohl um 900 in Persien entstandene Geschichte verbreitete sich seit dem 12. Jahrhundert über ganz Europa. Sie ist in acht lateinischen Fassungen überliefert, darunter als „Historia septem sapientum", von der wiederum mehrere lateinische und volkssprachliche Redaktionen existieren. Gemeinsam ist allen der Textaufbau: In eine Rahmenhandlung werden eine unterschiedliche Anzahl von Binnenerzählungen integriert. Anlass für diese Episoden ist die Geschichte des von seiner Stiefmutter verleumdeten und von seinem Vater Kaiser Pontianus deshalb zum Tode verurteilten Prinzen Diocletian. Da er ein siebentägiges Schweigegelübde abgelegt hat, zögern seine Erzieher, sieben weise Meister, durch das Erzählen von Geschichten seine Hinrichtung

immer wieder heraus. Aber auch seine Stiefmutter stimmt Pontianus durch Gegenbeispiele mehrfach um. Schließlich rettet sich der unschuldige Prinz selbst.

Die vorliegende Fassung weist die Besonderheit auf, dass auf die Rahmenhandlung eine „Glosse" mit weiteren moralallegorischen Beispielerzählungen samt Auslegungen folgt. Sie wurde zum ersten Mal um 1478/79 in Straßburg bei Johann Prüss dem Älteren gedruckt (GW 12857).

Bei der gezeigten Ausgabe handelt es sich um einen 1483 in Straßburg bei Heinrich Knoblochtzer erschienenen Nachdruck. Knoblochtzer stammte aus Ettenheim. Er war seit 1476/77 in Straßburg nachweisbar, wanderte aber 1484 nach Heidelberg ab, wo er sich 1486 an der philosophischen Fakultät einschrieb.

Der Druck enthält 52 Holzschnitte, von denen drei mehrfach verwendet wurden. So ist das Bild mit der Hinführung Diocletians zum Galgen sieben Mal zu sehen: immer wenn die

Rahmenerzählung erneut an dem Punkt seiner bevorstehenden Hinrichtung anlangt (Bl. a$_{viii}$^{a}, b$_{iii}$^{a}, c$_i$^{a}, c$_{iiii}$^{b}, d$_{ii}$^{a}, d$_v$^{a}, e$_v$^{a}). Hinzu kommen Illustrationen zu den Binnenerzählungen und 42, zum Teil historisierte und mehrfach gebrauchte Holzschnittinitialen. Deren Bildmotive aus dem Bereich der Monatsdarstellungen zeigen meist bäuerliche Arbeiten. Sie stammen wohl aus einem Einblattkalender der Diözese Bamberg vom Jahr 1473 und werden seit 1481 von Knoblochtzer verwendet.

Gezeigt wird Bl. i$_{vi}$^{b}/i$_{vii}$^{a} aus der „Glosse" mit zwei Initialen jeweils zu Beginn der Auslegungen: Im Binnengrund der einen ist als Symbol des Frühlings ein Liebespaar zu sehen. Die zweite Initiale, die für den Winter steht, zeigt ein vor einem Kamin sitzendes Paar, wie es sich Hände und Füße am Feuer wärmt. Einen dezidierten Textbezug haben die Initialen nicht.

Laut Besitzvermerk im Vorsatz vorne befand sich der Band 1596 im Eigentum des Hans Hermann von Ochsenbach (1558–1621), um 1576 Burgvogt in Tübingen. 1659 war er im Besitz des Klosters Weingarten, wie ein Eintrag auf dem Titelblatt des ersten Teils bezeugt.   US

Lit.: Udo Gerdes: Sieben weise Meister, in: ²VL, Bd. 8, 1992, Sp. 1174–1189; Gotzkowsky 1991, Bd. 1, S. 277–306, bes. S. 284, Nr. 7; Schorbach / Spirgatis 1888, S. 2, Taf. 71.

II.11
(Abb. 56)

Kaspar, Melchior, Balthasar und Helena

Johannes Hildesheimensis: Liber de gestis et translatione trium regum, deutsch, Strassburg: Heinrich Knoblochtzer, um 1483 (GW M14019)
Papier, 12 Bll., 5 Holzschnitte, 48 Holzschnittinitialen
WLB Stuttgart, Inc. fol. 9401

Der „Liber de gestis et translatione trium regum" des Karmeliters Johannes von Hildesheim († 1375) zählt zu den wichtigsten und erfolgreichsten Werken der hagiographischen Literatur des Mittelalters. Von der nach 1364 entstandenen, dem Münsteraner Bischof Florenz von Wevelinghoven gewidmeten Schrift existieren zahlreiche Handschriften, die zwei lateinische

Fassungen und zahlreiche Übersetzungen in die Volkssprachen überliefern. Alleine ins Deutsche wurde das Werk sechs Mal übersetzt. Bis 1500 erschienen neben zahlreichen volkssprachlichen Drucken unter anderen fünf lateinische und drei deutsche Druckauflagen. Das Werk schildert die Legende der Heiligen Drei Könige, die Rückkehr in ihre Königreiche, ihre Taufe durch den Apostel Thomas, ihren Tod und das sich daran anschließende Schicksal ihrer Gebeine, die als Reliquien den Weg aus dem Orient über Konstantinopel und Mailand nach Köln fanden.

Gezeigt wird das Fragment eines ursprünglich 54 Blatt umfassenden Druckes aus der Offizin des Heinrich Knoblochtzer in Straßburg (zu Knoblochtzer s. Kat.Nr. II.10). Die vollständige Inkunabel enthält 58 Holzschnitte und 48 Holzschnittinitialen. Wie in anderen Drucken Knoblochtzers wiederholen sich einige von ihnen und sind ebenfalls in anderen Werken der Offizin zu finden. So wurden auch hier Initialen des sogenannten Kalenderalphabets verwendet, deren Druckstöcke sich wohl seit 1481 im Besitz Knoblochtzers befanden und von ihm bis in seine Heidelberger Zeit verwendet wurden (vgl. Kat.Nr. II.10). Der Druck ist nahezu identisch mit einer zweiten, ebenfalls bei Knoblochtzer in Straßburg publizierten Auflage (GW M14020, um 1482). Einige der Holzschnitte finden sich darüber hinaus in der Ausgabe des Werkes von Johannes Prüss (GW M142021). Neben Holzschnitten und Holzschnittinitialen enthält die Inkunabel ferner auch Aussparungen, die je nach Bedarf und Wunsch des Käufers von einem Buchmaler mit gemalten Initialen ausgefüllt werden konnten.

Das aufgeschlagene Blatt (b$_{iiii}$^{b}/b$_v$^{a}) enthält die Legende von Kaiserin Helena, die, nachdem sie im Heiligen Land das Kreuz Christi gefunden und zahlreiche Kirchen und Klöster gestiftet hatte, sich aufmacht, die Gebeine der Heiligen Drei Könige zu suchen. Dazu bereist sie alle zum Imperium ihres Sohnes Konstantin gehörenden Reiche bis nach Indien. Schließlich gelingt es ihr, die Gebeine der Könige Melchior und Balthasar zu gewinnen. Der erste Holzschnitt zeigt, wie sie einen Boten zu den Nestorianern aussendet, um diese um den Leichnam des dritten Königs Kaspar zu bitten. In der zweiten Abbildung wird sie

Abb. 56
Kaiserin Helena sendet einen Boten aus; Kaiserin Helena bringt die Gebeine der Heiligen Drei Könige nach Konstantinopel. Johannes Hildesheimensis: Liber de gestis et translatione trium regum, deutsch, WLB Stuttgart, Inc. fol. 9401, Bl b$_{iiii}$^b^/b$_v$^a^ (Kat.Nr. II.11)

mit den Särgen der Drei Könige vor den Mauern Konstantinopels dargestellt.

Die Inkunabel befand sich wohl bereits in der ersten Hälfte des 19. Jahrhunderts in der Königlichen Öffentlichen Bibliothek Stuttgart. US

Lit.: F. J. Worstbrock / Sylvia C. Harris: Johannes von Hildesheim, in: ²VL, Bd. 4, 1983, Sp. 638–647; Schorbach / Spirgatis 1888, S. 68–70, Nr. 41–42, Taf. 69–71.

II.12   (Abb. 57)
Geschichten aus dem Schwabenland
Thomas Lirer: Chronik, Ulm: Konrad Dinckmut, 12. Januar 1486 (GW M18412)
Papier, 66 Bll., 23 kolorierte Holzschnitte, 2 kolorierte Holzschnittinitialen
WLB Stuttgart, Inc. fol. 10117 (HB)
✍ http://digital.wlb-stuttgart.de/purl/bsz410341886

Das zunächst ohne eigentlichen Titel erschienene und als „Schwäbische Chronik" bekannte Werk, als dessen Verfasser sich im Text ein gewisser Thomas Lirer bezeichnet, ist in mehrfacher Hinsicht rätselhaft: Die Bezeichnung „Chronik" ist unzutreffend, handelt es sich doch eher um eine Zusammenstellung erfundener Begebenheiten und Abenteuer, die entweder im historischen Schwaben spielen oder zumindest dort ihren Ausgang nehmen. Bei dem Namen Thomas Lirer wiederum handelt es sich um ein nicht restlos geklärtes Pseudonym.

Abgesehen von einem deutlich späteren Druck aus der Offizin von Bartholomäus Kistler in Straßburg aus dem Jahr 1499 (GW M18418) erschienen alle Drucke der „Chronik", vier an der Zahl, in kurzem zeitlichem Abstand 1485 und 1486 bei Konrad Dinckmut in Ulm (außer dem hier vorgestellten: GW M18409, GW M18414, GW M18416). Sie sind mit 18 bis 23 ganzseitigen, qualitativ sehr hochstehenden Holzschnit-

Abb. 57
Der heilige Lucius spannt einen Bären vor den Ochsenpflug. Thomas Lirer: Chronik, WLB Stuttgart, Inc. fol. 10117 (HB), Bl. a₅ᵇ (Kat.Nr. II.12)

ten ausgestattet (SCHRAMM, Bd. 6, Abb. 128–149). Zugeschrieben werden sie dem Künstler, der auch die Holzschnitte in der berühmten Ulmer Ausgabe des Terenzschen „Eunuchus" (Ulm: Konrad Dinckmut für Hans Nythart, 1486, GW M45593) geschaffen hat und deshalb den Notnamen Meister des Ulmer Terenz erhielt.

Gezeigt wird hier die Darstellung einer Episode aus einer Heiligenlegende: Der heilige Lucius, ein britischer König, der als Missionar in die Gegend um Chur gekommen ist, zwingt einen Bären, der einen seiner Ochsen gerissen hat, zusammen mit dem zweiten Ochsen vor den Pflug. Im Hintergrund sieht man eine auf Felsen gebaute Burg und eine Kirche, Vögel – wohl ein Krähenschwarm – bevölkern den großzügig bemessenen Himmelsraum. Der getötete Ochse liegt leblos in der mittleren Bildebene, während der Pflug mit seinem ungewöhnlichen Gespann und den beiden das Feld bearbeitenden Männern den Vordergrund bildet. Von diesem aus erschließt das Auge die kausale Abfolge der Ereignisse, die sorgfältige Kolorierung belebt die Darstellung auf eindrucksvolle Weise.

Die im Druck verwendeten Holzschnitte dienten als Vorlage für die Bildausstattung mit Federzeichnungen einer etwa zehn Jahre später angefertigten Abschrift des Textes, die heute in der Bayerischen Staatsbibliothek in München aufbewahrt wird (Cgm 436). Generell dürfte es sich im Fall der „Schwäbischen Chronik" bei allen bekannten Manuskripten um Abschriften der Druckausgaben handeln, anders als bei Werken, die wie etwa die Melusine-Erzählung (vgl. Kat. Nr. II.15) zum Zeitpunkt ihrer ersten Drucklegung bereits eine lange Tradition handschriftlicher Textüberlieferung aufwiesen. KL

Lit.: LIRER 1990; GRAF 1987; Eugen THURNHER: Lirer, Thomas, in: ²VL, Bd. 5, 1985, Sp. 847–850; AMELUNG 1979, Nr. 110, S. 211–216.

II.13 (Abb. 58)

Historien mit Holzschnitten von Urs Graf

Zwo wunderbarlicher hystorien: gantz lieblich ze lesen / gezogen vß frantzösischer Zunge[n] in dütsch durch Wilhelm Ziely von Bern in öchtlandt, Basel: Petri, 1521 (VD16 H 3865)

Papier, 182 Bll., 101 Holzschnitte
UB Heidelberg, G 4008 Folio Res
☞ http://digi.ub.uni-heidelberg.de/diglit/hystorien1521

Für die Erstausgabe der beiden Prosaromane „Olwier und Artus" und „Valentin und Orsus" von 1521 schuf Urs Graf eine Illustrationsfolge mit 31 mehrfach wiederholten Holzschnitten. Es handelt sich um szenische Darstellungen, von denen sieben jeweils die Breite des Satzspiegels einnehmen, während für die 24 anderen annähernd quadratische Bildformate gewählt wurden, die in immer neuen Kombinationen, teils durch eine Bordüre voneinander getrennt, nebeneinandergestellt werden.

Der um 1485 in Solothurn als Sohn eines Goldschmieds geborene Urs Graf arbeitete als Goldschmied, Holzschneider und Stecher. Er ist um 1502 in der Offizin Johann Knoblochs in Straßburg als Schöpfer von Holzschnitten, Vignetten, Bordüren und Bildern belegt, ab 1509 ist er wieder in Basel ansässig. Seine künstlerischen Fähigkeiten, die eine Kenntnis von Martin Schongauers und Albrecht Dürers druckgraphischen Werken voraussetzen, zeigen sich sowohl in der formal-stilistischen Anwendung der Holzschnitt-Technik als auch in bildkompositorischen Merkmalen: Zum einen modelliert er mit Schraffuren die Körperlichkeit seiner Figuren und erzielt mit Kreuz- und Strichlagen räumliche Wirkung. Zum anderen arrangiert er die Szenen tiefenräumlich in Landschaften, die teils von architektonischen Elementen durchsetzt sind. Dabei zeichnen sich seine Bildfindungen durch eine bemerkenswerte, moderne Ausdruckskraft aus, wie es das See- und Landschaftsstück mit Kriegsschiff verdeutlichen mag (Abb. 58): Während die rechte Bildseite eine friedliche, mit Häusern und Burgen bestandene Uferlandschaft wiedergibt, wird die linke Bildseite von dem vollbesetzten Kriegsschiff dominiert, das, angeschnitten vom linken Bildrand, sich kraftvoll in die Landschaft schiebt. Die hell hervortretenden Ruder über den sich unter dem Bug brechenden Wellen unterstreichen die Dynamik der Szenerie. Im Zentrum aber steht die Rückenfigur des Steuermannes, der, leicht aus der Bildachse gerückt, mit raumgreifender Geste das bilddiagonal posi-

Ⅱ Wie Walentin nach dem stryt wider
für über mör gon Jndiã zů dem künig Brandiffer/vnd fůrt mit im
Murgolant den künig alfo tod   Das .xlvij.Capittel

Ach dem als die ſtat Vngern /ward von den chriſten ingenomẽ/
vnd gwonnẽ vnd die türcken alſant darin er ſchlagen/Valẽtin der
fand den künig Murgolant in dem leger tod/vnd berůfft Pacollet
vnd ſprach zů im/ich wyl diſen lyb mit vnß fieren /ſo würt d̃ künig

Abb. 58
Valentins Fahrt nach Indien. Zwo wunderbarlicher hystorien, UB Heidelberg, G 4008 Folio Res, Bl. CXLIXr
(Kat.Nr. II.13)

tionierte Ruder hält und den Betrachterblick in die Bildtiefe führt, wo an der Horizontlinie der Mast eines Segelbootes aufragt und den Übergang zur Uferlandschaft markiert.

Die Titelseite, für die Urs Graf vier Holzschnitte mit Bären in Manier der Landsknechte fertigte, trägt das Monogramm des Künstlers aus einem G mit einem darübergelegten spitzwinkligen U, dessen einer Schenkel die Form eines Dolches einnimmt. Daneben steht die Jahreszahl *1521*, die mit dem Datum des Titeltextes übereinstimmt. Der Druck aus der bekannten Baseler Offizin Petri liefert die deutsche Bearbeitung der 1482 in Genf erschienenen und Philipp Camus zugeschriebenen französischen Versromane, die der Berner Ratsherr Wilhelm Ziely (um 1475–1541) besorgte. Wie in der vorliegenden Erstausgabe vereint auch die zweite von 1522 die beiden Prosaromane „Olwier und Artus" und „Valentin und Orsus", die jüngere, aber ebenfalls noch im 16. Jahrhundert in Frankfurt erschienene Ausgabe hingegen liefert sie als getrennte Druckwerke.   MK

Lit.: DE SIMONE 2004, S. 144–146; MÜLLER 2001, Einführung, S. 61–68, und zum Objekt, Kat.Nr. 65, S. 351–353 und Kat.Nr. 42, S. 319; GOTZKOWSKY 1991, Nr. 10, S. 137–143, S. 163–168.

II.14   (Abb. 59)

Reisen am Schreibtisch und anderswo

Jean de Mandeville: Itinerarius, in der deutschen Übersetzung von Otto von Diemeringen, Straßburg: Johann Prüß, 1488 (GW M20420)
Papier, 90 Bll., 156 Holzschnitte
WLB Stuttgart, Inc. fol. 10650

Der Autor der ‚Reisebeschreibung' nennt sich Ritter Jean de Mandeville aus St. Albans bei London (vgl. Kat.Nr. I.21). Er gibt an, er sei im September 1322 aufgebrochen und habe viele Länder bereist, bis er sich, alt und gebrechlich, in Lüttich niedergelassen habe, um dort 1357 seine Erlebnisse niederzuschreiben. Die Person des Autors lässt sich trotz der konkreten Angaben im Text historisch

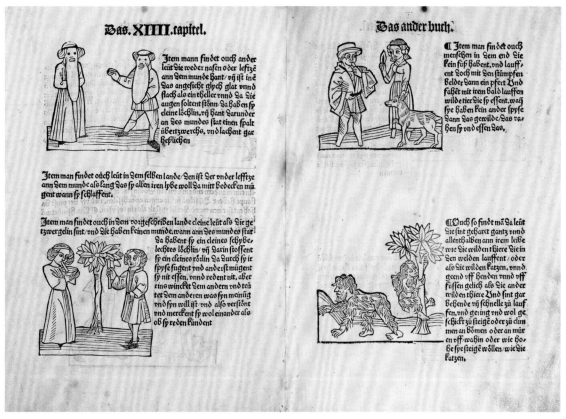

Abb. 59
Seltsame Menschen in exotischen Ländern. Jean de Mandeville: Itinerarius, WLB Stuttgart, Inc. fol. 10650, Bl. J_{iv}^b/J_v^a (Kat.Nr. II.14)

nicht nachweisen, es dürfte sich um ein Pseudonym handeln. Sicher ist, dass er die meisten der Länder, von denen er berichtet, nie gesehen hat. Dafür glänzte er durch umfangreiche Literaturkenntnis. Er kannte die mittelalterlichen Enzyklopädien von Vincenz de Beauvais, Petrus Comestor und Brunetto Latini, die ihrerseits viele Informationen direkt und indirekt aus antiken Schriftstellern geschöpft hatten. Dazu kamen Flavius Josephus und Hrabanus Maurus. Die wichtigsten Berichte der Autoren, die tatsächlich in ferne Länder gereist waren, etwa Wilhelm Rubruk, Odorico da Pordenone und Marco Polo, wertete er aus; aber auch rein fiktionale Literatur wie den Alexanderroman, den „Brief des Priesters Johannes" und Dichtungen der Artussage. Neben einem reichhaltigen Querschnitt durch alle bekannten *Mirabilia* und Fabelwesen enthält sein Werk so auch vieles, das letztlich auf Augenzeugenberichten beruht. Im Spätmittelalter und der beginnenden Neuzeit galt Mandeville daher als ernst zu nehmender Autor. Noch Christoph Columbus hat das Werk studiert. Der „Itinerarius" gehört

zu den erfolgreichsten Werken seiner Zeit. Mit den verschiedenen Übersetzungen kommen vom 15. Jahrhundert bis um 1600 rund 90 Druckausgaben zusammen. Die Straßburger Ausgabe von Johann Prüß ist, wie die meisten der deutschsprachigen Drucke, reich illustriert. Die Holzschnitte sind routiniert gezeichnet, die Figuren und ihre besonderen Eigenschaften treten klar hervor, sind jedoch meist stark vereinfacht – angesichts der hohen Zahl von Einzelbildern hat man sich bemüht, den Arbeitsaufwand in Grenzen zu halten.
Die aufgeschlagene Doppelseite zeigt seltsame Wesen auf den Inseln des Indischen Ozeans (Golf von Bengalen – Indonesien?). Mandeville beschreibt sie als Menschen, nicht als Monstren und zumeist wertneutral. Allerdings meint er von den Menschen mit den flachen, weit herabhängenden Gesichtern, die oben links zu sehen sind, sie lachten recht hässlich. Darunter sieht man *cleine leut*, die als Mund nur ein Löchlein haben und sich mit Hilfe eines Röhrchens ernähren. Rechts oben abgebildet sind die Menschen ohne Füße, die doch schneller laufen als ein Pferd und dadurch wilde

Tiere fangen können, um sie zu essen. Darunter ist die Rede von Menschen, die am ganzen Körper behaart sind, auf Händen und Füßen gehen und sehr behende auf Bäume klettern können. Die Vermutung, dass hier letztlich Berichte von Menschenaffen verarbeitet wurden (Orang-Utan, wörtlich „Waldmensch"), liegt nahe.

Angesichts der Breite der Überlieferung in Handschriften und Drucken fällt die Übersicht über die Bildzyklen schwer. Die Motive werden vom Text weitgehend vorgegeben. Dennoch finden sich ganz erhebliche Unterschiede in Auswahl und Gestaltung der Darstellungen. Die ebenfalls gezeigte Mandeville-Handschrift der Landesbibliothek (Kat.Nr. I.21) weicht in der Ausgestaltung der Szenen zumeist deutlich ab vom Straßburger Druck. Weitaus näher stehen diesem beispielsweise die im zweiten Viertel des 15. Jahrhunderts entstandenen Miniaturen in St. Gallen, Stiftsarchiv, Cod. Fab. XVI aus der Abtei Pfäfers. WM

Lit.: siehe Kat.Nr. I.21.

II.15

(Abb. 60)

Geisterwesen und Tabubruch

Thüring von Ringoltingen: Von einer frowen genant Melusina, [Straßburg: Heinrich Knoblochtzer, um 1481/83] (GW 12661)
Papier, 64 Bll., 67 Holzschnitte
WLB Stuttgart, Inc. fol. 11061 b (HB)
🖰 http://digital.wlb-stuttgart.de/purl/bsz31439 2440

Im Jahr 1483 – also um die Zeit der Drucklegung der hier beschriebenen Inkunabel – starb der Berner Autor Thüring von Ringoltingen. Knapp drei Jahrzehnte zuvor, 1456, war seine deutschsprachige Version der seit dem Hochmittelalter verbreiteten Melusine-Erzählung entstanden. Sie schildert die Verbindung eines Menschen mit einem übernatürlichen, der Geisterwelt angehörenden Wesen, die an einem Tabubruch scheitert: Melusine bietet Reymond, der bei einem Jagdunfall versehentlich einen Verwandten tötet, ihre Hilfe an – unter der Bedingung, dass er sie zur Frau nimmt, ihr dabei aber zusichert, sie nie an einem Samstag sehen oder nach ihr suchen zu wollen. Der vorliegende Holzschnitt illustriert die

Szene, in der Reymond sein Versprechen bricht, und damit den Wendepunkt der Geschichte: Von seinem Bruder angestachelt, sucht er eines Samstags nach Melusine, findet sie beim Baden und entdeckt, dass sie sich vom Nabel ab in einen Drachen verwandelt hat. Die den Textabschnitt einleitende Holzschnittinitiale, in der ein Drache sich in den Buchstaben R einschmiegt, korrespondiert mit dem dargestellten Inhalt.

Als Heinrich Knoblochtzer (vgl. u.a. Kat.Nr. II.5) die Geschichte um 1481/83 abdruckt, ist dies für ihn nicht das erste Mal: Die 67 Holzschnittdarstellungen, die den Text illustrieren, hatte er bereits in den um 1477 erschienenen Vorgängerversionen (GW 12658, wohl auch GW 12657) verwendet. Deren Vorlagen wiederum finden sich in einem der ersten Melusine-Drucke, den um 1473/74 Bernhard Richel in Basel (GW 12656) wohl unter Rückgriff auf eine illuminierte Handschrift (Basel, UB, O. I. 18, dat. 29.3.1471) besorgte und die in der Folgezeit auch von anderen Druckern kopiert wurden. Nicht ohne Grund: Die Kombination von Text – hier in Form einer spannungsreichen und geheimnisvollen Historia – und den zahlreichen die Handlung illustrierenden Bildern fand großen Absatz. Diese Erfolgsgeschichte wird gerade am Beispiel der Verbreitung des Melusinestoffs in illuminierten Handschriften, Inkunabeln und später in den Frühdrucken bis hin zu den erfolgreichen Volksbuchausgaben ab dem 16. Jahrhundert, die den Rezipientenkreis noch einmal erheblich erweitern, eindrucksvoll deutlich. KL

Lit: Schnyder / Rautenberg 2006; Backes 2004; Schramm, Bd. 19, 1936, Taf. 53–64, Abb. 302–368; Schorbach / Spirgatis 1888, Nr. 7, 18.

II.16

(Abb. 61)

Der „Baedecker" des späten 15. Jahrhunderts

Hans Tucher: Reise in das gelobte Land, Straßburg: Heinrich Knoblochtzer, 1484 (GW M47734)
Papier, 58 Bll., 1 Holzschnitt, 2 Holzschnittinitialen
WLB Stuttgart, Inc. fol. 15666 b
🖰 http://digital.wlb-stuttgart.de/purl/bsz410342 424

 Eymond do der dise grüſelich vñ frömde geſchöpf
an ſeinem gemahel geſach. do wart er gar ſer bekü
mert vnd von allem ſein gemüt betrubt vnd erſch
rack auß der acht von diſem geſicht vnd ſtund alſo
vō forcht in groſſen ſorgē das im ð ſchweis vß ging
doch er beſint ſich vnnd vermacht das loch das er
mit dem ſchwert gemacht het wider mit eim tüche
lin vnd wachs vnd verſach ſych mit das es ſein ge-
mahel befunden het was er gethon het vnd kert ſich do mit ſchweigent
von dannen in groſſem zorn vnd vnmüt vber ſein bruder vnd er beſigelte
nün diß loch wol das niemant hin in mocht geſehen vnd kam do widder
zü ſeinem bruder in groſſem zorn vñ grimmikeit. do in der bruder ſach ku
men do gedacht er wol Reymond wer faſt zornig vnd verſach ſich er het
ſein weib Meluſinen an etwas vnerlicher tat oð ſach vnd an vntrwen ſa-
chen funden. vnd alſo hüb er an vnnd ſprach. Bruder ich verſach mich
wol zü ſtund das euch euwer gemahel abgetretten het vnd euch mit mit
trüwē geleiſt hat Reymöd ſprach Ir leigent durch euwer maul vnd zen
ir ſint ein ſchentlicher man ir ſint zü einer vnſeligen ſtund in mein haus
kommen. vnd ſagt mir von meinem gemahel mit arzes ð an ſy iſt from vñ
aller ſchant vnſchuldig vnd gedenckt das ir euch ſchnell hebt vnd von
                                                                    e j.

Abb. 60
Reymond entdeckt Melusines Geheimnis. Thüring von Ringoltingen: Von einer frowen genant Melusina, WLB Stuttgart, Inc. fol. 11061 b (HB), Bl. e₁ᵃ (Kat.Nr. II.15)

109

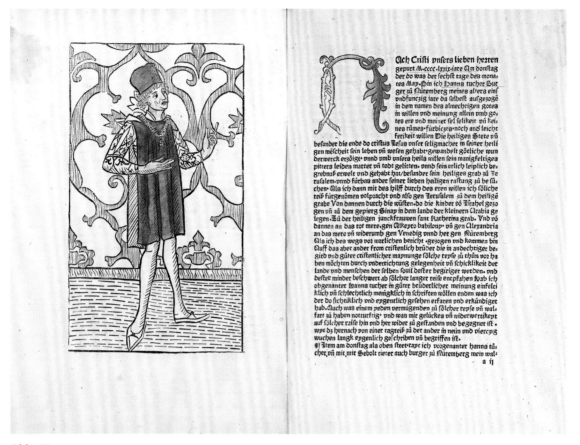

Abb. 61
Autorbild. Hans Tucher: Reise in das gelobte Land, WLB Stuttgart, Inc. fol. 15666 b, Bl. 1b (Kat.Nr. II.16)

Hans Tucher (1428–1491) gehörte einer einflussreichen Nürnberger Patrizierfamilie an. 1479 brach er zu einer knapp einjährigen Pilgerreise ins Heilige Land auf, die ihn über Venedig nach Jerusalem führte und von dort über den Sinai, Kairo und Alexandria wieder zurück in die Heimat. Seinen für die damalige Zeit sehr eigenständigen und präzisen Bericht schrieb er 1482 in deutscher Sprache nieder. Er wurde bald – begünstigt auch durch die Verwendung des neuen Mediums, des Buchdrucks – zu der am weitesten verbreiteten spätmittelalterlichen Reiseschilderung dieser Art und übte Einfluss auf Berichte anderer Pilgerreisender wie Bernhard von Breydenbach aus. Zwischen 1482 und 1486 entstanden sechs verschiedene Druckausgaben in Augsburg, Nürnberg und Straßburg, Abschriften der Drucke waren keine Seltenheit.

Der 1484 von Knoblochtzer in Straßburg besorgte Druck weist zwar nur wenig Buchschmuck auf, ist jedoch die einzige der Inkunabelausgaben, die über einen ganzseitigen Holzschnitt verfügt. Zudem begegnet zweimal eine Holz-

schnittinitiale: eine aus stilisierten Akanthusblättern gebildete freistehende Initialenranke, die den Buchstaben N bildet (Bl. 2a und 31b). Knoblochtzer hatte sie bereits im Vorjahr in einer Anleitung für die Erstellung von Urkunden und Amtsschrifttum verwendet („Formulare und deutsch Rhetorica", GW 10185, Bl. 5a). Der erwähnte ganzseitige Holzschnitt findet sich zu Beginn des Reiseberichts (Bl. 1b). Auf ihm ist eine männliche Figur zu sehen, deren Überwurf, Schuhschmuck und Kopfbedeckung im hier vorgestellten Exemplar einfarbig rot koloriert sind. Die Figur steht im Redegestus nach rechts gerichtet im Raum, hinter ihr ist ein mit spätgotischem Brokatmuster verzierter, gefranster Teppich zu sehen. Für die Darstellung gibt es eine deutlich erkennbare Vorlage: In dem 1477 bei Creussner in Nürnberg erschienenen Reisebericht Marco Polos (GW M34804) findet sich ein Holzschnitt von großer Ähnlichkeit.

So sehr sich auch die einleitenden Autorenbilder gleichen mögen: Marco Polos Schilderung abenteuerlicher Reisen in den Orient bietet –

110

ähnlich wie die Reisebeschreibung von Jean de Mandeville (Kat.Nr. I.21 und II.14) – eine Fülle von sonderbaren Begebenheiten und wundersamen Fabelwesen. Tuchers Text dagegen ist vor allem ein kundiger, durch persönliche Beobachtungen bereicherter Pilgerführer, den sein Publikum nicht nur zu seiner Unterhaltung lesen, sondern gegebenenfalls auch auf eigenen Reisen nutzbringend verwenden konnte.

KL

Lit.: Herz 2005; Herz 2002; Schorbach / Sprigatis 1888, Nr. 30f.

II.17 (Abb. 62)

Dialog über Hexerei
Ulrich Molitoris: De lamiis et phitonicis mulieribus, Reutlingen: Johann Otmar, nicht vor 10. Januar 1489 (GW M25182)
Papier, 24 Bll., 7 Holzschnitte
WLB Stuttgart, Inc.qt.11536

Form, Inhalt und Gestaltung dieses Werkes sind charakteristisch für die gelehrte Publikationskultur des Spätmittelalters. Ulrich Molitoris (ca. 1442–1507) studiert in Basel und Pavia Jura, promoviert mit einer kirchenrechtlichen Arbeit und wirkt ab 1470 als Notar am Gericht des Hochstifts Konstanz. Im Rahmen dieser Tätigkeit ist er mit zahlreichen Fällen von Anklagen wegen Hexerei konfrontiert.

Bei der vorliegenden Schrift handelt es sich um eine Dankesgabe an Erzherzog Sigmund von Österreich, zugleich Regent von Tirol (1427–1496), an den sich die Widmungsvorrede richtet. Im Mai 1488 erhält Molitor den Titel eines Rates an Sigmunds Hof. Solche Ehrung verpflichtet zur Präsentation eines Werkes, dessen Beurteilung über die Art der weiteren Verwendung im Verwaltungsapparat entscheidet. Maßgeblich wird die Einschätzung des damaligen Tiroler Kanzlers Konrad Stürtzel (ca. 1435–1509). Als Molitor 1493 wegen Unstimmigkeiten mit dem Fürstbischof sein Amt in Konstanz verliert, verhelfen ihm die guten Kontakte nach Tirol zur Berufung an den Innsbrucker Hof, an dem er bald als Kanzler wirken sollte.

Antike Vorbilder aufnehmend wählt Molitor die

Abb. 62
Hexensud. Ulrich Molitoris: De lamiis et phitonicis mulieribus, WLB Stuttgart, Inc. qt. 11536, Bl. c_i^a (Kat. Nr. II.17)

Form eines fingierten Dialogs, um ein ernstes und komplexes Thema in aufgelockert-flüssiger Weise abzuhandeln. Dialogpartner sind Sigmund von Tirol, der Konstanzer Bürgermeister Konrad Schatz und Molitor selbst. Diese drei Personen sind auch auf dem ersten, als Dedikationsbild fungierenden Holzschnitt (Bl. a_i^b) zu sehen – und zwar bei der Übergabe bzw. Entgegennahme des vorliegenden Traktats. Als Schiedsrichter über die Disputation tritt in der Schrift wie auch real bei deren Begutachtung Konrad Stürtzel auf. Rhetorisch geschickt reflektiert das Werk über sich selbst, verknüpft die literarische mit der realen Präsentation und integriert die Adressaten als literarische Personen in den Diskurs. Das erleichtert Identifikation wie Akzeptanz, fordert die Leser aber auch zur eigenen Positionierung in der kontrovers verhandelten Sachfrage heraus.

Verstärkt wird der appellative Charakter durch die Kombination verbaler und bildlicher Elemente. Jeder Abschnitt wird eingeleitet durch einen ganzseitigen Holzschnitt. Das als Frage formulierte Thema erscheint auf der dem Bild jeweils

111

vorhergehenden Seite. Das Bild konzentriert die komplex nach scholastischer Manier mit zahlreichen Argumenten, Gegenargumenten, Beweisen bzw. Schlussfolgerungen aufgebauten Dialoge auf entscheidende Aspekte. Es elementarisiert und macht die Auseinandersetzung ästhetisch ansprechend.

Molitor bezieht mit seinem bis 1520 in acht lateinischen und fünf deutschen Ausgaben erscheinenden Werk Stellung in der Debatte über Hexerei-Vorwürfe insbesondere gegen Frauen. Nicht den Hexen, wohl aber dem Satan stehen demnach destruktive Kräfte zur Verfügung. Gegenstand der Anklage kann daher nicht Hexerei, sondern allenfalls Apostasie sein.

Der sechste Holzschnitt (Bl. c_i^a) illustriert den sogenannten Hexensud, einen magischen Ritus, durch den Hagel und anderes Unwetter zusammengebraut werden soll. Demgegenüber verdeutlicht Molitor, dass das Wetter allein vom Schöpfer gemacht und Unwetter aus bestimmten Gründen zugelassen wird. CH

Lit.: Mauz 1983.

II.18 (Abb. 3)
Die Kirche in Ketten
Alvarus Pelagius: De planctu ecclesiae, Ulm: Johann Zainer d.Ä., 26.X.1474 (GW M30502)
Papier, 407 Bll., 2 gedruckte Rankenbordüren, 1 Holzschnittinitiale, jeweils koloriert
WLB Stuttgart, Inc. fol. 891 (HB)

Die Schrift „De planctu ecclesiae" (vom Klagelied der Kirche) ist das Hauptwerk des Franziskaners Alvarus Pelagius (um 1280–1350) aus Galicien im Nordwesten des heutigen Spanien. Er klagt darin über den Zustand der Kirche seiner Zeit und befürwortet eine starke Stellung des Papstes. Dabei geht es zum einen um die Rechte der Kirche in der Welt, zum anderen aber auch um Missstände innerhalb der Orden und des Klerus überhaupt. Der hochqualifizierte Doktor des Kirchenrechts war ein entschiedener Befürworter des franziskanischen Armutsideals, bewegte sich jedoch innerhalb der päpstlichen Entscheidungen im Armutsstreit. Das umfangreiche Werk ist in rund 40 Handschriften überliefert,

die vorliegende Ausgabe von 1474 bei Zainer in Ulm ist der Erstdruck.

Die Holzschnittbordüre erscheint zweimal in der Ausgabe: Zum Textanfang des ersten Teils nach dem Prooemium und zum Beginn des zweiten Teils. Die Blattranken mit Blüten in Phantasieformen sind zu dieser Zeit in der Buchmalerei des deutschen Südwestens verbreitet. Der Druckstock der bewohnten Figureninitiale wurde offenbar extra für diese Ausgabe hergestellt, denn das integrierte Schriftband bezieht sich explizit darauf: *Ecclesie militantis statum vide in libro planctum etc.* (siehe den Zustand der streitenden Kirche im Buch „Klagelied etc."). Es entrollt sich aus der Hand des Gelehrten, der auf einer Bank thront und doziert. Die Initiale „O", in deren Innenraum sich das Autorenbild befindet, wird aus den Körpern zweier Gefangener in Ketten gebildet. Die eisernen Ketten sind an ihren Fußknöcheln befestigt und werden von der jeweils anderen Figur mit den Händen gehalten. Das Motiv ist wohl als Anspielung auf den beklagten Zustand der Kirche zu beziehen.

Bordüre und Initiale ahmen unmittelbar Formen der Buchmalerei nach, was durch die Kolorierung noch deutlicher hervortritt. Für beide Elemente wurden je eigene Druckstöcke in den Satz montiert, so konnte die Bordüre für den Beginn des zweiten Teils noch einmal verwendet werden. Als rein ornamentaler, thematisch ungebundener Schmuck war sie auch für andere Textausgaben verwendbar. WM

Lit.: Miethke 2008, S. 177–183; Amelung 1979, S. 15–148.

II.19 (Abb. 63a, b)
Ein hochwertig ausgestattetes Brevier für die Diözese Konstanz
Breviarium Constantiense (Winterteil), hrsg. im Auftrag von Hugo von Hohenlandenberg, Bischof von Konstanz, Augsburg: Erhard Ratdolt, 1499 (GW 5325)
Papier, 306 Bll., kolorierte Holzschnittinitialen, Rotdruck
WLB Stuttgart, Inc. fol. 3830-1
 http://digital.wlb-stuttgart.de/purl/bsz41038 1993

Der Augsburger Drucker Erhard Ratdolt (1447–1527) hatte zehn Jahre lang in Venedig eine Druckerei geführt, in der er vor allem Ausgaben von Klassikern und naturwissenschaftlichen Werken besorgte, bevor er im Jahr 1486 in seine Heimatstadt zurückkehrte und sich hier mit dem Druck prächtiger Liturgica hervortat. Die Zusammenarbeit mit hervorragenden Künstlern seiner Zeit und seine innovative Schaffenskraft brachten bedeutende Werke hervor, die sich durch ihre gedruckten Zierleisten, Initialen und die Kunst des mehrfarbigen Drucks auszeichneten.

Auch Hugo von Hohenlandenberg (1457–1532), Bischof von Konstanz, scheint die Kunst Ratdolts geschätzt zu haben. Er erteilte ihm den Auftrag für die Drucklegung des offiziellen Breviers der Diözese Konstanz, das 1499 in zwei Bänden, einem Winter- und einem Sommerteil, erschien. In dem *Proprium de sanctis* genannten Teil sind diejenigen Texte enthalten, die für die Stundengebete an Heiligenfesten benötigt werden. Im hier ausgestellten Band (Winterteil) beginnt es mit dem Fest des hl. Andreas am 30. November und wird durch eine kolorierte Holzschnitt-Initiale eingeleitet (Abb. 63a). Links neben dem I-Schaft sieht man den Apostel mit seinem charakteristischen Attribut, dem X-förmigen Andreaskreuz. Rechts steht eine männliche Figur, die zunächst Fragen aufwirft – wollen ihre Attribute doch nicht so recht zu einem an diese Stelle des Kalenders passenden Heiligen gehören. Ein Palmzweig, Zeichen für ein erlittenes Martyrium, in der einen und ein Schwert in der anderen Hand – beides ist nicht sehr aussagekräftig. Die Kleidung ist die eines wohlhabenden Bürgers zur Zeit der Drucklegung. Bedenkt man die lokale Zugehörigkeit des Breviers, liegt die Lösung nahe: Es handelt sich um den heiligen Pelagius, einen der beiden Patrone von Konstanz. In einer Ausgabe des Konstanzer Breviers von 1516 verwendet Ratdolt eine motivisch vergleichbare Initiale, bei der die beiden Heiligen allerdings spiegelverkehrt dargestellt sind. Aber auch im hier vorgestellten Brevier begegnet Pelagius ein weiteres Mal: Jeweils zu Beginn der beiden Bände findet sich ein dem Augsburger Künstler Hans Burgkmair dem Älteren (1473–1531) zugeschriebener Holzschnitt, der in den Stuttgarter Exemplaren allerdings nur noch im zweiten Band, dem Som-

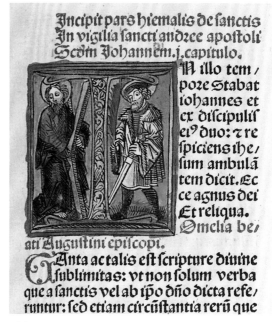

Abb. 63a
I-Initiale mit den Heiligen Andreas und Pelagius. Breviarium Constantiense (Winterteil), WLB Stuttgart, Inc. fol. 3830-1, Bl. aa₁ᵃ (Kat.Nr. II.19)

merteil, erhalten ist (Bl. 1b, Abb. 63b). Dort sieht man Maria mit dem Jesusknaben auf dem Arm, die von den Konstanzer Patronen Konrad und Pelagius flankiert wird: zur Linken Konrad mit einem Kelch, in dem eine Spinne sitzt, zur Rechten der heilige Pelagius, wie auch in der oben beschriebenen Holzschnitt-Initiale in bürgerlicher Kleidung der Zeit, mit Palme und Schwert in den Händen. Zwei Engel halten das Wappen des Auftraggebers Hugo von Hohenlandenberg.   KL

Lit.: SCHOTTENLOHER 1922, S. XVIII, 61–62, 81.

II.20 (Abb. 64)

Antisemitismus und Polemik in Buchform
Seelenwurzgarten, Ulm: Konrad Dinckmut, 4. Oktober 1483 (GW M41170)
Papier, 168 Bll., 24 kolorierte Holzschnitte (unvollständiges Exemplar)
UB Heidelberg, Q 429 qt. INC, Bl. 5b
🖰 http://digi.ub.uni-heidelberg.de/diglit/is00365000

Der anonym überlieferte „Seelenwurzgarten" besteht aus einer Sammlung von Exempeln und Wundergeschichten. Der Text orientiert sich am

Abb. 63b
Maria mit dem Jesusknaben auf dem Arm, flankiert von den Patronen der Diözese Konstanz, den Heiligen Konrad und Pelagius. Breviarium Constantiense (Sommerteil), WLB Stuttgart, Inc. fol. 3830-2, Bl. 1b (Kat. Nr. II.19)

114

Verlauf der Heilsgeschichte und ist inhaltlich um vier Themenkomplexe gruppiert: 1. Schöpfungsgeschichte und Menschwerdung Christi, 2. Fegefeuer und Hölle, 3. Sammlung von Wundern und Visionen, 4. Antichrist, Auferstehung der Toten und das Jüngste Gericht. Als Quellen wurden unter anderem Werke von Caesarius von Heisterbach, Vinzenz von Beauvais, Nikolaus de Lyra, die „Legenda aurea" des Jacobus de Voragine aber auch das „Fegfeuer des hl. Patricius" herangezogen. Das Buch ist von antijüdischer Polemik durchzogen. Besonders im ersten Teil, der unter dem Titel „Bewährung daß die Juden irren" auch separat überliefert ist, wird vehement der alleinige Wahrheitsanspruch der römischen Kirche verfochten. Die Juden erscheinen als Feinde des Christentums, die nicht von ihrem Irrweg ablassen wollen. Mehrfach wird beispielsweise darauf hingewiesen, dass sie Jesus von Nazareth nicht als den erwarteten Messias erkennen, obwohl sie über die gleichen prophetischen Bücher verfügen wie die Christen, so etwa mit den Worten auf Blatt 21b: *aus […] büchern die wir vnd sÿ für bewerte geschrifft halten.* Immer wieder wird die Verdammung der Verstockten betont, die den christlichen Glauben trotz besseren Wissens nicht annehmen.

Der „Seelenwurzgarten" wurde 1466/67 im Auftrag Ehrenfrieds II. von Vellberg (1445–1473), Abt des Benediktinerklosters Komburg bei Schwäbisch Hall, verfasst. Der eigentliche Autor, vermutlich ein Konventuale des Stifts, ist unbekannt. Die Tatsache, dass der Text in deutscher Sprache und nicht auf Latein verfasst wurde, legt nahe, dass er sich zumindest primär an Personen wandte, die kein Latein verstanden, also beispielsweise Novizen oder Laien. Bislang sind elf Handschriften des „Seelenwurzgartens" bekannt. Mehr als die Hälfte dieser Manuskripte sind jedoch lediglich (Teil-)Abschriften eines der zwischen 1483 und 1515 erschienenen neun Drucke des Werkes. Der Titel „Seelenwurzgarten" findet sich ausschließlich in den Drucken.

Der Ulmer Drucker und Buchbinder Konrad Dinckmut gab den Text insgesamt dreimal heraus. Das vorliegende Exemplar gehört zu seiner zweiten Auflage, die schon zwei Monate nach dem Erscheinen der ersten Ausgabe gedruckt wurde. Eine dritte Auflage folgte Ende 1488.

Abb. 64
Der Kanoniker predigt seiner Gemeinde. Seelenwurzgarten, Bewährung daß die Juden irren, UB Heidelberg, Q 429 qt. INC, Bl. 5b (Kat.Nr. II.20)

Die Heidelberger Inkunabel ist im Besitz insgesamt dreier Frauenklöster nachweisbar: Noch im 15. Jahrhundert gehörte sie zur Bibliothek des Dominikanerinnenklosters in Pforzheim (Bl. 1a), aus der Mitte des 16. Jahrhunderts stammt der Besitzeintrag der Nonne Ursula Gölerin aus dem Benediktinerinnenkloster Frauenalb (Abb. 15). Vom Zisterzienserinnenkloster Lichtenthal (vgl. die Säkularisationsnummer auf dem Vorderspiegel) gelangte sie dann Anfang des 19. Jahrhunderts in die Universitätsbibliothek Heidelberg.

Zahlreiche Spuren weisen auf eine rege Benutzung des Buches hin: Das Papier ist verschmutzt, weist häufig Knicke auf oder hat kleinere Fehlstellen an den Rändern. Der stark beriebene Einband, der ursprünglich – wie der Druck selbst – aus der Werkstatt Konrad Dinckmuts stammte, musste im 17. Jahrhundert repariert und ergänzt werden.

Das Eingangsbild (Bl. 5b) zeigt eine Predigtsituation in einem gewölbten Innenraum, der unschwer als Kirche zu erkennen ist: Der Kanoniker steht auf der Kanzel und predigt seiner Gemeinde, einer Gruppe von Männern und Frauen, die ihm zu

Füßen sitzen. Der belehrende Charakter der Szene wird durch die Gestik des Predigers betont. Die Gläubigen folgen seinen Auslegungen entspannt aber durchaus konzentriert, Prediger und Gemeinde sind nicht zuletzt durch den engen Blickkontakt – sie schauen sich überwiegend direkt in die Augen – aufeinander bezogen.

Vermutlich wird hier auf eine der Zielgruppen des Textes Bezug genommen, denn Exempelsammlungen, zu denen auch der „Seelenwurzgarten" gehört, konnten unter anderem für die Vorbereitung von Predigten herangezogen werden. Die Tatsache, dass die Auslegungen der Exempel dem Text meist in Form einer einfach verständlichen Lehre beigegeben sind, kann aber auch auf ein klösterliches Publikum verweisen, wie es in der Provenienzgeschichte des vorliegenden Druckes gleich durch drei Frauenklöster vertreten ist.

Die insgesamt 30 Holzschnitte des Druckes, von denen im vorliegenden Exemplar sechs fehlen, sind recht unterschiedlich eingesetzt. In dem polemischen ersten Teil werden die Holzschnitte häufig wiederverwendet: Die im Text immer wiederkehrenden Dialoge und Streitgespräche zwischen Juden und Christen werden stereotyp lediglich durch drei Holzstöcke illustriert. Im dritten Teil, der von Wundergeschichten und Visionen erzählt, werden die Schnitte hingegen weit überwiegend nur einmal verwendet. Der Vorteil des Druckverfahrens, in dem inhaltlich ähnliche Szenen mit immer denselben Illustrationen bebildert werden können, kommt hier voll zum Tragen. KZ

Lit.: SCHLECHTER / RIES 2009, S. 845f. Nr. 1633; Werner WILLIAMS-KRAPP: Der Seelen Wurzgarten, in: ²VL, Bd. 8, 1992, Sp. 1027–1029.

II.21 (Abb. 65)
Kobergers künstlerische Sorgfalt
Birgitta von Schweden: Revelationes, hrsg. von Florian von Waldauf auf Veranlassung Kaiser Maximilians I., Nürnberg: Anton Koberger I., 21. September 1500 (GW 4392)
Papier, 312 Bll., 11 Seiten mit kolorierten Holzschnitten
UB Heidelberg, Q 1597 qt. INC

🖰 http://digi.ub.uni-heidelberg.de/diglit/ib0068 8000

Unter Maximilian I. (1459–1509), der als einer der großen Förderer der Wissenschaft, Literatur und Kunst seiner Zeit gilt, konnten sich auch die kommerziellen Drucktechniken, allen voran der Buchdruck, in Deutschland durchsetzen. Manche Druckwerke, wie die vorliegende Druckausgabe Birgittas von Schweden „Revelationes", gehen sogar auf seine direkte Veranlassung zurück. So ist im Prolog der Ausgabe auf Blatt 1b nachzulesen, dass zunächst Florian Waldauf das Werk bekannt gemacht habe und Maximilian dann anordnete, dass es in beiden Sprachen (lateinisch und deutsch) gedruckt und mit Figuren versehen werde. Überdies wird in der Vorrede erwähnt, dass man dafür den ehrenhaften Anton Koberger (*ad sollertissimum calographum vicem honestum ac providum virum Anthonium Koberger*), Bürger der Reichsstadt Nürnberg, als den Geeignetsten ausgewählt habe wegen seiner schon in anderen gedruckten Werken gezeigten künstlerischen Sorgfalt (*ob suam aliis in ceteris per eum impressis libris artificiosam diligentiam*). Koberger veröffentlichte die lateinische Ausgabe am 21. September 1500, die deutschsprachige 1502. Eine frühere deutschsprachige Ausgabe wurde 1492 in Lübeck von Bartholomaeus Ghotan herausgebracht, mit 14 ganzseitigen Holzschnitten, einigen schmaleren Holzschnitten und Initialen (GW 4391), deren Text als eine durch den Birgittenorden in Vadstena autorisierte Gesamtausgabe zu betrachten ist. Für die Jahre davor ist eine Verbreitung der insgesamt 700 Offenbarungen der Mystikerin Birgitta von Schweden (1303–1373) schon bald nach ihrer schriftlichen Niederlegung durch ihre Beichtväter ab 1349, jedoch nur in Exzerpten und Teilen zu beobachten. Im Jahr 1391 wurde Birgitta heilig gesprochen, ihr weiterhin umstrittenes Werk wurde dann aber auf den Konzilien in Basel und Konstanz geprüft und bestätigt.

Die vollständige Koberger-Ausgabe enthält, anders als das Heidelberger Exemplar, 18 Seiten mit Holzschnitten. Sie umfassen fünf ganzseitige Holzschnitte, eine Wiederholung inklusive eines halbseitigen Holzschnitts, 13 sind Kompositionen, die sich aus zwei bis acht Holzschnitten

Abb. 65
Thronender Christus mit Maria zwischen Heiligen, Birgitta zwischen geistlichen und weltlichen Würdenträgern,
darunter betende Bürger. Birgitta von Schweden: Revelationes, UB Heidelberg, Q 1597 qt. INC, Bl. 14b (Kat.
Nr. II.21)

zusammensetzen, von denen sich wiederum einzelne wiederholen. Die ganzseitigen Holzschnitte zeigen das Titelbild, in dem die heilige Birgitta ihr Werk an Nonnen und Mönche des von ihr gegründeten Ordens übergibt (Bl. 1a), gefolgt von dem Wappenbild Kaiser Maximilans (Bl. 2a) und dem des Florian Waldauf (Bl. 2b).

Es ist bekannt, dass Kaiser Maximilian mit Bedacht namhafte Künstler beauftragte. Lucas Cranach war ebenso für ihn tätig wie Albrecht Altdorfer oder Albrecht Dürer. Auch die Holzschnitte der „Revelationes“ wurden von der Forschung wenn nicht Albrecht Dürer selbst, so doch seiner Werkstatt zugeschrieben (PANOFSKY 1945). In jedem Fall zeigen sie die typischen Merkmale der Nürnberger Holzschnitte zu Beginn des 16. Jahrhunderts, die sich durch die Darstellung menschlichen individuellen Ausdrucks auszeichnen und die durch Linien und Schraffuren Licht, Schatten und Perspektive erzielen, die eine nachträgliche Kolorierung, wie im vorliegenden Druck zu sehen, eigentlich verzichtbar machen. MK

Lit.: DE SIMONE 2004, Kat. Nr. 6, S. 83–87; LANDAU / PARSHALL 1994, S. 206–216; Ulrich MONTAG: Birgitta von Schweden, in: ²VL, Bd. 1, 1978, Sp. 867–869; PANOFSKY 1945, Bd. 2, S. 47f., Nr. 401.

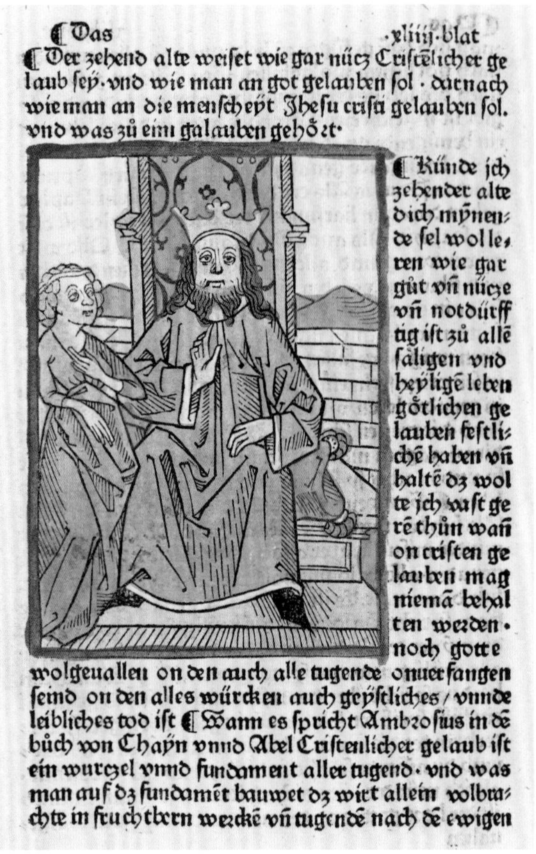
Das ·xliiij·blat
Der zehend alte weiset wie gar nücz Cristẽlicher gelaub sey·vnd wie man an got gelauben sol · darnach wie man an die menschept Jhesu cristi gelauben sol. vnd was zů eim galauben gehöret·
Künde jch zehender alte dich mynnende sel wol leren wie gar gůt vñ nücze vñ notdürfftig ist zů allẽ säligen vnd heyligẽ leben götlichen gelauben festlichẽ haben vñ haltẽ dz wolte ich vast gerẽ thůn wañ on cristen gelauben mag niemã behalten werden· noch gotte wolgeuallen on den auch alle tugende onuerfangen seind on den alles würcken auch geystliches / vnnde leibliches tod ist Wann es spricht Ambrosius in dẽ bůch von Chayn vnnd Abel Cristenlicher gelaub ist ein wurczel vnnd fundament aller tugend· vnd was man auf dz fundamẽt bauwet dz wirt allein volbrachte in fruchtbern werckẽ vñ tugendẽ nach dẽ ewigen

Abb. 66
Der zehnte Alte und die minnende Seele. Otto von Passau: Die vierundzwanzig Alten, oder Der goldene Thron, UB Heidelberg, Q 7436 qt. INC, Bl. 44b (Kat. Nr. II.22)

II.22 (Abb. 66)

Aus sieben werden 24

Otto von Passau: Die vierundzwanzig Alten, oder Der goldene Thron, Augsburg: Anton Sorg, 10. März 1480 (GW M28503)
Papier, 206 Bll., 21 Holzschnitte (unvollständiges Exemplar)
UB Heidelberg, Q 7436 qt. INC
http://digi.ub.uni-heidelberg.de/diglit/io00119000

Von der Erbauungsschrift „Die vierundzwanzig Alten, oder Der goldene Thron“ des Franziskaners Otto von Passau sind bislang über zehn Inkunabelausgaben nachgewiesen. Einer der frühesten Drucke erschien am 10. März 1480 bei Anton Sorg in Augsburg. Neben den ganzseitigen Titelholzschnitten wurden für die Bebilderung des Textes wie bei der Handschrift von 1457 (Kat.Nr. I.25) 24 Dialogbilder angefertigt. Bei der vorliegenden Ausgabe wurden sie von insgesamt sieben verschiedenen Holzstöcken gedruckt, die hierfür ein- bis sechsmal verwendet wurden. 1483 erschien beim gleichen Drucker eine Neuauflage mit denselben Bildstöcken, die aber in veränderter Reihenfolge angeordnet waren.

Im Vergleich zu den Miniaturen der oberrheinischen Handschrift fallen neben einigen Übereinstimmungen (starke Konturierung der Figuren, Stereotypie des Dargestellten) hauptsächlich die Unterschiede auf: Die Holzschnitte sind nicht ganzseitig ausgeführt, sondern werden in die Textseiten eingepasst, die handelnden Personen – der Alte und die personifizierte Seele – erscheinen in den Illustrationen gleich groß, der Alte wird nicht stehend, sondern auf einem gotischen Baldachinthron oder einer Steinbank sitzend dargestellt, die Szene wird nach hinten häufig durch eine Mauer abgeschlossen und so von der sich dahinter ausbreitenden Natur abgegrenzt.

Die Abbildungen gehen somit eindeutig auf verschiedene ikonographische Traditionen zurück, die sich den ausführenden Künstlern für die umzusetzenden Inhalte anboten. Der Einsatz dieser unterschiedlichen ikonographischen Formeln hing allerdings nicht davon ab, welches Medium – Handschrift oder Druck – zu illustrieren war. So verwendet beispielsweise der Zeichner in der Heidelberger Handschrift Cod. Pal. germ. 27, die in der Straßburger Werkstatt von 1418 entstanden ist, zum Teil ähnliche Ikonographien wie der Holzschneider der Augsburger Druckausgabe: Alter und Seele sind in beiden Fällen gleich groß, der Alte sitzt jeweils auf einer Steinbank. Allerdings fehlen bei dem Codex aus dem Jahr 1418 im Vergleich sowohl zur oberrheinischen Handschrift als auch zum Augsburger Druck jegliche Anklänge an eine umgebende Natur. Die Personen sind vielmehr in einem nicht näher definierten Raum vor einem farbigen Hintergrund dargestellt. Die Straßburger Handschrift folgt hier noch durchgängig einem älteren Typus.

Im Gegensatz zur handschriftlichen Überlieferung des Textes, die sich bis auf wenige Ausnahmen auf die Region des Oberrheins konzentriert, sind Drucke des Werkes von Augsburg über Straßburg und Köln bis in die Niederlande (Utrecht und Haarlem) nachweisbar. Von der hier gezeigten Ausgabe sind weltweit noch über 30 Exemplare vorhanden. Der Band der Universitätsbibliothek Heidelberg stammt aus dem Benediktinerkloster Schuttern, der entsprechende Besitzeintrag findet sich auf dem Vorderspiegel. In das Kloster war das Buch in der ersten Hälfte des 18. Jahrhunderts über den Geistlichen Philipp Jakob Hauger († 1730; 1711–1730 Pfarrer von Kippenheim im Ortenaukreis) gekommen. Das wohl noch im 7. Jahrhundert gegründete Kloster Schuttern war 1805 mit der Landvogtei Ortenau an das Großherzogtum Baden gefallen und 1806 aufgehoben worden. Im Anschluss wurde die Bibliothek zwischen der Hofbibliothek Karlsruhe, die in der Badischen Landesbibliothek Karlsruhe aufging, und der UB Heidelberg aufgeteilt. Insgesamt gelangten so 121 Inkunabelausgaben in 128 Exemplaren aus dieser Provenienz in die Heidelberger Bibliothek.

Der Einband der gezeigten Inkunabel stammt aus der Augsburger Buchbinderwerkstatt des Jörg Schapf (EBDB w00045), der dort von zirka 1469–1486 als Buchbinder und Buchführer tätig war. Sehr wahrscheinlich hatte der Erstbesitzer das Buch, das er vermutlich noch direkt am Druckort Augsburg erworben hatte, auch gleich dort binden lassen.

Aus dem Exemplar wurden sowohl die beiden Titelholzschnitte als auch vier der 24 Dialogbilder neuzeitlich entfernt. Blatt 128 mit einem der gestohlenen Holzschnitte konnte im August 1978 wieder in die Inkunabel eingefügt werden.

KZ

Lit.: Schlechter / Ries 2009, S. 732 Nr. 1378

II.23 (Abb. 67)

Volkssprachliche Schriftlesungen
Epistolae et Evangelia (Plenarium), deutsch, Ulm: Konrad Dinkmuth, 28. Februar 1483 (GW M34141)
Papier, 256 Bll., 57 Holzschnitte
WLB Stuttgart, Inc. fol. 6733(HB)
http://digital.wlb-stuttgart.de/purl/bsz410342467

Der Band erscheint am Anfang der wirtschaftlich ergiebigsten, fünfjährigen Phase des Ulmer Druckers Konrad Dinkmuth (Wirkungszeit zirka 1476–1496). Er ist auch als Buchbinder tätig, versteht sich als solider Handwerker und Geschäftsmann, weniger als publizistischer Vertreter humanistischer Gelehrsamkeit. Dabei kooperiert er mit dem humanistisch gesinnten Ulmer Patrizier Hans Neithart (ca. 1430–1500) und erhält Aufträge der Dominikaner. Die Textauswahl orientiert sich an der zu erwartenden Nachfrage. Umfängliche Werke erfordern hohe Investitionskosten bei schwer kalkulierbaren Absatzchancen. Dinkmuth muss 1489 wegen Überschuldung sein Haus verlassen und gibt 1496 den Buchdruck auf. Liturgische Bücher zählen zu den Literaturgattungen mit breiterem Adressatenkreis. Ein Plenarium umfasst alle im Verlauf des Kirchenjahres in den gottesdienstlichen Schriftlesungen zu verwendenden Abschnitte aus der Bibel (Evangelien und Epi-

119

Abb. 67
Jesus mit den Zehn Aussätzigen. Epistolae et Evangelia (Plenarium), deutsch, WLB Stuttgart, Inc. fol. 6733 (HB), Bl. CLXXXIIIa (Kat.Nr. II.23)

stel) in ungekürzter Form. Diese sind nach den Sonn- und Feiertagen des Kirchenjahres geordnet. Volkssprachliche Bibelübersetzungen sind in dieser Zeit rar und die individuelle Bibellektüre gilt wegen womöglich fehlender Rückbindung an das kirchliche Lehramt als bedenklich. So lernt der Laie die Inhalte der Bibel vor allem durch die häufig in der jeweiligen Volkssprache gehaltenen Lesungen im Gottesdienst kennen. Dinkmuth druckt deutlich mehr, nämlich über 60 deutsche Werke, dagegen weniger als 20 lateinische. Das deutsche Plenarium stellt insofern einen Mittelweg dar, als es auch um der Wiedererkennung für den Klerus willen den ersten Satz des jeweiligen Bibeltextes in lateinischer Sprache zitiert, um dann den ganzen Abschnitt in deutscher Übersetzung wiederzugeben. Erläuterungen (Glosa) schließen sich an und stellen den Bezug zur kirchlichen Lehrtradition her.

Der praktischen Glaubensvermittlung dienen auch die Illustrationen. Dinkmuths bis 1483 ausschließlich verwendete Schrifttype umfasst zahlreiche Lombarden (Zierbuchstaben), die vornehmlich am Beginn von Abschnitten verwendet werden. Verstärkt wird die Gliederung durch Rubrikzeichen. Ein Teil der Evangelien wird durch kleine, teilweise umrandete oder nach mindestens einer Seite offene Holzschnitte illustriert. Diese sind durchgehend koloriert,

wobei der Farbauftrag häufig über die gedruckten Konturen hinausreicht. Dabei handelt es sich um vereinfachte und verkleinerte Nachschnitte des Bilderzyklus', den ein deutsches Plenarium verwendet, das 1481 bei Konrad Fyner in Urach gedruckt wurde (GW M34143). Mit dem Holzschnitt korrespondiert stets eine Zierinitiale mit dem Buchstaben B zur Einleitung der demselben Sonntag zugeordneten Epistel. Hervorgehoben wird dadurch die Anrede „Brüder". Der Leser bzw. Hörer wird bei seinem Stand der Geschwisterlichkeit im Glauben behaftet und soll sich, verstärkt durch die ästhetische Gestaltung, der persönlichen Relevanz des Gesagten bewusst werden. Das gilt auch für das Zueinander der Darstellung der Erzählung von den Zehn Aussätzigen (Bl. CLXXXIIIa) (Lc 17,11-19) und der Auslegung (Glosa), die Aussatz auf die allgemeine Verfallenheit an die Sünde bezieht.   CH

Lit.: AMELUNG 1979, S. 183–190.

II.24   (Abb. 68)
Marienverehrung in Wort und Bild
Pseudo-Bonaventura: Von dem grossen mit leyden der Jungkfrauen Marie nach dem tod ihres lieben kindes (Meditationes vitae Christi, Auszug, deutsch), Ulm: Konrad Dinkmuth, 1488 (GW 4762)
Papier, 28 Bll., 4 Holzschnitte
WLB Stuttgart, Inc. qt. 3557b
 http://digital.wlb-stuttgart.de/purl/bsz347684459

Das Stuttgarter Exemplar der kleinen Inkunabel ist weltweit das einzig erhaltene. Es ist charakteristisch für die Spätphase der Druckertätigkeit Dinkmuths und der Druckerzeugnisse in Ulm überhaupt. In den späten 1480er Jahren kommt es infolge starker Konkurrenz auf dem Buchmarkt und zugleich zurückgehender wirtschaftlicher Potenz Ulms zu Liquiditätsproblemen der Drucker. Die Produktion weniger umfangreicher und zudem bewusst volkstümlich gehaltener Werke birgt weniger finanzielle Risiken. So wählt Dinkmuth einen Auszug aus einem mariologischen Lehrbuch aus, das dem bekanntesten Vertreter der scholastischen Franziskanerschule,

Abb. 68
Kreuzabnahme und Salbung des Leichnams Jesu. Pseudo-Bonaventura: Von dem grossen mit leyden der
Jungkfrauen Marie nach dem tod ihres lieben kindes, WLB Stuttgart, Inc. qt. 3557b, Bl. 8b (Kat.Nr. II.24)

Da antwurt die braut vñ sprach zů 8 weiß=
heit. In dem ersten getzelde hab ich geseh=
en leüt die an iren sitten schmech vñ hoffer
tig waren. vñ riten all auff pfawen. sy wolten flie=
gen vñ mochten nit. Vñ einer erhůb sich über den
andern daruon ir krieg vñ streit groß was. wañ
ir yegklicher warff seyn baner auff wider seyn nech
sten vñ lebtē in widerstreit vñ vnfrid. Vil schwar
zer gemssen waren vnd yn. die hoch vor yn auff sti
gen vñ die leüt nach yn vntz das sy in den abgrunt

g

Abb. 69
Leute mit hoffärtigen Sitten unter dem ersten Zelt. Buch der Kunst, dadurch der weltliche Mensch mag geistlich
werden, UB Heidelberg, Q 8518 oct. INC, Bl. 49a (Kat.Nr. II.25)

Bonaventura (1221–1274), zugeschrieben wurde. Ins Deutsche übersetzt und auf die wichtigsten Kapitel reduziert wird es zu einem volkstümlichen Erbauungsbuch. Das mariologische Thema legt sich vor dem Hintergrund der gegen Ende des 15. Jahrhunderts in Ulm besonders ausgeprägten Marienfrömmigkeit nahe.

Dinkmuth verwendet zur Angabe des Titels (Bl. 1a) eine Type italienischer Herkunft als Auszeichnungsschrift, im sonstigen Text eine vom Ulmer Drucker Lienhart Holl († ca. 1484) übernommene Type. Klein an der Zahl weisen aber auch die Holzschnitte stilistisch eine größere Breite an Variationen auf. Sie behandeln verschiedene Aspekte des Leidens, Sterbens und Auferstehens Christi, wobei weniger Christus selbst als die Gottesmutter Maria in ihrem Verhältnis zu Christus im Zentrum steht.

Die Holzschnitte entsprechen in ihren Maßen fast dem Satzspiegel des Textes einer Seite und werden von einem schwarzen Rand umrahmt. Der nicht identifizierbare Künstler bemüht sich um Perspektive, etwa durch Andeutung von Hügeln bzw. einer Stadt im Hintergrund. Bemerkenswert an der zweiten Illustration (Bl. 8b) ist, dass zwei unterschiedliche, wenn auch inhaltlich zusammenhängende Szenen in einem Bild zusammengefasst werden. In der oberen Bildhälfte wird die Kreuzabnahme Jesu durch Josef von Arimathäa und Nikodemus (Io 19,38-40) dargestellt, in der unteren die Entgegennahme des Leichnams und Salbung mit wohlriechenden Ölen durch Maria und Maria Magdalena (Lc 23,55-56; Mt 27,61). Was im Text nur nacheinander bzw. in der Bibel verstreut erzählt werden kann, vermag ein Bild zusammenzufassen. Ein komplexes Geschehen wird durch Zusammenschau unterschiedlicher Aspekte und gleichzeitige Reduktion auf Wesentliches leichter verstehbar gemacht.

Die Darstellung des Mitleidens Marias mit Christus zielt auf die Einfühlsamkeit des Betrachters und die emotionale Betroffenheit über die Schwere des Opfers Christi ab. Mit Schraffuren vor allem in den Gewändern der dargestellten Personen sowie durch die Kolorierung soll der Eindruck von Lebendigkeit, Dynamik und Dramatik verstärkt werden. Allerdings gelingt es den Holzschneidern in dieser Zeit noch kaum, Gefühlsregungen in den Gesichtszügen anzudeuten. Dazu

bedarf es einer Verfeinerung der Schneidekunst, wie sie im 16. Jahrhundert und dann vor allem ab dem 17. Jahrhundert durch die Etablierung des Kupferstiches besser gelingt. CH

Lit.: AMELUNG 1979, S. 235f.

II.25 (Abb. 69)
Weltliches zur geistlichen Erbauung
Buch der Kunst, dadurch der weltliche Mensch mag geistlich werden, Augsburg: Johann Schönsperger, 4. April 1497 (GW 5669)
Papier, 96 Bll., 106 Holzschnitte
UB Heidelberg, Q 8518 oct. INC
http://digi.ub.uni-heidelberg.de/diglit/ib01268000

Wie bereits bei den älteren Augsburger Druckereien zu beobachten, war es auch ein hervorstechendes Kennzeichen der Druckerzeugnisse aus der Offizin des Johann (Hans) Schönsperger, dass er vor allem deutschsprachige, mit Holzschnitten illustrierte Bücher auf den Markt brachte. Außerdem legte dieser Drucker der nun zweiten Generation zahlreiche Werke anderer Offizinen neu auf, indem er zumeist die Vorlagen kopierte. Auf diese Weise konnte er gegenüber seinen Vorgängern oder Mitanbietern kostengünstiger produzieren, auch weil er weniger qualitätsvolle und damit billigere Papiere verwendete, so etwa für die Schedelsche Weltchronik (Kat.Nr. II.1). Der Stiefvater von Schönsperger war Johann Bämler, in dessen Druckerei er – so wird vermutet – einen Teil seiner Ausbildung absolvierte und dessen Typenmaterial und Holzstöcke er, als er 1481 eine eigene Offizin mit Thomas Rüger († 1482) gründete, zunächst übernahm. Der Vollständigkeit halber sei an dieser Stelle darauf verwiesen, dass die Offizin Schönspergers mit der Methode des Nachdruckens zwar lange prosperierte, dass sich Schönsperger aber letztlich finanziell übernahm und keine Drucke aus eigenen Mitteln mehr herstellen konnte. Die ab 1508 erschienenen Drucke, die mit seinem Namen verbunden sind, schuf er als „geheimer Drucker" Kaiser Maximilians.

Für das „Buch der Kunst" konnte Schönsperger direkt auf die Holzstöcke von Bämler zurück-

Abb. 70
Mondsichelmadonna. Hieronymus de Vallibus: Jesuida seu De passione Christi, WLB Stuttgart, Inc. qt.
15844 b, Bl. 1a (Kat.Nr. II.26)

greifen, der Text wurde in einzelnen Sprachformen angepasst und neu gesetzt. Die eindeutige
Zuordnung von einem Holzschnitt zu der jeweils dazugehörigen, nachfolgenden Textpassa-
ge ging dabei zuweilen verloren, wenn etwa ein
Seitenwechsel entstand. Auch passierte es, dass
ein Bild an einer falschen Stelle platziert wurde.
So wurde der Schilderung von den Ereignissen
unter dem vierten Zelt (Holzschnitt, Bl. 51a,
Textbeginn, Bl. 51b) noch das Bild hinzugefügt,
das eigentlich das siebte Zelt (Text, Blatt 52b)
illustrieren soll. In dieser Passage mit den sieben Zelten berichtet die siebte Jungfrau, die die
Braut des Königs werden wird – damit ist die
geistliche Gemahlschaft mit Gott gemeint – von
den weltlichen und fleischlichen Verführungen,
denen Menschen allgemein und so auch die anderen Jungfrauen zum Opfer gefallen sind. Dem
ersten Zelt wird die Todsünde der Hoffart zugewiesen und der Wetteifer von Leuten im Reiten
und Fliegen auf Pfauen beschrieben (Abb. 69).
Das „Buch der Kunst" ist eine redaktionelle Bearbeitung der Offizin Johann Bämlers nach dem

„Büchlein der geistlichen Gemahelschaft", das
zunächst zwischen 1365 und 1380 von Konrad
Spitzer im Umfeld des Wiener Hofes in Reim-
paardichtung verfasst und im 15. Jahrhundert
in Prosa übertragen wurde. Drei Mal legte Bämler das Buch auf, zuerst 1477, 1478 und zuletzt
1491.   MK

Lit.: Hans-Jörg Künast: „Schönsperger, Johann
der Ältere", in: NDB 23 (2007), S. 421–422. Ulrich
Schülke: Konrad (Spitzer), in: ²VL, Bd. 5, 1985,
Sp. 111–114; Stuttgart, WLB, Inc. qt. 4036, Buch der
Kunst, Augsburg: Johann Bämler, 1477.

II.26   (Abb. 70)

Das Leiden Jesu in humanistischem Gewand
Hieronymus de Vallibus: Jesuida seu De passione
Christi, Reutlingen: Michael Greyff, [um 1483]
(GW M49401)
Papier, 12 Bll., 1 Titelholzschnitt
WLB Stuttgart, Inc. qt. 15844 b
🖰 http://digital.wlb-stuttgart.de/purl/bsz410342
483

Zu den Werken, die der Reutlinger Drucker Michael Greyff (Kat.Nr. II.6) mit Holzschnitten
ausstattete, gehört das Büchlein „Jesuida seu De
passione Christi", eine in lateinische Hexameter
gefasste Schilderung der Leidensgeschichte Jesu.
Deren Autor, der aus Padua stammende Arzt
und Dichter Hieronymus de Vallibus (1. Hälfte
15. Jh.), widmete das Werk dem bibliophilen und
kunstsinnigen Bischof von Padua, Petrus Dona-
tus. Ganz im humanistischen Stil erscheint die
Einleitung, in der Pluto, der antike Gott der Un-
terwelt, als Höllenfürst auftritt und den übrigen
Dämonen den Tod Christi ankündigt. Fließend
gehen die höllische Versammlung und die im Anschluss geschilderte Beratung der Hohepriester
und Schriftgelehrten in Jerusalem, in der der Tod
Jesu geplant wird, ineinander über. Den größten
Teil des Werks nimmt die Paraphrase der Pas-
sionsgeschichte ein.
Dem Text ist ein Holzschnitt vorangestellt, dessen Motiv Greyff in seinen Drucken mehrmals
verwendet hat, so auch in der 1496 erschienenen Ausgabe einer „Expositio hymnorum"
(GW n0428). Er zeigt den Marienbildtypus der

Mondsichelmadonna: Maria steht, von einem Strahlenkranz umgeben und den Jesusknaben auf dem Arm, auf der Mondsichel. Sie trägt auf dem Haupt eine Krone, in ihrer rechten Hand eine Blume. Das auch als Strahlenkranzmadonna bekannte Motiv wird auf die Darstellung der „apokalyptischen Frau" zurückgeführt, wie sie in der Apokalypse des Johannes geschildert ist (Apc 12,1). Dort erscheint am Himmel das Bild einer von der Sonne umhüllten Frau, unter deren Füßen der Mond steht. Sie wurde im Laufe des Mittelalters mit Maria gleichgesetzt und mit der zunehmenden Marienverehrung insbesondere im 15. Jahrhundert zu einem sehr beliebten Motiv in der bildenden Kunst.

Die Passionsparaphrase des Hieronymus de Vallibus erfuhr bis ins 16. Jahrhundert hinein zahlreiche Neuausgaben, wobei der Textbestand gerade im Schlussbereich variiert. Das vorliegende Exemplar wurde intensiv durchgearbeitet und von einer Hand der Zeit in brauner Tinte mit Interlinear- und Randglossen in lateinischer und deutscher Sprache versehen. Auf der unbedruckten letzten Seite (Bl. B$_6$^{b}) findet sich eine Ergänzung von zwölf Versen derselben Hand. Spätere Drucke, etwa GW M49388 (Köln: Kornelius von Zierikzee, um 1500) oder ein Basler Druck aus dem Jahr 1505 (Nikolaus Lamparter, VD16 H 3593) weisen die Passage – die Ansprache des Gekreuzigten an die christliche Seele – in der vom Schreiber verwendeten Form auf. Die Tatsache, dass das Werk immer wieder neu gedruckt wurde und zahlreiche Exemplare umfangreiche handschriftliche Anmerkungen enthalten, weist auf seine Verwendung im Unterricht hin. KL

Lit.: Schramm, Bd. 9, 1926, Abb. 606; Vedova 1967 (1836), S. 383–385.

II.27 (Abb. 71)
Kontextualisierte Illustration

Lob der Glieder Mariä. Birgitta von Schweden: Orationes, deutsch. Berthold der Bruder: Zeitglöcklein des Lebens Christi, Ulm: Konrad Dinkmuth, 1493 (GW M18565)
Papier, 247 Bll., 43 Holzschnitte
WLB Stuttgart, Inc. qt. 16280

Bereits in der Frühzeit des Buchdrucks bestimmt die Spannung zwischen Qualitätsansprüchen und Wirtschaftlichkeit die Entscheidungen zur Gestaltung von Büchern. Dinkmuth reagiert auf die Herausgabe der deutschen Fassung des „Horologium devotionis" des Dominikaners Berthold der Bruder (13./14. Jahrhundert) durch Johannes Amerbach in Basel 1492 (GW 4168). Wie Amerbach druckt er diesen Text mit fast derselben Zahl an Holzschnitten, außerdem Holzschnittbordüren, verwendet allerdings andere Motive. Anders als Amerbach schließt er an Bertholds Text nicht die Gebete Birgittas von Schweden und das anonyme „Lob der Glieder Mariä" an, sondern stellt sie dem „Zeitglöcklein" voraus. Die Konkurrenzsituation erfordert ein eigenes Angebot der beliebten Erbauungsschriften. Allerdings wird dieses den örtlichen Gegebenheiten, im Falle Ulms der ausgeprägten Marienverehrung in der Volksfrömmigkeit angepasst. Dem dient auch die Darstellung Mariens als Himmelskönigin auf dem ersten Holzschnitt, der die Recto- und Versoseite des ersten Blattes und außerdem – im Sinne der inhaltlichen Klammer – die Versoseite des letzten Blattes ziert. Quasi als Motto für das ganze Buch steht unter dem Titelholzschnitt *Bitt für uns O gottes gebererin.*

Kontextualisierung biblischer Inhalte geschieht aber auch durch die Gestaltung von Details in den Holzschnitten. So sieht man im Hintergrund der Szene von der Entkleidung Jesu zur anschließenden Geißelung (Bl. s$_i$^{b}) ein Gebäude, dessen Architektur an gotische Kathedralen Mitteleuropas erinnert. Hervorgehoben wird zudem die Position Marias als Begleiterin Jesu während der Passion. Auch gelingt es durch Schraffuren, sich kreuzende Beine und angedeutete Landschaft besser als in früheren Holzschnitten, Bewegung und Perspektive anzudeuten.

Andererseits ist es dem Künstler wichtig, das dargestellte Geschehen als ein universal bedeutendes herauszustellen. So hat die Holzschnittbordüre um alle Textseiten keine rein ästhetische Funktion. Die dargestellten Pflanzen, Tiere, Engel und sonstigen Figuren stehen vielmehr stellvertretend für den irdischen und himmlischen Kosmos, der Zeuge der Heilsgeschichte ist. Passion und Auferstehung Christi

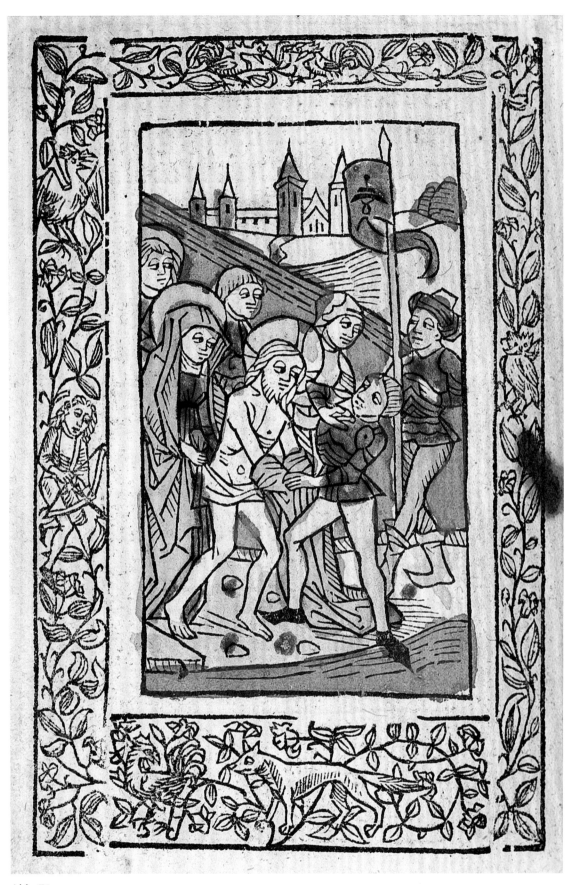

Abb. 71
Entkleidung Jesu zur Geißelung. Lob der Glieder Mariä. Birgitta von Schweden: Orationes, deutsch. Berthold
der Bruder: Zeitglöcklein des Lebens Christi, WLB Stuttgart, Inc. qt. 16280, Bl. s₁ᵇ (Kat.Nr. II.27)

Abb. 72
Papst Marcellinus wird geköpft. Der Heiligen Leben
(Sommerteil), UB Heidelberg, Q 6918-2 I qt. INC,
Bl. 332b (Kat.Nr. II.28)

ereignen sich im Hier und Jetzt, in der Welt,
aber auch für die Welt.

Zu der mariologischen Klammer und dem kos-
mologischen Rahmen tritt die zeitliche Eintei-
lung. Die Passion samt Holschnittfolge ist im
„Zeitglöcklein" nach den Stunden eines Tages
geordnet. Die Entkleidung und Geißelung wird
mit der vierzehnten Stunde verknüpft – und beides gilt es bei der meditativen Betrachtung zu
dieser Stunde eines Tages zu bedenken.

Ästhetische Gestaltungsmittel für den Text sind
einfache Initialen sowie Rubrikzeichen – wie in
früheren Drucken Dinkmuths. Auch drei Holzschnitte aus dem Bonaventura-Druck (Kat.Nr.
II.24) werden nachgenutzt.   CH

Lit.: Amelung 1979, S. 246; Amelung 1977, S. 75–
79.

II.28   (Abb. 72)

Ein Buch voller Legenden

Der Heiligen Leben (Sommerteil), Augsburg: Johann Schönsperger, 29. Mai [Sommerteil] 1489
(GW M11379)
Papier, 205 Bll., 89 kolorierte Holzschnitte (unvollständiges Exemplar)
UB Heidelberg, Q 6918-2 I qt. INC
🖰 http://digi.ub.uni-heidelberg.de/diglit/ij0016
4000

Die Legendensammlung „Der Heiligen Leben"
ist der am weitesten verbreitete deutschsprachige
Text seiner Art: Knapp 200 Handschriften und
26 Inkunabeldrucke tradieren das Werk. So gab
allein Johann Schönsperger bis 1501 acht Ausgaben heraus. Das Legendar wird wegen seines
Umfangs von 251 Erzählungen normalerweise
in zwei Bänden, einem Sommer- und einem Winterteil überliefert, in denen die einzelnen Legen-
den entsprechend den Daten der Heiligenfeste
chronologisch geordnet sind. Ursprünglich war
die Sammlung wohl für Dominikanerinnenklös-
ter zusammengestellt worden (vgl. auch Kat.Nr.
I.31, II.20).

Das Heidelberger Exemplar war spätestens im
18. Jahrhundert in die Bibliothek des Zisterzienserklosters Salem gelangt (Eintrag auf Bl.
320a). Zuvor, zwischen 1636 und 1641, befand es sich noch im Besitz eines Jakob Ower
aus Grasbeuren im Bodenseekreis (Eintrag auf
Bl. 341a). Der Band überliefert mit dem Sommerteil nur den zweiten Teil des Druckes (Bll.
313–578), der Winterteil ist verloren. Auch im
Sommerteil fehlen ganze Blätter. Das Buch zeigt
zahlreiche Benutzungsspuren, bei mehreren Seiten sind größere Teile ausgerissen, das Papier ist
zusätzlich durch viele Wurmlöcher geschädigt.
Von den 126 Heiligenlegenden des Sommerteils
haben sich in diesem Band daher lediglich 96
erhalten. Mehrfach fehlen durch die erwähnten
Blattverluste Anfang und/oder Ende der Kapitel.
Bei Textverlusten am Beginn der Erzählungen
gingen auch die einleitenden kolorierten Holzschnitte verloren, so dass von diesen nur noch 89
vorhanden sind. Verhältnismäßig selten wurden
die Bilder mehrfach reproduziert (bspw.: Timo-
theus und Symphorianus, Bl. 516b und Gorgo-

127

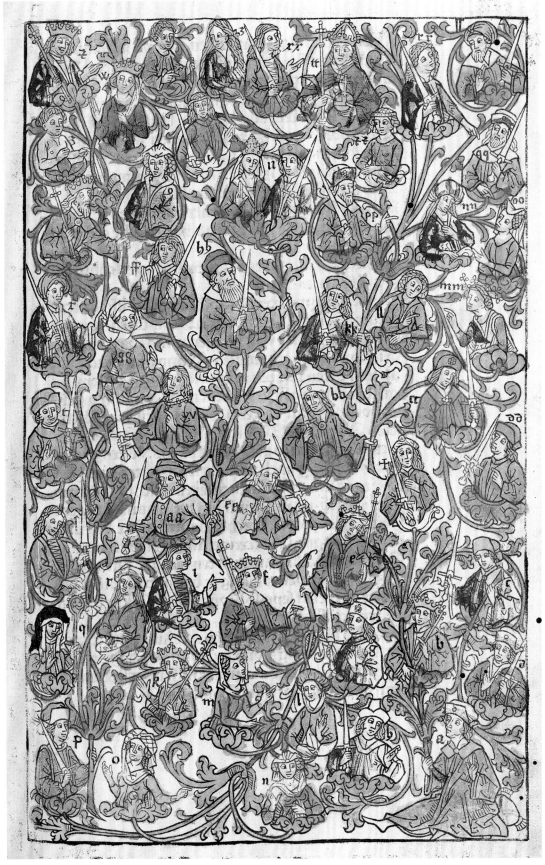

Abb. 73
Stammbaum der Habsburger. Heinrich Steinhöwel: Spiegel des menschlichen Lebens, UB Heidelberg, Q 8516 qt. INC, Bl. 8r (Kat.Nr. II.29)

nius und Dorotheus, Bl. 549b). Die Tatsache, dass in den kleinformatigen, einspaltigen Darstellungen meist spezifische Teile der Martyrien oder der Heiligenviten gezeigt werden, machte eine Verwendung in mehreren Erzählungen häufig schwierig. So wird die Szene, in der ein Henker einen durch die Tiara als Papst erkennbaren Mann köpft, sowohl für den Tod des Marcellinus (Bl. 332b) als auch für die Martyrien weiterer Päpste verwendet (Papst Urban, Bl. 364b; Papst Kornelius, Bl. 556b). Das Bild vom hl. Vitalis, der von drei Männern in eine Grube geworfen und lebendig begraben wird, taucht hingegen nur einmal auf (Bl. 333a).   KZ

Lit.: SCHLECHTER / RIES 2009, S. 519 Nr. 875; BRAND 1996, Bd. 1; Konrad KUNZE: Der heiligen Leben, in: ²VL, Bd. 3, 1981, Sp. 617–625.

II.29 (Abb. 73)

Ein Ständebuch für Sigmund von Tirol

Heinrich Steinhöwel: Spiegel des menschlichen Lebens, Augsburg: Günther Zainer, um 1476 (GW M38511)
Papier, 174 Bll., 56 kolorierte Holzschnitte
UB Heidelberg, Q 8516 qt. INC
🖰 http://digi.ub.uni-heidelberg.de/diglit/ir0023 1000

Der „Spiegel des menschlichen Lebens" ist ein Ständebuch, in dem die weltlichen und geistlichen Stände in einzelnen Kapiteln vorgestellt werden. Dabei ist der Text so strukturiert, dass auf die Benennung und Beschreibung des Standes und seiner Funktion dessen „Nutzen" aber auch die negativen Seiten, d.h. dessen „Beschwernisse" thematisiert werden. Als weitere Fähigkeiten menschlichen Daseins werden auch die *artes liberales* und *mechanicae* ausführlich behandelt. Die lateinische Vorlage, „Speculum vitae humanae", hatte der aus Spanien stammende römische Kurienkardinal Rodrigo Sánchez de Arévalo um 1460 verfasst. Im ersten Buch werden die weltlichen Stände, denen der Kaiser vorangeht, vorgestellt, und im zweiten Buch die geistlichen Stände, an deren oberster Stelle der Papst steht. Dicht auf die römischen Druckausgaben in den Jahren 1468 und 1470 besorgte Günther Zai-

ner in Augsburg, ebenfalls 1470, einen Druck, dem weitere Ausgaben bis ins 17. Jahrhundert hinein folgten. Im Jahr 1475 erschien bei Zainer eine mit 56 Holzschnitten versehene Version des „Speculums" in deutscher Sprache. Diese stammte aus der Feder des Literaten und Arztes Heinrich Steinhöwel (1411/12–1479), der sonst vor allem für seine Übersetzungen und Kompilationen von humanistischer Literatur bekannt ist. Dieser „Spiegel des menschlichen Lebens" richtete sich nun verstärkt an ein Laienpublikum. Gewidmet wurde die gedruckte Erstauflage Sigmund von Tirol, für den Heinrich Steinhöwel eine ausführliche Widmungsepistel verfasste. Ein ganzseitiger Holzschnitt mit dem Stammbaum der Habsburger (Bl. 8a, Abb. 73) und Erläuterungen zu den dargestellten Personen runden diese ab. Noch weitere Werke hatte Steinhöwel an Sigmund, oder wie im Fall der deutschsprachigen Ausgabe der „Berühmten Frauen" (Kat.Nr. II.3), an dessen Frau Eleonore von Österreich, Tochter König Jacobs I. von Schottland, adressiert, ohne dass sich Steinhöwels Verbindung zum Innsbrucker Hof genauer nachvollziehen ließe. Über andere Stationen seines Lebens sind wir hingegen besser unterrichtet: In den eben erwähnten „Berühmten Frauen", einer Übertragung ins Deutsche nach einer Vorlage Boccaccios, stellt er sich selbst als *Hainricus Stainhoewel von Wyl an der Wirm, doctor der erzny, maister der süben künst, geschworner arczt ze Ulm* vor. In seiner Geburtsstadt Weil der Stadt oder in Esslingen dürfte er eine Lateinschule besucht haben, seine Studienjahre führten ihn nach Wien und schließlich nach Padua, wo er 1443 zum Doktor der Medizin ernannt wurde. Kurze Zeit lehrte er an der Heidelberger Universität Medizin, bevor er in den Jahren 1446 in Weil, und 1449 in Esslingen tätig war. In dieser Zeit trat er in Kontakt zu Niklas von Wyle (vgl. Kat.Nr. II.7). Ab 1450 war er in Ulm als Stadtarzt tätig. In diese Jahre bis zu seinem Tod fällt seine ‚Herausgebertätigkeit' zunächst in Verbindung mit dem Drucker Günther Zainer in Augsburg und dann mit dessen Bruder Johannes Zainer in Ulm, für den oder mit dem Steinhöwel ein regelrechtes Verlagsprogramm humanistischer Texte, die zumeist mit Holzschnitten illustriert wurden, entwickelt hatte.

MK

Abb. 74

Das Gleichnis vom verlorenen Sohn. Spiegel menschlicher behaltnuss, UB Heidelberg, Q 9182 qt. INC, Bl. 156b
(Kat.Nr. II.30)

Lit.: DOMANSKI 2007, S. 62–67; HENKEL 1993, S. 60–62; DICKE 1991.

II.30 (Abb. 74)

Speculum-Plenarium mit Fünfzehn Zeichen und Antichrist

Speculum humanae salvationis, deutsch. Spiegel menschlicher behaltnuss, Reutlingen: Michael Greyff, 1. Januar 1492 (GW M43019)
Papier, 220 Bll., 47 kolorierte Holzschnitte
UB Heidelberg, Q 9182 qt. INC
http://digi.ub.uni-heidelberg.de/diglit/is0066 6500

Die vorliegende, bei Michael Gryff in Reutlingen 1492 gedruckte Ausgabe eines „Spiegels menschlicher behaltnuss" enthält die seit der ersten Hälfte des 15. Jahrhunderts weit verbreitete deutschsprachige Fassung des „Speculum humanae salvationis" (vgl. Kat.Nr. I.26). Schon in der handschriftlichen Überlieferung liegt der Text in unterschiedlichen redaktionellen Bearbeitungen und in Kompilation mit anderen Texten vor, in dieser Ausgabe des Frühdrucks folgt als Anhang an den Speculum-Text noch ein Plenar. Diese Sammlung von Bibeltexten, die für die Lesungen im Gottesdienst verwendet werden, enthalten die Evangelientexte und Episteln. Gedruckte Plenare sind zuerst aus der Offzin Günther Zainers im Jahr 1474 bekannt (GW M34118), in der Kombination mit dem „Spiegel menschlicher behaeltnis" erscheint das Plenar 1476 bei Bernhard Richel in Basel, es folgt um 1480 der Druck von Peter Drach in Speyer, dann 1489 von Peter Berger in Augsburg, eine weitere Ausgabe erscheint wohl um 1490 vermutlich bei Grüninger in Straßburg, 1492 bei Michael Greyff in Reutlingen und schließlich 1492 und 1500 bei Hans Schönsperger in Augsburg. Für die Zusammenstellung der Texte und Bilder ist der Druck von Bernhard Richel gattungsbildend, auch im Hinblick auf ihre Reihenfolge. Ikonographisch folgen die Nachdrucke dem Basler Erstling, während sie in ihrem stilistischen Erscheinungsbild jedoch teils davon abweichen. Dem aufgeschlagenen Beispiel „Vom verlorenen Sohn", das von Richel erstmals an das 42. Speculumkapitel angehängt

wurde, sind gleich sechs narrative Einzelbilder beigefügt, die sich über zwei Seiten (Bl. 155b–156a) erstrecken. Eingeführt wird das Gleichnis mit der Erwähnung der Textstelle und der Nennung des Tages, an dem dieses als Lesung erfolgt, *Diß evangelium schreibt Lucas am XV* [Lc 15,11-32] *und man liest es am Samstag nach dem Ii. suntag in der fasten. Der sun heischet sein erbteil. Hie gesegnet der verlorn sun die frawen vnd reit hin weg*, bevor die Bilder jeweils mit knappen Tituli folgen und dann erst der eigentliche Text des Gleichnisses einsetzt. In der Textfolge steht das Gleichnis zwischen Speculum-Plenar und den abschließenden Werken „Fünfzehn Zeichen" und „Antichrist". MK

Lit.: Hans Walter STORK / Burghart WACHINGER: Speculum humanae salvationis, in: ²VL, Bd. 9, 1995, Sp. 52–63. Heimo REINITZER / Olaf SCHWENKER: Plenarien, in: ²VL, Bd. 7, 1989, Sp. 737–763, bes. Sp. 749f.; HENRY 1985; PFISTERL 1937, S. 21–27.

II.31 (Abb. 75)

Fabeln und Exempla

Heinrich Steinhöwel: Fabelanthologie nach Aesopus: Vita et Fabulae, [Straßburg: Heinrich Knoblochtzer, um 1481] (GW 348)
Papier, 114 Bll., 191 teils kolorierte Holzschnitte
UB Heidelberg, D 355 qt. INC
http://digi.ub.uni-heidelberg.de/diglit/ia0011 3000

Um 1481 erschien in der Straßburger Offizin Heinrich Knoblochtzers eine gedruckte Ausgabe der Fabeln Aesops in lateinischer Sprache. Ihr vorangegangen war der Druck, den Johann Zainer in Ulm 1476/77 als zweisprachige Ausgabe, lateinisch und deutsch, herausgegeben hatte. Das Werk selbst kann als eine Art frühhumanistischer Fabelanthologie betrachtet werden, die, von Heinrich Steinhöwel (vgl. Kat.Nr. II.29) zusammengestellt, eine Sammlung von Aesops Fabeln nebst einer Biographie und Darstellung von dessen Wirken sowie gattungsähnlichen Fabeln und Exempel enthält. Typisch auch für das andere literarische Schaffen Steinhöwels ist dabei, dass er neben dem Kanon der berühmten Tierfabeln vor allem dem Verhältnis der Geschlechter,

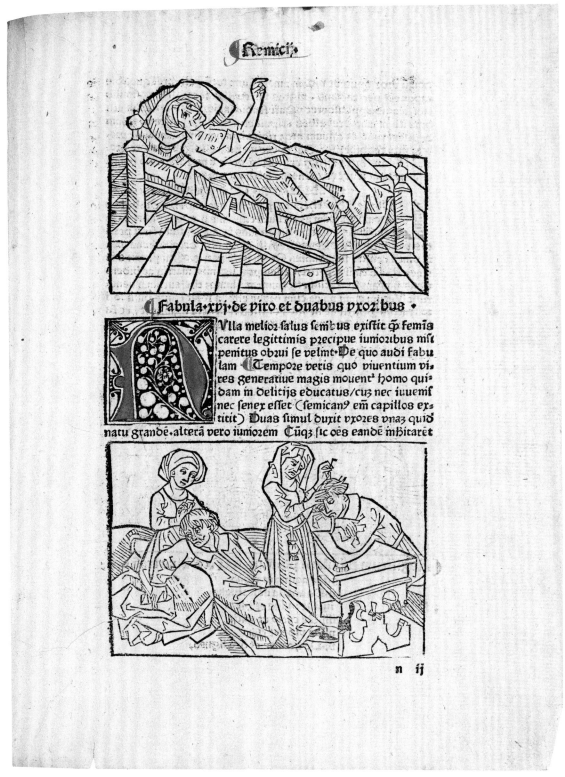

Abb. 75
Von dem Mann und den beiden Frauen. Heinrich Steinhöwel: Fabelanthologie nach Aesopus: Vita et Fabulae, UB Heidelberg, D 355 qt. INC, Bl. 85a (Kat.Nr. II.31)

der Sexualität und der Rolle der Frau große Aufmerksamkeit schenkt.

Die Fabel XVI, „De viro et duabus uxoribus" (Von dem Mann und den beiden Frauen), stellt gleich zu Beginn fest, dass es kein besseres Heil für die Alten gebe, als sich von Frauen fernzuhalten und vor allem von jungen, außer wenn sie sich gänzlich ruinieren wollten. Das Exempel, das zur Veranschaulichung gewählt ist, berichtet von einem Mann, der nicht zu alt und nicht zu jung gewesen sei, aber zugleich eine alte und eine junge Frau hatte, die beide um seine Zuneigung konkurrierten und darauf achteten, dass er ihnen gleich zugewandt sei. Daher riss ihm die junge Frau die grauen Haare aus, die alte aber die schwarzen, solange bis er kahl und zum Gespött der Leute geworden war. Die Lehre aus dieser Fabel ist, dass alte Männer besser auf Frauen verzichten sollten, wenn sie nicht schon als Lebende fortlaufende Todesqualen erleiden wollen. Diese Fabel gehört zu jenem Fundus der Neuübertragungen aus dem Griechischen durch Rinuccio da Castiglione, auch Rinucius Aretinus genannt, den Steinhöwel als „Remicius" einführt. Abweichend von der Präsentation der übrigen Fabeln wird diese mit zwei Holzschnitten veranschaulicht. Das Layout sieht sonst eine Überschrift mit dem Titel der Fabel vor, wobei der eigentliche Text mit einer nach dem Druck rubrizierten Zierinitiale beginnt. Am Ende des jeweiligen Fabeltextes steht dann ein schriftspiegelbreiter Holzschnitt. Die Fabel „Von dem Mann mit den beiden Frauen" ist noch um den über dem Text platzierten Holzschnitt ergänzt, der den spätmittelalterlichen Bildkonventionen entsprechend einen Greis, der als Siecher im Bett liegt, darstellt. Damit wird das der Fabel vorangeschickte Thema verbildlicht, in dem ausdrücklich der „alte Mann" – man könnte auch „Greis" übersetzen – genannt ist. Die eigentliche Illustration des Fabelgeschehnisses verbindet zwei Szenen: Während es sich der alte Mann in der rechten Bildhälfte auf einem Kissen, das auf dem Tisch liegt, bequem gemacht hat, damit ihm die Alte seine noch schwarzen Haare einzeln ausziehen, ruht er auf der linken Bildseite im Schoß der Jungen, die ihm hier seine bereits ergrauten Haare auszupft. Leicht wird der spät-

mittelalterliche Betrachter das Bild Samsons im Schoß Delilas, die ihm die Haare schert und ihn so seiner Kraft beraubt, erinnert haben und in dem alten Mann des Holzschnittes denjenigen erkennen, dem die junge Frau noch die ‚letzte' Manneskraft nimmt. Eine letzte Mahnung hatte der Kompilator Steinhöwel, womöglich an sich selbst gerichtet, wenn er mit den Worten schließt: *Heinrice cave nam senex es / non semi sed pancanus* [Hüte dich Heinrich, denn du bist alt, nicht halb, sondern sehr alt]. MK

Lit.: KATZ 1999; Gerd DICKE: Heinrich Steinhöwel, in: ²VL, Bd. 9, 1995, Sp. 258–278, bes. Sp. 271–273; AMELUNG 1995; DICKE 1994; ÖSTERLEY 1873 S. 257f.

II.32 (Abb. 76)
Kritik an den Druckern

Sebastian Brant: Das Narrenschiff, Nürnberg: Peter Wagner, 1. Juli 1494 (GW 5042)
Papier, 180 Bll., 90 rot, gelb, grün kolorierte Holzschnitte (unvollständiges Exemplar)
UB Heidelberg, G 5535-1 oct. INC
🖰 http://digi.ub.uni-heidelberg.de/diglit/ib0108 1100

Das „Narrenschiff" des Humanisten Sebastian Brant (1458–1521) gilt als Bestseller der Literatur Europas und ist eines der bedeutendsten Werke des deutschen Humanismus. Es versammelt in 112 satirischen Gedichten, denen ein Einführungsgedicht und Register vorangestellt sind, verschiedene menschliche Schwächen und Unzulänglichkeiten und gibt auf diese Weise ein Sittengemälde seiner Zeit. Im 48. Kapitel seines „Narrenschiffs" charakterisiert Sebastian Brant die Gesellen unterschiedlicher Handwerksbranchen im Hinblick auf ihr Verhalten, dessentwegen sie als Narren erscheinen und in Schiffen sitzen, denen das große „Narrenschiff" auf der Fahrt nach Narragonien begegnet. Dem Ende des 15. Jahrhunderts noch jungen Berufsstand der Drucker sagt er darin nach, dass sie an einem einzigen Tag einen ganzen Wochenlohn verprassten, wenn er schildert: *Die trucker in dem brasß vmb gon / Auff eynen tag . eyn wochen lon / Verzeren . das ist jr gefert,* und im Folgenden dies in

133

Eyn gſellen ſchiff fert yetz do her
Das iſt von hantwercks leüten ſchwer
Von allen gwerßen vnd hantyeren
Jeder ſein gſchyrr dut mit im furen
Keyn hantwerck ſtat me in ſeym wert
Es iſt als vberleydt.Beſchwert
Jeder knecht.meyſter werden will
Des ſint yetz aller hantweck vil
Mancher zu myſterſchafft ſich kert
Der nye das hantwerck hat gelert

Jiŋ

Abb. 76
Gesellenschiffe. Sebastian Brant: Das Narrenschiff, UB Heidelberg, G 5535-1 oct. INC, Bl. 39a (Kat. Nr. II.32)

134

den Gegensatz zu der harten Arbeit setzt, die das Druckerhandwerk darstelle: *Ir arbeyt ist doch schwer vnd hert / Mitt trucken . vnd bosselieren / Mit setzen . strichen . corrigieren* (Bl. 40a/40b). Von den Gepflogenheiten der Druckergesellen hatte Brant durchaus aus eigener Anschauung Kenntnis, arbeitete er doch neben seiner Tätigkeit als Jurist auch für Baseler Buchdruckereien als Publizist.

Der Erstdruck des „Narrenschiffs" erschien am 11. Februar 1494 in deutscher Sprache, besorgt von dem Kleriker Johann Bergmann von Olpe in Basel. Der große Erfolg der Ausgabe war sicherlich auch durch die qualitätsvollen Holzschnitte, die maßgeblich Albrecht Dürer geschaffen hatte, und durch die klare typographische Gestaltung bedingt. Von der schnellen Verbreitung gibt schon der Nachdruck desselben Jahres aus der Offizin Peter Wagners in Nürnberg Zeugnis. Für diesen Druck wurden die Holzschnitte in reduzierter Weise nachgeschnitten: Die Bildmotive erscheinen nun seitenverkehrt und füllen nur noch knapp zwei Drittel der Seite. Das klare Konzept der Erstausgabe, bei dem je ein Kapitel auf der linken aufgeschlagenen Doppelseite mit einem Titelbild beginnt, das von zwei satzspiegelhohen Bordüren flankiert wird, wurde dafür aufgegeben. Vielmehr wurden die Holzschnitte ohne die Bordüren in den fortlaufend gesetzten Text eingefügt. MK

Lit.: SCHNEIDER 2004.

II.33 (Abb. 77)

Gute Ratschläge in allen Lebenslagen
Antonius von Pforr: Buch der Beispiele der alten Weisen, Ulm: Konrad Dinckmut, 12. März 1485 (GW M13187)
Papier, 186 Bll., 126 Holzschnitte
WLB Stuttgart, Inc. fol. 4033

Das Buch der Beispiele der alten Weisen ist eine Sammlung von Fabeln und kurzen Erzählungen indischen Ursprungs, die bereits einen langen Überlieferungsweg hinter sich hatte, als Antonius von Pforr († 1483) sie aus dem Lateinischen ins Deutsche übertrug. Als Verfasser wurde auch ein *Bidpai* (wohl aus dem Sanskrit: „der Weise") ge-

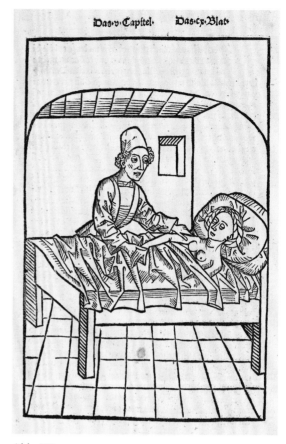

Abb. 77
Der leichtgläubige Zimmermann. Antonius von Pforr: Buch der Beispiele der alten Weisen, WLB Stuttgart, Inc. fol. 4033, Bl. 110a (Kat.Nr. II.33)

nannt, unter dessen Namen die Sammlung ebenfalls bekannt ist. Johannes von Capua (um 1250– um 1310) übersetzte die Geschichtensammlung zwischen 1263 und 1278 unter dem Titel „Liber Kalilae et Dimnae, Directorium vitae humanae" in die lateinische Sprache. Die wiederholte Übersetzung und die Wanderung über verschiedene Kulturkreise blieben nicht ohne Folgen für Form und Inhalt des Werkes. Der deutsche Titel deutet an, worum es letztlich geht: Die „alten Weisen" geben Beispiele dafür, wie man sich klug und korrekt verhalten soll. Trotz der pädagogischen Ausrichtung, kommt jedoch die Unterhaltung nicht zu kurz. Dies und nicht zuletzt eine Vielzahl von Druckausgaben, oft mit reicher Illustration, trug sicher zur weiten Verbreitung im ausgehenden 15. Jahrhundert bei. So ist es auch nicht verwunderlich, dass Dinckmut weniger als ein Jahr nach der dritten Ulmer Ausgabe von Lienhard Holl (1483 und 1484) am gleichen Ort einen eigenen Druck herausbrachte.

Er sechst vend soll sem em mann der dye rechten hand hab gereckt vnd wmck dē leutē zū im m sem hauſz m õ lmckē hand sol er habē ein ſemel dar auff ein gleſzlin mit wein/vnd vnder der gürtel ein ſchluſ ſel dz bedeut wiert vnd gaſtgeben · Bey dē ſol man vil vindē wz man bedarff /dar zū ſoll auch alles das ſicher ſein dz man in ſein hauſz bzingt vnd ſol ſten zū der lincken hand vnd ſeiten des kümges fúr den alten Wan der alt bezeichet den richter vnnd wan ſich in den heuſern dick krieg erheben die ſoll der richten vnnd verſonen vnd darūmb ſol er voz im ſten / dye ſelben leut ſol/ lent ſich hütten voz vbzigem eſſen vnnd trincken / alſo das ſye andern leuten die zū in kommen epn bild ſeind an meſig/ kept wan von vber vnmeſſigkeit ſeynd vil leut dye do ver/ derben do von hebent ſich krig vnd beſchehent todſchleg vnd alles vbel Es ſol der menſch darumb eſſen das er leb/ vnd nit leben darumb das er eſſe/ die natur benuget an einē

Abb. 78
Der sechste Vende (Bauer): Gastwirt. Jacobus de Cessolis: De ludo scachorum, deutsch, WLB Stuttgart, Inc. fol. 4897, Bl. e$_2$^{a} (Kat.Nr. II.34)

Dieser enthält 125 ganzseitige Holzschnitte zu den Erzählungen und ein Titelbild. Die Druckstöcke wurden denen von Holl nachgeschnitten (nicht seitenverkehrt), durch geringfügige Vereinfachungen graphisch etwas gestrafft und das Format verändert. Die Bilder zeichnen sich durch einen übersichtlichen Bildaufbau mit klaren Linien aus. Tiere und Figuren werden konturbetont und mit sparsamen Schraffuren gezeichnet. Die menschlichen Akteure sind meist stärker stilisiert, mit schlanken, klar gegliederten Körpern, großen Köpfen und mit ausdrucksvollen Gesichtern. Innenräume sind in der Regel als karge Kastenräume gestaltet. Schauplätze im Freien zeigen sparsam angedeutete Landschaftsausschnitte. Die Protagonisten der Handlung stehen klar im Vordergrund, möglichst wenig soll von ihnen ablenken. Der in vielen Fällen auffällige Qualitätsverlust von Nachdrucken ist hier eher gering.

Der abgebildete Holzschnitt (Abb. 77) illustriert die Geschichte vom Zimmermann und seiner Frau. Sie steht im fünften Kapitel, in dem es um Vertrauen geht. Obwohl der Zimmermann seine Frau bei einem Seitensprung ertappt hat, glaubt er dennoch, was sie listigerweise so zu ihrem Liebhaber sagt, dass der unterm Bett verborgene Mann es hören muss: Dass ihr Ehemann ihr doch das Allerliebste auf der Welt sei. Der Mann glaubt, was er glauben möchte, wartet bis der Liebhaber weg ist und weckt seine Frau dann zärtlich auf. Die Lehre aus der Geschichte ist, dass man nicht den Worten glauben soll, sondern dem, was man mit eigenen Augen gesehen hat. Die Illustrationen des „Buchs der Beispiele" sind in den Handschriften und Drucken recht einheitlich. Während jedoch in der Heidelberger Handschrift (Cod. Pal. germ. 466, Kat. Nr. I.15) die eher burlesk anmutende Szene gezeigt wird, in der die Frau und ihr Liebhaber zusammen im Bett liegen und der Zimmermann – kenntlich an seiner großen Axt – unter dem Bett hervorlugt, verzichtet der Holzschnitt auf diesen Effekt und zeigt den völlig unspektakulären Schluss der Geschichte vom allzu leichtgläubigen Ehemann.

WM

Lit.: HÖGER 2010, v.a. S. 105f.; Ulrike BODEMANN: Anton von Pforr, „Buch der Beispiele der alten Weisen", in: KdiH, Bd. 2, 1996, S. 360–392, Abb. 179–195 und Taf. I–III, zum Druck S. 387; GEISSLER 1974, Teil 2, S. 64–68.

II.34 (Abb. 78)

Das Schachspiel als Spiegel der Gesellschaft

Jacobus de Cessolis: De ludo scachorum, deutsch. Schachzabelbuch, Straßburg: Heinrich Knoblochtzer, 1. September [14]83 (GW 6530)
Papier, 25 Bll., 11 kolorierten Holzschnitte, kolorierte Holzschnittinitialen (unvollständiges Exemplar)
WLB Stuttgart, Inc. fol. 4897

Wohl bereits um 1300 entstand das im Spätmittelalter beliebte und weit verbreitete Werk „De ludo scachorum" des italienischen Dominikanermönchs Jacobus de Cessolis (ca. 1317/22). Sein Thema ist das Schachspiel – allerdings nicht dessen Regeln im allgemeinen, sondern deren allegorische Ausdeutung. Basierend auf der Vorstellung, dass die Spielfiguren die Menschen in ihren verschiedenen Ständen und Berufen widerspiegeln, entwickelt der Autor eine Verhaltenslehre für die gesamte Gesellschaft. Unterteilt wird in „edle" und „gemeine" Figuren, wobei die zu den „Gemeinen" gehörende Gruppe der Bauern, „Venden" genannt, Vertreter unterschiedlicher Berufe repräsentiert. Das mittelhochdeutsche Wort „Vende" bezeichnet denn auch nicht den Bauern in unserem Sinne, sondern bedeutet „Fußgänger" oder „Knabe", lässt also einen breiteren Interpretationsspielraum zu.

In zahlreichen Handschriften und Drucken finden sich bildliche Darstellungen einzelner Spielfiguren. In dem hier gezeigten kolorierten Holzschnitt (Abb. 78) sieht man den sechsten Venden, einen Gastwirt. Er steht vor der Tür seines an einer Mauer gelegenen Hauses und vollführt mit der rechten Hand eine einladende Geste. In der linken Hand hält er eine *semel*, auf der ein *glezlin mit wein* steht, an seinem Gürtel hängt ein großer Schlüssel. Die einfach gehaltene Kolorierung betont die Räumlichkeit der Darstellung und ergänzt mit flüchtig hingeworfenen Strichen einige Pflanzen an der Hausmauer. Im Text wird erläutert, dass man bei dem Gastwirt Speise und Sicherheit finden könne. Es folgen moralisch-erbauliche Ausführungen unter anderem zum

137

Abb. 79
Die Hochzeit zu Kanaa. Stephan Fridolin: Schatzbehalter, UB Heidelberg, Q 8506-4 qt. INC, Bl. 61a (Kat.Nr. II.35)

Maßhalten unter Berufung auf die Bibel und andere geistliche Autoritäten.

Auffällig in diesem Druck ist die Vielzahl von Initialen aus unterschiedlichen Alphabeten. Zweimal begegnet eine A-Initiale im Akanthus-Stil (vgl. Kat.Nr. II.16), die übrigen verwendeten und zum Teil kolorierten Initialen bilden eine bunte Mischung aus dem Bestand des Druckers. Die den Textabschnitt einleitende D-Initiale umschließt eine männliche Figur, die eine Krone trägt und an einem Tisch sitzt. Sie hält ein Brot und einen Kelch in den Händen, vor ihr liegen ein Teller, ein Messer und weitere Brote – eine inhaltliche Verbindung ist also durchaus gegeben.

Die Holzschnitte der Schachfiguren (nicht aber die Initialen) wurden bereits in einem früheren Knoblochtzer-Druck des gleichen Werkes (GW 6528, um 1478) verwendet und kopieren wiederum diejenigen der von Günther Zainer 1477 in Augsburg herausgegebenen Version (GW 6527).

KL

Lit.: KRAMER 1995; SCHORBACH / SPRIGATIS 1888, Nr. 8a, 40, Taf. 71 (erste Initiale).

II.35 (Abb. 79)

Belehrung mit Holzschnitten von Michael Wolgemut und Wilhelm Pleydenwurff

Stephan Fridolin: Schatzbehalter, Nürnberg: Anton Koberger, 8. November 1491 (GW 10329)
Papier, 354 Bll., 96 Holzschnitte von Michael Wolgemut und Wilhelm Pleydenwurff
UB Heidelberg, Q 8506-4 qt. INC
⌖ http://digi.ub.uni-heidelberg.de/diglit/is0030 6000

„Der Schatzbehalter oder Schrein der wahren Reichtümer des Heils und ewiger Seligkeit" wie das Werk mehrfach im Text und im Kolophon auf Blatt 327 der bei Anton Koberger gedruckten Ausgabe von 1491 genannt wird, ist ein Erbauungsbuch, dessen Konzeption auf die Verbindung von Text und Bild ausgelegt ist. 96 ganzseitige Holzschnitte, im Text „Figuren" genannt, illustrieren nicht nur das Werk, sie fungieren auch als konkretes Hilfsmittel in der Vermittlung und Verinnerlichung der Glaubensinhalte.

Vor allem geht es dem Autor, einem observanten Franziskanerprediger namens Stephan Fridolin (um 1430–1498), um die Betrachtung der Leiden Christi, wodurch dem Gläubigen der Weg zum Glaubensverständnis und zur Erlangung des Seelenheils ermöglicht werden soll. Dazu beruft er sich im ersten des in drei Bücher unterteilten Werkes auf die Autorität verschiedener Kirchenlehrer wie Hrabanus Maurus oder Bernhard von Clairveaux. Der eigentliche „Schatzbehalter" erstreckt sich im zweiten Buch über einhundert Kapitel. Diese nennt der Autor „Gegenwürfe", die nach unserem heutigen Wortgebrauch besser als „Gegenüberstellungen" zu verstehen sind. So werden hier jeweils zwei kurze Artikel gegenübergestellt und ausführlich von Fridolin erläutert. Während sich einer der Artikel auf die „Würde" Christi bezieht, geht der andere auf Christi Leiden ein. Fridolins didaktische Konzeption schlägt sich in einem klar strukturierten, von Kapitel zu Kapitel reproduzierten Textaufbau nieder, in dem die einzelnen Bestandteile leicht auffindbar sind und teils klar benannt und fortlaufend gezählt werden: „Figur", „Gegenwurf" und „Artikel". Die Textinhalte sind auf diese Weise leicht zugänglich gemacht, so dass der „Schatzbehalter" sein Ziel, ein Handbuch für Laien zu werden, erreichte, wie es schließlich von den Zeitgenossen bestätigt wird. Hartmann Schedel verweist nämlich in der zwei Jahre nach dem „Schatzbehalter" ebenfalls in der Offizin Kobergers gedruckten „Weltchronik" auf diesen: *Von solcher großer frucht wegen das yederman mit leichter arbeit möchte großen lon verdienen, ist das buch mit dem namen der Schatzbehalter zu Nürmberg gedruckt worden, das einen leichten weg zu der ewigen seligkeit leret* (GW M40796, UB Heidelberg, B 1554 B fol. INC, Bl. CCXIVa). Große Bedeutung haben dabei vor allem die bildlichen Darstellungen, deren ikonographischer Konzeption der Autor selbst Beachtung schenkte. Deutlich wird dies an Hinweisen im Text, in denen er wie zur „Hochzeit von Kanaa", der 41. Figur auf Blatt 61a bemängelt (BARTL / GEPP-LABUSIAK, S. 30): *in der selben figur solt man gemacht haben den herren an dem tisch sitzend [...]. Doch was nit in der figur steht* (Bl. 62a). Über die Ursachen, die zu diesem Mangel führten, lässt sich nur spekulieren. Möglicherweise griffen die Bildgestalter und Holzschneider der Koberger-Werkstatt aus Kosten- und Rationalisierungsgründen auf bereits vorgeprägte Bildmuster zurück, oder in der Genese des Gesamtwerkes kam es schlicht zu Überschneidungen und Kommunikationsdefiziten. In jedem Fall gibt der Hinweis einen Einblick in den Herstellungsprozess der Inkunabel. Anders als bei vielen anderen Werken der Inkunabelzeit, die aus der handschriftlichen Überlieferung in das neue Medium des Buchdrucks überführt wurden, handelt es sich beim „Schatzbehalter" um eine auf Drucklegung und Illustrierung mit Holzschnitten ausgerichtete Neuentwicklung, wobei der Holzschnitt wie im Falle der Hochzeit von Kanaa ganz offensichtlich schon geschnitten war, bevor der Text gesetzt wurde. Aufgrund von stilistischen Ähnlichkeiten mit den Holzschnitten der Schedelschen Weltchronik werden auch die Holzschnitte des „Schatzbehalters" Michael Wolgemut und Wilhelm Pleydenwurff zugeschrieben und damit einem hochkarätiges Künstlerteam, das es vermochte, seinen Holzschnitten durch differenzierte Linienführung und Schraffuren malerische Qualität zu verleihen. Überdies verfügten sie, nicht zuletzt wegen ihrer Tätigkeit vor allem als Tafelmaler, auch über ein großes Motivrepertoire.   MK

Lit.: Bartl / Gepp-Labusiak 2012; Bartl 2009.

Literaturverzeichnis

ADELMANN 1976
Franziska Gräfin ADELMANN: Dietrich von Plieningen zu Schaubeck, in: Ludwigsburger Geschichtsblätter 28 (1976), S. 51f.

ADELMANN 1981
Franziska Gräfin ADELMANN: Dietrich von Plieningen. Humanist und Staatsmann, München 1981

ALFEN / FOCHLER / LIENERT 1990
Klemens ALFEN / Petra FOCHLER / Elisabeth LIENERT: Deutsche Trojatexte des 12. bis 16. Jahrhunderts. Repertorium, in: Die deutsche Trojaliteratur des Mittelalters und der Frühen Neuzeit. Materialien und Untersuchungen, hrsg. von Horst Brunner, Wiesbaden 1990, S. 7–198

AMELUNG 1970/72
Peter AMELUNG: Konrad Dinckmut, der Drucker des Ulmer Terenz. Kommentar zum Faksimiledruck, Stuttgart 1970/72

AMELUNG 1977
Peter AMELUNG: Dinckmuts angebliche Neuausgabe des „Zeitglöcklein" (H 16280), in: Gutenberg-Jahrbuch 52 (1977), S. 75–79

AMELUNG 1979
Peter AMELUNG: Der Frühdruck im deutschen Südwesten 1473–1500, Stuttgart 1979

AMELUNG 1995
Peter AMELUNG (Komm.): Der Ulmer Aesop von 1476/77. Aesops Leben und Fabeln sowie Fabeln und Schwänke anderer Herkunft, herausgegeben und ins Deutsche übersetzt von Heinrich Steinhöwel, Ludwigsburg 1995

AUGUSTYN 2003
Wolfgang AUGUSTYN: Zur Gleichzeitigkeit von Handschrift und Buchdruck in Deutschland – Versuch einer Skizze aus kunsthistorischer Sicht, in: Die Gleichzeitigkeit von Handschrift und Buchdruck, hrsg. von Gerd Dicke und Klaus Grubmüller, Wiesbaden 2003, S. 5–48

BACKES 1992
Martina BACKES: Das literarische Leben am kurpfälzischen Hof zu Heidelberg im 15. Jahrhundert. Ein Beitrag zur Gönnerforschung des Spätmittelalters, Tübingen 1992

BACKES 2004
Martina BACKES: Fremde Historien. Untersuchungen zur Überlieferungs- und Rezeptionsgeschichte französischer Erzählstoffe im deutschen Spätmittelalter, Tübingen 2004

BAIER 1913
Hermann BAIER: Chronikalische Aufzeichnungen aus dem Kloster Salem, in: Zeitschrift für die Geschichte des Oberrheins 28 (1913), S. 85–112 (95–97)

BAMBERG 1843
Bericht über den Kunstverein Bamberg seit seinem Entstehen am 12. Dezember 1823 bis zum Jahre 1843, Bamberg 1843

BARTL 2009
Dominik BARTL: Der Schatzbehalter. Optionen der Bildrezeption. Diss. Heidelberg 2009
⌐⊟ http://www.uni-heidelberg.de/archiv/10735

BARTL / GEPP-LABUSIAK 2012
Dominik BARTL / Miriam GEPP-LABUSIAK: Der Mainzer Schatzbehalter. Ein koloriertes Andachtsbuch von 1491, Darmstadt 2012

BAUEREISS 2000
Michael BAUEREISS: Jakob Elsner. Annäherung an einen Nürnberger Künstler der Dürerzeit (Teil 1), in: Beiträge zur fränkischen Kunstgeschichte 4 (2000), S. 111–141

BBKL
Biographisch-bibliographisches Kirchenlexikon, begr. und hrsg. von Friedrich Wilhelm Bautz, fortgef. von Traugott Bautz, 34 Bde., Nordhausen 1975–2013

BEHR / BLUME 1995
Hans-Joachim BEHR / Herbert BLUME (Hrsg.): Vestigia Leonis – Spuren des Löwen. Das Bild Heinrichs des Löwen in der deutschen und skandinavischen Literatur. Texte des Mittelalters und der frühen Neuzeit, Braunschweig 1995

BEIER / KUBINA 2014
Christine BEIER / Evelyn Theresia KUBINA (Hrsg.): Wege zum illuminierten Buch. Herstellungsbedingungen für Buchmalerei in Mittelalter und früher Neuzeit, Wien u.a. 2014

BECKER / OVERGAAUW 2003
Peter Jörg BECKER / Eef OVERGAAUW (Hrsg.): Aderlass und Seelentrost. Die Überlieferung deutscher Texte im Spiegel der Berliner Handschriften und Inkunabeln, Mainz 2003

BERKEMEIER-FAVRE 1980
Marie-Claire BERKEMEIER-FAVRE: Die Miniaturen der Nikolaus-de-Lyra-Bibel in der Zentralbibliothek zu Luzern (Msc 39–45 fol), in: Zeitschrift für Schweizerische Kirchengeschichte = Revue d'histoire ecclésiastique suisse 74 (1980), S. 1–124

BERTELSMANN-KIERST 1999
Christa BERTELSMANN-KIERST: Eine unbekannte Erstausgabe von Wyles „Guiscard und Sigismunda", in: Zeitschrift für deutsches Altertum und deutsche Literatur 128 (1999), S. 73–83

BLOH 1990
Ute von BLOH: Historie von Herzog Herpin. Übertragen aus dem Französischen von Elisabeth von Nassau-Saarbrücken. Heidelberg, Universitätsbibliothek Cod. Pal. Germ. 152. Literaturhistorische Einführung und Beschreibung der Handschrift (zur Farbmikrofiche-Edition), München 1990

BLOH 2002
Ute von BLOH: Ausgerenkte Ordnung. Vier Prosaepen aus dem Umkreis der Gräfin Elisabeth von Nassau-Saarbrücken: Herzog Herpin, Loher und Maller, Huge Scheppel, Königin Sibille, Tübingen 2002

BODEMANN 1997
Ulrike BODEMANN: Bildprogramm und Überlieferungsgeschichte. Die illustrierten Handschriften und Frühdrucke des ‚Buchs der Beispiele der alten Weisen‘ Antons von Pforr, in: Beiträge zur Geschichte der deutschen Sprache und Literatur 119 (1997), S. 67–129

BRAND 1996
Margit BRAND u.a. (Hrsg.): Der Heiligen Leben, Bd. 1: Der Sommerteil, Tübingen 1996

BRAUN 2013
Karl Heinz BRAUN u.a. (Hrsg.): Das Konstanzer Konzil 1414–1418. Weltereignis des Mittelalters. Essays, Darmstadt 2013

BRETSCHER-GISIGER / KAMBER / MANGOLD 2013
Charlotte BRETSCHER-GISIGER / Peter KAMBER / Mikkel MANGOLD: Katalog der mittelalterlichen Handschriften des Klosters St. Urban, Dietikon-Zürich 2013

BUHL 1972
Maria Sophia BUHL: Die Handschriften der ehemaligen Hofbibliothek Stuttgart, Bd. 4,1, Wiesbaden 1972

BURKHART (in Vorbereitung)
Peter BURKHART: Die illuminierten Handschriften der Württembergischen Landesbibliothek Stuttgart, Bd. 3, Die gotischen Handschriften der Württembergischen Landesbibliothek Stuttgart: 15. Jahrhundert bis ca. 1475 (in Vorbereitung)

CERMANN 1997
Regina CERMANN, Die Bibliothek Herzog Eberhards im Bart von Württemberg (1445–1496), in: Scriptorium 51 (1997), S. 30–50, Taf. 1–15

CORSTEN 1981
Severin CORSTEN: Die Kölner Bilderbibeln von 1478. Studien zu ihrer Enstehungsgeschichte, in: Die Kölner Bibel 1478/79. Studien zur Entstehung und Illustrierung der ersten niederdeutschen Bibel (Kommentarband), Hamburg 1981, Sp. 49–74

DEBES 1968
Dietmar DEBES: Das Figurenalphabet, München 1968

DE SIMONE 2004
Daniel DE SIMONE (Hrsg.): A Heavenly Craft. The woodcut in early printed books. Illustrated Books purchase by Lessing J. Rosenwald at the sale of the Library of C.W. Dyson Perrins, Washington 2004

DICKE 1991
Gerd DICKE: Neue und alte biographische Bezeugungen Heinrich Steinhöwels, in: Zeitschrift für deutsches Altertum und deutsche Literatur 120 (1991), S. 156–184

DICKE 1994
Gerd DICKE: Heinrich Steinhöwels „Esopus" und seine Fortsetzer. Untersuchungen zu einem Bucherfolg der Frühdruckzeit, Tübingen 1994

DOMANSKI 2009
Kristina DOMANSKI: Das wechselvolle Schicksal der Amazonen in Augsburg. Die „Augsburger Chronik" Sigismund Meisterlins und die Bildtradition der Amazonen in Handschriften und frühen Drucken, in: Zeitschrift für Kunstgeschichte 72 (2009), S. 15–48

DOMANSKI 2007
Kristina DOMANSKI: Lesarten des Ruhms: Johann Zainers Holzschnittillustrationen zu Giovanni Boccaccios „De mulieribus claris", Köln u.a. 2007

DUNTZE 2008
Oliver DUNTZE: Das Titelblatt in Augsburg. Der Einleitungsholzschnitt als Vorstufe und Alternative zum Titelblatt, in: Archiv für Geschichte des Buchwesens 63 (2008), S. 1–42

EBDB
Einbanddatenbank. Internetpublikation der Staatsbibliothek zu Berlin – Preußischer Kulturbesitz, der WLB Stuttgart, der HAB Wolfenbüttel und der BSB München
⌐ http://www.hist-einband.de/

EDMONDS 1992
Sheila EDMONDS: Le patronage artistique de la maison de Savoie à l'époque d'Amédée VIII, in: Bernard Andenmatten / Agostini Paravicini Bagliani: Amédée VIII – Félix V premier duc de Savoie et Pape (1388–1451), Lausanne 1992, S. 395–433

EICHBERGER / WENDLAND 1983
Walter EICHBERGER / Henning WENDLAND: Deutsche Bibeln vor Luther. Die Buchkunst der achtzehn deutschen Bibeln zwischen 1466 und 1522, Hamburg ²1983

ESCHWEILER 1951
Jakob ESCHWEILER: Das Eberhard-Gebetbuch, Stuttgart 1951

FAIX 1999
Gerhard FAIX: Gabriel Biel und die Brüder vom Gemeinsamen Leben. Quellen und Untersuchungen zu Verfassung und Selbstverständnis des Oberdeutschen Generalkapitels, Tübingen 1999

FIALA / IRTENKAUF 1977
Virgil Ernst FIALA / Wolfgang IRTENKAUF: Die Handschriften der Württembergischen Landesbibliothek Stuttgart, Reihe 1, Bd. 3: Codices breviarii, Wiesbaden 1977

FISCHEL 1963
Lilli FISCHEL: Bilderfolgen im frühen Buchdruck. Studien zur Inkunabel-Illustration in Ulm und Straßburg, Konstanz 1963

FISCHER / AMELUNG / IRTENKAUF 1985
Joachim FISCHER / Peter AMELUNG / Wolfgang IRTENKAUF (Bearb.): Württemberg im Spätmittelalter, Ausstellungskatalog des Hauptstaatsarchiv Stuttgart und der Württ. Landesbibliothek, Stuttgart 1985

GEISSLER 1974
Friedmar GEISSLER (Hrsg.): Anton von Pforr: Das Buch der Beispiele der alten Weisen, kritisch herausgegeben nach der Straßburger Handschrift, mit den Lesarten aller bekannten Handschriften und Drucke des 15. und des 16. Jahrhunderts, 2 Teile, Berlin 1964/74

GEORGI 2013
Katharina GEORGI: Illuminierte Gebetbücher aus dem Umkreis der Nürnberger Pleydenwurff-Wolgemut-Werkstatt, Petersberg 2013

GIESECKE 1991
Michael GIESECKE: Der Buchdruck in der frühen Neuzeit. Eine historische Fallstudie über die Durchsetzung neuer Informations- und Kommunikationstechnologien, Frankfurt 1991

GOTZKOWSKY 1991
Bodo GOTZKOWSKY: „Volksbücher". Prosaromane, Renaissancenovellen, Versdichtungen und Schwankbücher. Bibliographie der deutschen Drucke, Bd. 1: Drucke des 15. und 16. Jahrhunderts, Baden-Baden 1991

GRAF 1987
Klaus GRAF: Exemplarische Geschichten. Thomas Lirers „Schwäbische Chronik" und die „Gmünder Kaiserchronik", München 1987

GRAF 2002
Klaus GRAF: Ritterromantik? Renaissance und Kontinuität des Rittertums im Spiegel des literarischen Lebens im 15. Jahrhundert, in: Zwischen Deutschland und Frankreich. Elisabeth von Lothringen, Gräfin von Nassau-Saarbrücken, hrsg. von Wolfgang Haubrichs und Hans-Walter Herrmann, St. Ingbert 2002, S. 517–532

GULLATH 2002
Brigitte GULLATH: Kodikologie und Geschichte der Ottheinrich-Bibel, in: Kommentar zur Faksimile-Ausgabe der Handschrift Cgm 8010/1.2 der Bayerischen Staatsbibliothek München, hrsg. von Brigitte Gullath und Christoph Wetzel, Luzern 2002, S. 9–38

GW
Gesamtkatalog der Wiegendrucke, Bd. 1–7: Hrsg. von der Kommission für den Gesamtkatalog der Wiegendrucke, ab Bd. 8: Hrsg. von der Deutschen Staatsbibliothek zu Berlin, bisher 11 Bde., Bd. 1–7: Leipzig 1925–1938 (2. Aufl. Durchgesehener Neudruck der 1. Aufl.: Stuttgart / New York 1968). Bd. 8–11: Stuttgart u.a. 1978ff.
⌐ http://www.gesamtkatalogderwiegendrucke.de/

HARRIS 1994
Nigel HARRIS: The Latin and German ‚Etymachia'. Textual History, Edition, Commentary, Tübingen 1994

HÄUSSERMANN 2008
Sabine HÄUSSERMANN: Die Bamberger Pfisterdrucke. Frühe Inkunabelillustration und Medienwandel, Berlin 2008

HENKEL 1993
Nikolaus HENKEL: Heinrich Steinhöwel, in: Deutsche Dichter der frühen Neuzeit (1450–1600). Ihr Leben und Werk, hrsg. von Stephan Füssel, Berlin 1993, S. 51–70

HENRY 1985
Avril HENRY: The Woodcuts of „Der Spiegel menschlicher Behältnis" in the Editions printed by Drach and Richel, in: Oud Holland 99 (1985), S. 1–15

HERZ 2005
Randall HERZ: Studien zur Drucküberlieferung der ‚Reise ins Gelobte Land' Hans Tuchers des Älteren. Bestandsaufnahme und historische Auswertung der Inkunabeln unter Berücksichtigung der späteren Drucküberlieferung, Nürnberg 2005

HERZ 2002
Randall HERZ: Die ‚Reise ins Gelobte Land' Hans Tuchers des Älteren (1479–1480). Untersuchungen zur Überlieferung und kritische Edition eines spätmittelalterlichen Reiseberichts, Wiesbaden 2002

HEYD 1889
Wilhelm von HEYD: Die Historischen Handschriften der Königlichen öffentlichen Bibliothek zu Stuttgart, Bd. 1: Die Handschriften in Folio, Stuttgart 1889

HINDMANN 1977
Sandra HINDMANN: Cross-Fertilization. Experiments in Mixing the Media, in: Pen to press. Illustrated manuscripts and printed books in the first century of Printing, hrsg. von James Douglas Farquhar und Sandra Hindmann, College Park (Md.) 1977, S. 101–211

HÖGER 2010
Iris HÖGER: Text und Bild im ersten Ulmer Druck des Buchs der Beispiele der alten Weisen Antons von Pforr, phil. Diss. Hamburg 2010
⌐ http://ediss.sub.uni-hamburg.de/volltexte/2010/4638/

HOLLSTEIN 1955
Friedrich Wilhelm Heinrich HOLLSTEIN: Dutch and Flemish Etchings, Engravings and Woodcuts, ca. 1450–1700, Bd. 12: Masters and Monogrammists of the 15th Century, Amsterdam 1955

HUMMEL 1978
Heribert HUMMEL, Wiblinger Buchmalerei des 15. Jahrhunderts, in: Schwäbische Heimat 29 (1978), S. 266–270

IRTENKAUF / KREKLER 1975
Wolfgang IRTENKAUF / Ingeborg KREKLER: Die Handschriften der Württembergischen Landesbibliothek Stuttgart, Reihe 2: Die Handschriften der ehemaligen Hofbibliothek Stuttgart, Bd. 2,2: Codices historici (HB V 1-105), Wiesbaden 1975

IRTENKAUF /KREKLER 1981
Wolfgang IRTENKAUF / Ingeborg KREKLER: Die Handschriften der Württembergischen Landesbibliothek Stuttgart, Reihe 1, Bd. 2: Codices poetici et philologici, Wiesbaden 1981

KATZ 1999
Gabriele KATZ: „Frauen-Bilder" in der illustrierten deutschen Übersetzungsliteratur der Inkunabelzeit. Studien zu den Ulmer Ausgaben Heinrich Steinhöwels: Boccaccio, Von den erlauchten Frauen und Esopus, Vita et fabulae, Diss. Tübingen 1999

KdiH
Katalog der deutschsprachigen illustrierten Handschriften des Mittelalters. Begonnen von Hella Frühmorgen-Voss †, fortgeführt von Norbert H. Ott (bis 2008) zusammen mit Gisela Fischer-Heetfeld (bis 1991) und Ulrike Bodemann (bis 2008), (ab 2009) hrsg. von Ulrike Bodemann, Peter Schmidt und Christine Stöllinger-Löser, Bd. 1–7, München 1991–2012

KEUNECKE 2000
Hans-Otto KEUNECKE: Die Anfänge des Buchdrucks in Bamberg und Nürnberg, in: Bücher im Jahrhundert Gutenbergs, Katalog hrsg. von Christina Hofmann-Randall, Erlangen 2000, S. 23–44

KIENING / EICHBERGER 1994
Christian KIENING / Florian EICHBERGER: Contemptus mundi in Vers und Bild am Ende des Mittelalters, in: Zeitschrift für deutsches Altertum und deutsche Literatur 123 (1994), S. 447–457, 482

KNAPP 2004
Ulrich KNAPP: Salem. Die Gebäude der ehemaligen Zisterzienserabtei und ihre Ausstattung, Tübingen 2004

KÖNIG 1991
Eberhard KÖNIG: New Perspectives on the History of Mainz Printing, in: Printing the written word. The so-

cial history of books, circa 1450–1520, hrsg. von Sandra Hindman, Ithaca (NY) / London 1991, S. 143–173

KÖNIG 2000
Eberhard KÖNIG: Buchmalerei in Mainz zur Zeit von Gutenberg, Fust und Schöffer, in: Gutenberg aventur und kunst. Vom Geheimunternehmen zur ersten Medienrevolution, Ausstellungskatalog, hrsg. von der Stadt Mainz, S. 572–583

KONSTANZER KONZIL 2014
Das Konstanzer Konzil 1414–1418. Weltereignis des Mittelalters, hrsg. vom Badischen Landesmuseum, Darmstadt 2014

KONRAD 1997
Bernd KONRAD: Die Buchmalerei in Konstanz, am westlichen und am nördlichen Bodensee von 1400 bis zum Ende des 16. Jahrhunderts, in: Buchmalerei im Bodenseeraum, 13. bis 16. Jahrhundert, hrsg. von Eva Moser, Friedrichshafen 1997, S. 109–154, 259–331

KORNRUMPF 2000
Gisela KORNRUMPF: ‚Der Herr von Braunschweig‘. Eine unbeachtete Prosaerzählung aus dem Historienbuch des Deutschordensritters Jörg Stuler, in: Vom Mittelalter zur Neuzeit. Festschrift für Horst Brunner, hrsg. von Dorothea Klein, Wiesbaden 2000, S. 473–485

KRAMER 1995
Karl-Sigismund KRAMER: Bauern, Handwerker und Bürger im Schachzabelbuch. Mittelalterliche Ständegliederung nach Jacobus de Cessolis, München 1995

KRISTELLER 1983
Paul Oskar KRISTELLER: Iter Italicum, Bd. 3,1, London 1983

KUNZE 1975
Horst KUNZE: Geschichte der Buchillustration in Deutschland. Das 15. Jahrhundert, Leipzig 1975

LADERO QUESADA 2008
Miguel Ángel LADERO QUESADA: Reale und imaginäre Welten: John Mandeville, in: Legendäre Reisen im Mittelalter, hrsg. von Feliciano Novoa Portela, Stuttgart 2008, S. 55–76

LÄHNEMANN 2002
Henrike LÄHNEMANN: Margarethe von Savoyen in ihren literarischen Beziehungen, in: Encomia-Deutsch. Sonderheft der Deutschen Sektion der ICLS, Tübingen 2002, S. 158–173, bes. S. 166–168

LÄHNEMANN 2010
Henrike LÄHNEMANN: From Print to Manuscript. The case of a manuscript workshop in Stuttgart around 1475, in: Mary C. Fischer / William A. Kelly (Hrsg.): The Book in Germany, Edinburgh 2010, S. 17–36

LANDAU / PARSHALL 1994
David LANDAU / Peter PARSHALL: The Renaissance Print, 1470–1550, New Haven / London 1994

LEHMANN 1918
Paul LEHMANN (Bearb.): Mittelalterliche Bibliothekskataloge Deutschlands und der Schweiz, Bd. 1: Die Bistümer Konstanz und Chur, München 1918

LEHMANN-HAUPT 1929
Hellmut LEHMANN-HAUPT: Schwäbische Federzeichnungen. Studien zur Buchillustration Augsburgs im XV. Jahrhundert, Berlin / Leipzig 1929

²LgB
Lexikon des gesamten Buchwesens, 2. völlig neu bearb. Auflage, hrsg. von Severin Corsten, 13 Bde., Stuttgart 1987–2004

LIRER 1990
Thomas LIRER: Schwäbische Chronik. Mit einem Kommentar von Peter Amelung, Leipzig 1990, S. 1–43

MASSING 1990
Jean Michel MASSING: Du texte a l'image. La calomnie d'Apelle et son iconographie, Straßburg 1990

MATTHEI 1913
Kurt MATTHEI (Hrsg.): Mittelhochdeutsche Minnereden, Bd. 1: Die Heidelberger Handschriften 344, 358, 376 und 393, Berlin 1913

MAUZ 1983
Jörg MAUZ: Ulrich Molitoris aus Konstanz (ca. 1442–1507). Leben und Schriften, Konstanz 1983

MAYER 1907
Hermann MAYER: Die Matrikel der Universität Freiburg i. Br. von 1460–1656, Bd. 1, Freiburg 1907

McLUHAN 2011 (1962)
Marshall McLUHAN: Die Gutenberg-Galaxis. Die Entstehung des typographischen Menschen, Hamburg / Berkeley 2011 (The Gutenberg galaxy. The making of typographic man, New York 1962)

MERKL 1999
Ulrich MERKL: Buchmalerei in Bayern in der ersten Hälfte des 16. Jahrhunderts. Spätblüte und Endzeit einer Gattung, Regensburg 1999

MIETHKE 2008
Jürgen MIETHKE: Politiktheorie im Mittelalter: Von Thomas von Aquin bis Wilhelm von Ockham, Tübingen 2008

MILLER / ZIMMERMANN 2007
Matthias MILLER und Karin ZIMMERMANN, Die Codices Palatini germanici in der Universitätsbibliothek Heidelberg (Cod. Pal. germ. 304–495), Wiesbaden 2007

MITTLER 1986
Elmar MITTLER: Die Bibliotheca Palatina. Skizzen zu ihrer Geschichte, in: Mit der Zeit. Die Kurfürsten von der Pfalz und die Heidelberger Handschriften der Bibliotheca Palatina, hrsg. von Elmar Mittler und Winfried Werner, Wiesbaden 1986

MÜLLER 2001
Christian MÜLLER (Bearb.): Urs Graf, die Zeichnungen im Kupferstichkabinett Basel. Katalog der Zeichnungen des 15. und 16. Jahrhunderts im Kupferstichkabinett Basel, Bd. 2b, Basel / Stuttgart 2001

MÜLLER 1999
Jan-Dirk MÜLLER: Romane des 15. und 16. Jahrhunderts. Nach den Erstdrucken mit sämtlichen Holzschnitten, Frankfurt 1999

NEDDERMEYER 1998
Uwe NEDDERMEYER: Von der Handschrift zum gedruckten Buch. Schriftlichkeit und Leseinteresse im Mittelalter und in der frühen Neuzeit; quantitative und qualitative Aspekte, 2 Bde., Köln 1998

NIEDERHÄUSER 2013
Peter NIEDERHÄUSER: Fürst und Fluchthelfer. Herzog Friedrich IV. von Österreich und das Konzil von Konstanz, in: BRAUN 2013, S. 145–150

ÖSTERLEY 1873
Heinrich Steinhöwel: Äsop, hrsg. von Hermann Österley, Stuttgart 1873

OTT 1987
Norbert H. OTT: Deutschsprachige Bilderhandschriften des Spätmittelalters und ihr Publikum. Zu den illustrierten Handschriften der ,vierundzwanzig Alten' Ottos von Passau, in: Münchner Jahrbuch der Bildenden Kunst 3. Folge 38 (1987), S. 107–148

OTT 1989
Norbert H. OTT: Zum Ausstattungsanspruch illustrierter Städtechroniken. Sigismund Meisterlin und die Schweizer Chronistik als Beispiele, in: Poesis et Pictura. Studien zum Verhältnis von Text und Bild in den Handschriften und alten Drucken, hrsg. von Stephan Füssel und Joachim Knape, Baden-Baden 1989, S. 77–106

OTT 1999
Norbert H. OTT: Wege zur Landschaft. Randbemerkungen zu den Illustrationen einiger spätmittelalterlicher Handschriften, insbesondere von Konrads von Megenberg „Buch der Natur", in: Natur und Kultur in der deutschen Literatur des Mittelalters (Colloquium Exeter 1997), hrsg. von Alan Robertshaw, Tübingen 1999, S. 119–136

OTT 2001
Norbert H. OTT: Von der Handschrift zum Druck und retour. Sigismund Meisterlins Chronik der Stadt Augsburg in der Handschriften- und Druck-Illustration, in: Augsburg, die Bilderfabrik Europas. Essays zur Augsburger Druckgraphik der frühen Neuzeit, hrsg. von John Roger Paas, Augsburg 2001, S. 21–29

PANOFSKY 1945
Erwin PANOFSKY: Albrecht Dürer, 2 Bde., Princeton 1945

PATAKI 2006
Zita Ágota PATAKI: Pisanellorezeption in Augsburg. Zur Kompilation einzelner Motive in Hektor Mülichs Alexander-Abschrift (Cgm 581), in: Mitteilungen. Institut für Europäische Kulturgeschichte der Universität Augsburg 16 (2006), S. 9–51

PFÄNDTNER / BURKHART 2014
Karl-Georg PFÄNDTNER / Peter BURKHART: Der Heidelberger Buchmaler Johannes Duft de Schmalkalden und seine Bamberger „Verleumdung des Apelles" – eine Miniatur aus der Handschrift Cod. poet. et. phil. 4° 36 der Württembergischen Landesbibliothek Stuttgart, in: Codices Manuscripti & Impressi 93/94 (2014), S. 49–54

PFÄNDTNER 2009
Karl-Georg PFÄNDTNER: Vergessene Miniaturen. Die „Cutting"-Sammlung der Staatsbibliothek Bamberg, in: Codices Manuscripti 69/70 (2009), S. 17–32

PFISTER 1937
Arnold PFISTER: Das deutsche Speculum Humanae Salvationis (Spiegel Menschlicher Behaltnis), Basel: Bernhard Richel, 31. August 1476, und der frühe Basler Inkunabelholzschnitt, Diss. Basel 1937

Rautenberg 2003
Ursula Rautenberg: Medienkonkurrenz und Medienmischung. Zur Gleichzeitigkeit von Handschrift und Druck im ersten Viertel des 16. Jahrhunderts in Köln, in: Die Gleichzeitigkeit von Handschrift und Buchdruck, hrsg. von Gerd Dicke und Klaus Grubmüller, Wiesbaden 2003, S. 167–202

Rautenberg 2008
Ursula Rautenberg: Die Entstehung und Entwicklung des Buchtitelblatts in der Inkunabelzeit in Deutschland, den Niederlanden und Venedig. Quantitative und qualitative Studien, in: Archiv für Geschichte des Buchwesens 62 (2008), S. 1–105

Reske 2000
Christoph Reske: Die Produktion der Schedelschen Weltchronik, Wiesbaden 2000

Ridder 2008
Klaus Ridder: Jean de Mandevilles „Reisen". Studien zur Überlieferungsgeschichte der deutschen Übersetzung des Otto von Diemeringen, München / Zürich 1991

Roosen-Runge / Roosen-Runge 1981
Marie und Heinz Roosen-Runge: Das spätgotische Musterbuch des Stephan Schriber in der Bayerischen Staatsbibliothek München, Cod. icon. 420, Wiesbaden 1981

Saurma-Jeltsch 1983
Lieselotte E. Saurma-Jeltsch: Buchmalerei in Serie. Zur Frühgeschichte der Vervielfältigungskunst, in: Zeitschrift für schweizerische Archäologie und Kunstgeschichte 40 (1983), S. 128–135
⌐ http://archiv.ub.uni-heidelberg.de/artdok/volltexte/ 2008/583

Saurma-Jeltsch 1990
Lieselotte E. Saurma-Jeltsch: Die Illustrationen und ihr stilistisches Umfeld, in: Diebold Schilling, Spiezer Chronik, Kommentar zur Faksimile-Ausgabe der Handschrift Mss. Hist. Helv. I.16 der Burgerbibliothek Bern, hrsg. von Hans Haeberli und Christoph von Steiger, Luzern 1990, S. 31–72
⌐ http://archiv.ub.uni-heidelberg.de/artdok/volltexte/ 2008/593

Saurma-Jeltsch 2001
Lieselotte E. Saurma-Jeltsch: Spätformen mittelalterlicher Buchherstellung. Bilderhandschriften aus der Werkstatt Diebold Laubers in Hagenau, 2 Bde., Wiesbaden 2001

Saurma-Jeltsch 2009
Lieselotte E. Saurma-Jeltsch: Der Codex als Bühne. Zum Szenenwandel beim Blättern in der Handschrift, in: Wiener Jahrbuch für Kunstgeschichte 58 (2009), S. 77–93

Saurma-Jeltsch 2014
Lieselotte E. Saurma-Jeltsch: Der Einzelne im Verbund. Kooperationsmodelle in der spätmittelalterlichen Buchherstellung, in: Beier / Kubina 2014, S. 177–201

Stamm-Saurma 1987
Lieselotte E. Stamm-Saurma: Die Illustrationen zu Konrads Trojanerkrieg, in: Das ritterliche Basel. Zum 700. Todestag Konrads von Würzburg, Ausstellungskatalog, hrsg. von Christian Schmid-Cadalbert, Basel 1987, S. 62–68
⌐ http://archiv.ub.uni-heidelberg.de/artdok/volltexte/ 2008/588

Schnyder / Rautenberg 2006
André Schnyder (Hrsg.) in Verbindung mit Ursula Rautenberg: Melusine (1456). Nach dem Erstdruck Basel: Richel um 1473/74, 2 Bde., Wiesbaden 2006

Schlechter 2003
Armin Schlechter (Bearb.): Vom Bodensee an den Neckar. Bücherschätze aus der Bibliothek des Zisterzienserklosters Salem in der Universitätsbibliothek Heidelberg. Mit Beitr. von Ulrich Knapp und Bernd Konrad, Heidelberg 2003

Schlechter 2005
Armin Schlechter: Die edel kunst der truckerey. Ausgewählte Inkunabeln der Universitätsbibliothek Heidelberg, Ausstellungskatalog, Heidelberg 2005

Schlechter / Ries 2009
Katalog der Inkunabeln der Universitätsbibliothek Heidelberg, des Instituts für Geschichte der Medizin und des Stadtarchivs Heidelberg, bearb. von Armin Schlechter und Ludwig Ries, 2 Bde., Wiesbaden 2009

Schmidt 1959
Gerhard Schmidt: Die Armenbibeln des XIV. Jahrhunderts, Graz 1959

Schmidt 2003
Peter Schmidt: Gedruckte Bilder in handgeschriebenen Büchern. Zum Gebrauch von Druckgraphik im 15. Jahrhundert, Köln u.a. 2003

SCHMIDT 2005
Peter SCHMIDT: Die Anfänge des vervielfältigten Bildes im 15. Jahrhundert, in: Übertragungen. Formen und Konzepte von Reproduktion in Mittelalter und Früher Neuzeit, hrsg. von Britta Bußmann u.a., Berlin / New York 2005, S. 129–156

SCHMIDT 2006
Peter SCHMIDT: Literat und „selbsgewachsner Moler". Jörg Wickram und der illustrierte Roman der Frühen Neuzeit, in: Künstler und Literat. Schrift- und Buchkultur in der europäischen Renaissance, hrsg. von Bodo Guthmüller u.a., Wiesbaden 2006, S. 143–194

SCHMIDTKE 1968
Dietrich SCHMIDTKE: Geistliche Tierinterpretation in der deutschsprachigen Literatur des Mittelalters (1100–1500), 2 Teile, Berlin 1968

SCHNEIDER 2004
Cornelia SCHNEIDER: Das Narrenschiff. Katalog zur Ausstellung im Gutenberg-Museum Mainz 1994, Mainz 2004

SCHNEIDER 2002
Karin SCHNEIDER: Der Evangelientext der Ottheinrich-Bibel, in: Kommentar zur Faksimile-Ausgabe der Handschrift Cgm 8010/1.2 der Bayerischen Staatsbibliothek München, hrsg. von Brigitte Gullath und Christoph Wetzel, Luzern 2002, S. 39–61

SCHORBACH / SPIRGATIS 1888
Karl SCHORBACH / Max SPIRGATIS (Hrsg.): Bibliographische Studien zur Buchdruckergeschichte Deutschlands, Bd. 1: Heinrich Knoblochtzer in Strassburg, Strassburg 1888

SCHOTTENLOHER 1922
Karl SCHOTTENLOHER: Die liturgischen Druckwerke Erhard Ratdolts aus Augsburg 1485–1522. Typen- und Bildproben, Mainz 1922

SCHRAMM
Albert SCHRAMM: Der Bilderschmuck der Frühdrucke. 23 Bde., Leipzig 1920–1943. Die Drucke von Konrad Dinckmut in Ulm, Bd. 6, Leipzig 1923. Die Drucker in Esslingen, Urach, Stuttgart, Reutlingen, Tübingen, Blaubeuren, Bd. 9, Leipzig 1926. Die Straßburger Drucker: 1. Johann Mentelin [...], Bd. 19, Leipzig 1936

SIEBER 1969
Ulrich SIEBER, Untersuchungen zur Geschichte der Komburger Stiftsbibliothek, Köln 1969 (masch.-schr.)

SIEGENTHALER 1987
Fred SIEGENTHALER: Strange Papers. A collection of the world's rarest handmade papers, Muttenz 1987

SOTHEBY'S 1973
Catalogue of Western and Hebrew Manuscripts and Miniatures, Auktionskatalog, Sotheby's London, 9. July 1973

SPYRA 2005
Ulrike SPYRA: Das „Buch der Natur" Konrads von Megenberg. Die illustrierten Handschriften und Inkunabeln, Köln u.a. 2005

STAIGER 1863
Franz Xaver STAIGER: Salem oder Salmansweiler, Konstanz 1863

STEINMANN 2002
Martin STEINMANN: Handschriften im Mittelalter. Eine Quellensammlung, Basel 2013

STORK 2002
Hans-Walter STORK: Die handschriftliche Überlieferung der Werke Elisabeths von Nassau-Saarbrücken und die malerische Ausstattung der Handschriften, in: Zwischen Deutschland und Frankreich. Elisabeth von Lothringen, Gräfin von Nassau-Saarbrücken, hrsg. von Wolfgang Haubrichs, St. Ingbert 2002, S. 591–606

STROMER 1990
Ulman STROMER: Püchel von mein geslecht und von abentewr. Teilfaksimile der Handschrift Hs 6146 des Germanischen Nationalmuseums Nürnberg und Kommentarbd. bearb. von Lotte Kurras, Stuttgart 1990.

STROMER 2000
Wolfgang von STROMER: Gutenbergs Geheimnis. Von Turfan zum Karlstein. Die Seidenstraße als Mittler der Druckverfahren von Zentralasien nach Mitteleuropa, hrsg. von Dirk Reitz, Genf 2000

SUCKALE 2002a
Robert SUCKALE: Herzog Ludwig VII. der Bärtige von Bayern-Ingolstadt als Auftraggeber, in: Kommentar zur Faksimile-Ausgabe der Handschrift Cgm 8010/1.2 der Bayerischen Staatsbibliothek München, hrsg. von Brigitte Gullath und Christoph Wetzel, Luzern 2002, S. 127–138

SUCKALE 2002b
Robert SUCKALE: Das künstlerische Umfeld, in: Kommentar zur Faksimile-Ausgabe der Handschrift Cgm

8010/1.2 der Bayerischen Staatsbibliothek München, hrsg. von Brigitte Gullath und Christoph Wetzel, Luzern 2002, S. 165–178

SUCKALE 2009
Robert SUCKALE: Die Erneuerung der Malkunst vor Dürer, Petersberg 2009

TIMANN 2009
Ursula TIMANN: Es muss nicht immer Dürer sein. Neues zur Nürnberger Buchmalerei um 1500, in: Buchmalerei der Dürerzeit. Dürer und die Mathematik. Neues aus der Dürerforschung, Nürnberg 2009

TSCHUDIN 2012
Peter F. TSCHUDIN: Grundzüge der Papiergeschichte, Stuttgart ²2012

VAASEN 1973
Elgin VAASEN: Die Werkstatt der Mainzer Riesenbibel in Würzburg und ihr Umkreis, in: Archiv für Geschichte des Buchwesens 13 (1973), Sp. 1121–1428

VÄTH 1993
Paula VÄTH: Die spätmittelalterlichen liturgischen Handschriften aus dem Kloster Salem, Frankfurt 1993

VD16
Verzeichnis der im deutschen Sprachraum erschienenen Drucke des XVI. Jahrhunderts: VD 16, hrsg. von der Bayerischen Staatsbibliothek in München in Verbindung mit der Herzog August Bibliothek in Wolfenbüttel. I. Abteilung: Verfasser – Körperschaften – Anonyma. 22 Bde., Stuttgart 1983–1995
⌐ http://www.bsb-muenchen.de/1681.0.html

VEDOVA 1967 (1836)
Giuseppe VEDOVA: Biografia degli scrittori padovani, Bd. 2, Bologna 1967 (fotomechanischer Nachdruck der Ausgabe Padua 1836), S. 383–385

VETTER 2000
Ewald VETTER: Der Ortenberger Altar, Wiesbaden 2000, S. 20–37

²VL
Die deutsche Literatur des Mittelalters. Verfasserlexikon. Begründet von Wolfgang Stammler, fortgeführt von Karl Langosch. Zweite, völlig neu bearbeitete Auflage, hrsg. von Kurt Ruh u.a., 14 Bde., Berlin 1978–2008

VOGT 1880
Friedrich VOGT: Die deutschen Dichtungen von Salomon und Markolf, Bd. 1: Salman und Morolf, Halle 1880

WACKER 2002
Gisela WACKER: Ulrich Richentals Chronik des Konstanzer Konzils und ihre Funktionalisierung im 15. und 16. Jahrhundert. Aspekte zur Rekonstruktion der Urschrift und zu den Wirkungsabsichten der überlieferten Handschriften und Drucke, Diss. Tübingen 2002
⌐ http://nbn-resolving.de/urn:nbn:de:bsz:21-opus-5203

WEBER 1984
Dieter WEBER: Geschichtsschreibung in Augsburg. Hektor Mülich und die reichsstädtische Chronistik des Spätmittelalters, Augsburg 1984

WEGENER 1927
Hans WEGENER: Beschreibendes Verzeichnis der deutschen Bilder-Handschriften des späten Mittelalters in der Heidelberger Universitäts-Bibliothek, Heidelberg 1927

WENDLAND 1984
Henning WENDLAND: Eine fünfhundertjährige Inkunabel. Anton Kobergers deutsche Bibel, in: Philobiblon 28 (1984), S. 30–37

WERNER 2000
Wilfried WERNER: Die Codices Salemitani in der Universitätsbibliothek Heidelberg, in: Die mittelalterlichen nichtliturgischen Handschriften des Zisterzienserklosters Salem, hrsg. von Ders., S. XLI–LXV

WILCKENS 1980
Leonie von WILCKENS: Buchmalerei um 1410–1440 in Heidelberg und in der Kurpfalz, in: Anzeiger des Germanischen Nationalmuseums, Nürnberg 1980

WILLING 2012
Antje WILLING: Die Bibliothek des Klosters St. Katharina in Nürnberg, 2 Bde., Berlin 2012

WORSTBROCK 1993
Franz Josef WORSTBROCK: Niklas von Wyle, in: Deutsche Dichter der frühen Neuzeit (1450–1600). Ihr Leben und Werk, hrsg. von Stephan Füssel, Berlin 1993, S. 35–50

WURST 1999
Jürgen Alexander WURST: Das Figurenalphabet des Meisters E. S., München 1999

ZAHN 1991
Peter ZAHN: Die Endabrechnung über den Druck der Schedelschen Weltchronik (1493) vom 22. Juni 1509. Text und Analyse, in: Gutenberg-Jahrbuch 66 (1991), S. 177–213

ZIMMERMANN 2003
Karin ZIMMERMANN (u.a.): Die Codices Palatini germanici in der Universitätsbibliothek Heidelberg (Cod. Pal. germ. 1-181), Wiesbaden 2003

ZIMMERMANN 2013
Karin ZIMMERMANN: Geschichte und kodikologische Beschreibung der Handschrift, in: Guillaume de Déguileville: Le pelerinage de vie humaine. Faksimile und Edition des altfranzösischen Textes mit deutscher Übersetzung, editiert, übers. und kommentiert von Stephen Dörr, Frankwalt Möhren, Thomas Städtler, Sabine Tittel, mit Beiträgen von Wolfgang Metzger und Karin Zimmermann, hrsg. von Veit Probst, Darmstadt 2013, S. 271–281

Abbildungsnachweis

Universitätsbibliothek Heidelberg: Abb. 1–2, 8–10, 12–19, 21, 30, 38–41, 43–47, 49, 52–54, 58, 64–66, 69, 72–76, 79

Staatsbibliothek Bamberg: Abb. 27

Württembergische Landesbibliothek Stuttgart: Abb. 3–7, 11, 20, 22–26, 28–29, 31–37, 42, 48, 50–51, 55–57, 59–63, 67–68, 70–71, 77–78

Signaturenkonkordanz der ausgestellten Handschriften und Drucke

Universitätsbibliothek Heidelberg		Württembergische Landesbibliothek Stuttgart	
Signatur	**Kat.Nr.**	**Signatur**	**Kat.Nr.**
2001 D 196 RES	II.9	Cod. bibl. 2° 32	I.27
B 1554 B fol. INC	II.1	Cod. brev. 1	I.30
B 2765–3–1 qt. INC	II.8	Cod. hist. 2° 13	I.8
Cod. Pal. germ. 16	I.2	Cod. med. et phys. 2° 14	I.19
Cod. Pal. germ. 22	I.3	Cod. poet. et phil. 4° 36	I.11
Cod. Pal. germ. 84	I.14	Cod. poet. et phil. 2° 20	I.10
Cod. Pal. germ. 148	I.28	Cod. poet. et phil. 2° 4	I.20
Cod. Pal. germ. 152	I.23	Cod. poet. et phil. 2° 8	I.6
Cod. Pal. germ. 322	I.25	Cod. poet. et phil. 4° 26	I.13
Cod. Pal. germ. 344	I.24	Cod. poet. et phil. 4° 27	I.12
Cod. Pal. germ. 432	I.26	Cod. poet. et phil. 8° 11	I.7
Cod. Pal. germ. 447	I.31	Cod. theol. 2° 195	I.21
Cod. Pal. germ. 466	I.15	Cod. theol. 2° 358	I.17
Cod. Sal. IXc, IXd	I.29	Cod. theol. et phil. 2° 350,1	I.4
D 355 qt. INC	II.31	HB V 52	I.18
D 4790 A qt. INC	II.4	HB XIII 2	I.22
D 8378–2 qt. INC	II.7	Inc. fol. 791–3	II.10
G 4008 Folio RES	II.13	Inc. fol. 891 (HB)	II.18
G 5535-1 oct. INC	II.32	Inc. fol. 3333	II.3
Q 325-8 fol. INC	I.1	Inc. fol. 3830-1	II.19
Q 429 qt. INC	II.20	Inc. fol. 4033	II.33
Q 569-1 D fol. INC	I.5	Inc. fol. 4897	II.34
Q 1597 qt. INC	II.21	Inc. fol. 6733 (HB)	II.23
Q 2060 qt. INC	II.2	Inc. fol. 9401	II.11
Q 6918-2 I qt. INC	II.28	Inc. fol. 10117 (HB)	II.12
Q 7436 qt. INC	II.22	Inc. fol. 10650	II.14
Q 8506-4 qt. INC	II.35	Inc. fol. 11061 b (HB)	II.15
Q 8516 qt. INC	II.29	Inc. fol. 15569 (HB)	I.9
Q 8518 oct. INC	II.25	Inc. fol. 15666 b	II.16
Q 9182 qt. INC	II.30	Inc. qt. 1776 (HB)	II.5
		Inc. qt. 3557b	II.24
		Inc. qt. 11536	II.17
		Inc. qt. 12611 (HB)	II.6
		Inc. qt. 15844 b	II.26
		Inc. qt. 16280	II.27